日本の確定死刑囚

執行の時を待つ107人の犯行プロフィール

【編著】鉄人ノンフィクション編集部

JN102600

鉄人文庫

はじめに

2022年7月26日、法務省はこの日の朝、東京拘置所にて加藤《かとう》智大《ともひろ》死刑囚に刑を執行したことを発表した（享年39）。死刑の執行は2021年12月以来で、岸田内閣では2回目である。

加藤死刑囚は2008年6月、東京・秋葉原の繁華街にトラックで突っ込み、通行人をはねたりナイフで刺したりして7人を殺害し、10人に重軽傷を負わせたとして殺人などの罪に問われた。一審と二審は死刑を言い渡したが、加藤被告は死刑は重すぎるなどと主張して上告。対し、最高裁は2015年2月、「犯行の動機に酌量の余地は見いだせない」と指摘、上告を退ける判決を下し、刑が確定した。

臨時の記者会見を行った古川禎久《ふるかわよしひさ》法務大臣は、今回の執行の命令書には7月22日に署名したことを明らかにしたうえで「突然の凶行により命を奪われた被害者はもちろん、ご遺族の方々にとっても無念このうえない事件だ。裁判で十分な審理を経たうえで、最終的に死刑判決が確定したもので、法務大臣として慎重なうえにも慎重な検討を加えたうえで、死刑の執行を命令した」と述べた。また、同大臣は死刑制度の存廃をめぐる議論に関連して「凶悪犯罪がいまだあとをたたないことをかんがみると、死刑はやむをえず、廃止は適当ではない」とも口にした。

死刑。強盗殺人や無差別殺人など凶悪な犯罪を起こし、裁判で死刑が確定した者の生命を奪い去る刑罰である。日本においてその執行手段は絞首刑。刑場において、首にロープをかけられ縊死するまで吊るされることになる。

この恐ろしい刑罰を受けるべく全国7ヶ所の拘置所で執行の時を待つ確定死刑囚は、2023年10月時点で107人。彼らはなぜ極刑に直面することになったのか。本書は107人の犯した犯罪の動機、殺人の経緯、逮捕のきっかけ、公判の争点、確定後の動向など、わかる限り調べ、死刑囚1人につき2ページで掲載した1冊である。最高裁、もしくは控訴・上告取り下げて死刑が確定した期日の早い順に並べ、共犯の死刑囚がいる場合は、確定日の早い者のページにまとめている。

古くは1966年に福岡・マルヨ無線強盗殺人を起こした尾田信夫、1974年にピアノの騒音をうるさいと階下の一家3人を殺害した大濱松三から、和歌山毒物カレー事件の林真須美、首都圏連続不審死事件の木嶋佳苗、北九州監禁殺人事件の松永太、相模原障害者施設殺傷事件の植松聖、座間市アパート9人殺害事件の白石隆浩など有名死刑囚から、すでに記憶にない無名囚まで全てを網羅し、さらに死刑が適用される具体的基準、刑確定から執行までの流れ、死刑制度の存廃問題など死刑に関する基礎知識も解説した。

読めばわかるはずだ。死刑囚それぞれの事情、裁判長の決断、被害者の無念、遺族の苦悩があることを。死刑は決して遠い世界の話ではない。

鉄人ノンフィクション編集部

第2章 2000年代確定

第3章 2010年代以降確定

死刑をめぐる基礎知識

★本書掲載の情報は2023年10月時点のものです。

日本の確定死刑囚

第1章
1970年代〜1990年代確定

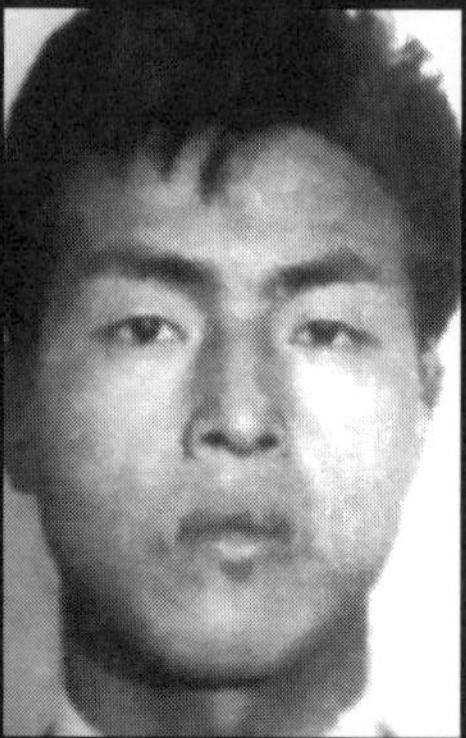

1946年生……おだ のぶお

マルヨ無線強盗殺人事件

尾田信夫

一審	1968年12月14日　福岡地裁　死刑判決
控訴審	1970年3月20日　福岡高裁　控訴棄却　死刑判決支持
上告審	1970年11月12日　最高裁第一小法廷　上告棄却　死刑確定
収監先	福岡拘置所

1966年12月5日22時過ぎ、福岡県福岡市下川端町（現・福岡市博多区下川端町）の電器店「マルヨ無線川端店」に、元店員の尾田信夫（当時20歳）と少年（同17歳）が強盗目的で侵入。宿直の男性店員2人をハンマーで殴り重傷を負わせ、事務所に置いてあった集金カバンから現金22万1千円と腕時計2個を奪った後、石油ストーブを蹴飛ばし放火、逃走した。結果、店員の1人は自力で脱出するも全治5ヶ月の重傷、もう1人は一酸化炭素中毒で死亡した。

福岡県警は入院中の店員から、犯人が3、4年前に辞めた元店員の尾田に似ているとの証言を得て、尾田の勤務先を訪ねるも欠勤中。しかし、給料日前にキャバレーで豪遊していたことから、逮捕令状を請求し12月10日、全国に指名手配する。その直後、少年が警察に出頭し緊急逮捕。尾田も事件発生から約3週間後の12月27日に逮捕される。

山口県宇部市出身の尾田は日本電波専門学校卒業後、マルヨ無線の正社員に採用されたが、店の商品であるラジオを盗んでは質入れを繰り返していたことが発覚し解雇、警察に通報される。山口家裁から保護観察処分を受けた後、別の電気店に就職し、またも商品を盗んで質入れしていたことが発覚して窃盗罪で検挙され、中等少年院に2年間入所。少年院で仲良くなった少年（当時15歳）に、自分がかつて勤務していたマルヨ無線川端店に押し入り、店員を殺して、証拠隠滅のために放火するという具体的な強盗計画を打ち明け、出所後、スピード違反の反則金7千円の金策に困り、計画を実行に移すことを決意するに至った。

一審で、尾田被告の弁護側は精神鑑定を申請し、地裁も承認。公判が停止し、入院中の1968年8月、尾田被告は病院から脱走するも、24時間後に逮捕された。判決にあたり、裁判長は「幼くして父を失い、その愛を知らぬまま育ち、心因性ヒステリーだったことは認める。しかしそれらを考え合わせても、その罪責は自己の生命をもって償うべきだ」と死刑を宣告。尾田被告は死刑制度の違憲性、心神耗弱、量刑不当を主張するとともに、控訴審から放火を否定したが退けられ、「前途春秋に富むべき身であることを思うとき、その生命を絶てと言うのは後ろ髪をひかれる思いもする。忍び難いものもあるが、やむをえない」として、一審判決が支持される。最高裁も上告を退け死刑が確定した（共犯の少年は懲役13年）。

死刑確定から52年の月日が

尾田死刑囚は、放火を行ったとされる確定判決の事実認定を否定し、これまで6度の再審請求を行っているがいずれも棄却（2023年10月現在、第7次再審請求中）。死刑確定からすでに52年。2016年7月までに死刑囚37人の死刑執行、3人の病死、1人の自殺を見届け、存命中の死刑囚の中では最古参として収監中の身にある。

1928年生

ピアノ騒音殺人事件

大濱松三

おおはま まつぞう

一審	1975年10月20日　横浜　地裁小田原支部　死刑判決
控訴審	1977年4月16日　控訴取り下げ、死刑確定
収監先	東京拘置所

1974年8月28日午前9時10分頃、神奈川県平塚市の県営住宅横内団地34棟4階406号室に住む無職・大濱松三（当時46歳）が、階下の306号室で暮らす男性会社員（同36歳）の出勤後、彼の妻（同33歳）、長女（同8歳）、次女（同4歳）を刺殺するという衝撃的な事件が起きた。動機は被害者宅から発せられるピアノによる〝騒音〟だった。

大濱は1963年頃、日野自動車の工場に勤務していた当時、隣人一家より「ステレオの音がうるさい」と苦情を受けてから音に対し病的に敏感になり、やがて早朝にさえずるスズメの鳴き声さえうるさく感じるようになっていく。再婚した妻と平塚市の県営住宅に越してきたのは1970年4月。その2ヶ月後、階下に入居したのが被害者一家だった。

大濱は、まもなく被害者宅から聞こえ出した日曜大工の金槌の音や、ベランダのサッシ戸、玄関ドア、トイレ・風呂場の扉の開閉音に悩まされるようになり、それは1973年11月、被害者一家がピアノを購入、長女が弾き始めて以降、極端にエスカレートしていく。1974年4月には、妻とともに「自分が在宅しているときはピアノを弾かないでほしい」と被害社宅に申し出たが、その後もピアノの音が止まなかったため、次第に「ピアノを弾くのは自分への嫌がらせのためだ。礼儀作法をわきまえない非常識な家族だ」と思い込むようになる。

ほどなく仕事を失ったことも重なりノイローゼ気味になった大濱は犯行を決意。被害者3人を刺身包丁で複数回突き刺して殺害した後、「迷惑かけるんだからスミマセンの一言位言え、気分の問題だ、来た（越してきた）時アイサツにもこないし、馬鹿づらしてガンとばすとは何事だ、人間殺人鬼にはなれないものだ」と襖に書き付け逃走する。その後、海で死にたいと思いさまよったが死にきれず、3日後の31日未明に平塚署に自首。殺人容疑で逮捕・起訴された。

公判では、大濱被告に世間から少なからず同情の声が上がった。が、一審の横浜地裁小田原支部は「犯行は被害者宅から発されたピアノ・日曜大工・ベランダのサッシ戸の音に端を発するものだが、被告が音に対し極度に神経過敏症だったことに加え、残虐極まりない犯行を働いたにもかかわらず悔悟の念が認められない」として、死刑判決を言い渡す。控訴審で精神鑑定が実施されたものの、「（東京拘置所）の隣房の水洗便所の音がうるさい」「好んで死ぬわけではないが、無期懲役と死刑ならば死刑がいい。仮に死刑を免れても生き続けることに耐えきれない」と鑑定書完成前日の1976年10月5日、控訴取下書の書類を提出し、翌年4月、死刑が確定した。

収監中の死刑囚としては最高齢の94歳

「自殺したいができないので、国の手で殺してほしい」という大濱死刑囚の望みは叶えられず、94歳になった2023年10月現在も東京拘置所に収監中。日本における収監中の死刑囚としては最高齢に達する。

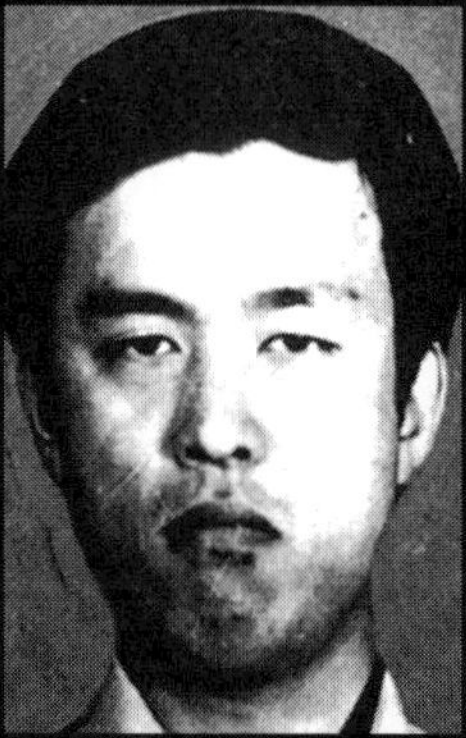

1948年生

三菱重工爆破事件

片岡利明

かたおか　としあき

一審	1979年11月12日	東京地裁	死刑判決	
控訴審	1982年10月29日	東京高裁	控訴棄却	死刑判決支持
上告審	1987年３月24日	最高裁第三小法廷	上告棄却	死刑確定
収監先	東京拘置所			

1974年8月30日昼12時45分頃、三菱重工業東京本社ビル（現丸の内二丁目ビル）1階出入り口のフラワーポット脇に仕掛けられた時限爆弾が炸裂。その衝撃、爆風と飛び散ったガラス片などにより、三菱重工とは無関係な通行人を含む8人が死亡、376人が重軽傷を負った。

犯人は、1972年に法政大学の学生を中心に結成された「東アジア反日武装戦線」なる武闘派左翼グループだ。彼らは第二次世界大戦以前の日本を「完全な悪」として太平洋戦争を侵略戦争と認定。戦前・戦中に日本の重工業を支え、戦後も日本を代表する重工メーカーであり、防衛産業を手がける三菱重工業を「帝国主義（を支援する企業）」であるとして、グループの政治思想に基づき「経済的にアジアを侵略している」と無差別爆破テロのターゲットとするに至った。

警視庁丸の内警察署に設置された特別捜査本部は、犯行グループが寄こした犯行声明文と、1974年3月に地下出版された爆弾の製造法やゲリラ戦法などを記した教程本『腹腹時計』に用いられたタイプライターの字体が同一であること、その後１９７５年４月までに起きた「連続企業爆破事件」の捜査などから、一連の犯行が東アジア反日武装戦線の「狼」班によるものと特定。同年５月19日、主要メンバーである大道寺将司（グループのリーダー。当時26歳）、大道寺あや子（同26歳。大道寺将司の妻）、佐々木規夫（同26歳）、浴田《えきだ》由紀子（同24歳）、そして片岡（現姓・益永）利明（同26歳）ら８人を逮捕した。

ところが、３ヶ月後の同年８月４日、マレーシア・クアラルンプールで日本赤軍がアメリカとスウェーデンの大使館を占拠して職員ら52名を人質として日本国内の刑務所に収監中の囚人解放を要求する。これに応じた当時の三木内閣は超法規的措置として佐々木ら７人の釈放・出国を許可。また、１９７７年９月28日に日本赤軍が起こしたダッカ日航機ハイジャック事件でも同様の措置が取られ、大

処刑されないのは、共犯者が海外に逃亡しているため？

道寺あやこが釈放・出国を果たした（浴田は１９９５年、ルーマニアで逮捕。日本に送還され懲役20年に）。

裁判は主要メンバーが欠けたまま進められたが、一審で大道寺、片岡の両被告に死刑判決が下り、１９８７年の最高裁判決で死刑確定。このとき、片岡は「人の命のかかった裁判を書類上の〝事務〟として右から左に片付けてしまう最高裁判事たちの態度に激しい怒りを禁じえない」と表明した。その後、２人は再審請求を繰り返したものの、いずれも却下され、２０１７年５月24日、大道寺が獄中で病死（享年68）。片岡は２０２３年10月現在も収監中の身にあるが、死刑が執行されていないのは、佐々木規夫と大道寺あやこが超法規的措置で出獄し、海外で日本赤軍に合流後の消息が不明となっており、裁判が終了していないためとされている。

1948年生……わたなべ きよし

売春婦4人連続殺害事件
渡辺 清

一審	1975年8月29日	大阪地裁　無期懲役判決
二審	1978年5月30日	大阪高裁　一審破棄　死刑判決
上告審	1988年6月2日	最高裁第一小法廷　上告棄却　死刑確定
収監先	大阪拘置所	

1967年、当時19歳の渡辺清は日雇い人夫として売春婦相手の女遊びを生き甲斐に暮らしていた。同年4月24日深夜、愛知県内のホテルで売春婦の女性（当時36歳）が追加料金を支払ったにもかかわらずコンドーム無しの性交を拒否したため口論となり、彼女を絞殺して現金約3万5千円を奪って逃走。4ヶ月後の8月5日には大阪府内で通りがかった男娼（同26歳）をナイフで刺殺、約200円を奪った。

その後、窃盗事件等を起こして逮捕され、約1年間中等少年院に入所。出所後の1972年4月10日、大阪府内で売春婦（同39歳）と性交後に「金がない」と言ったところ詰問されたために絞殺。現金約2千円を奪い、さらに1973年3月20日に大阪府内で売春婦（同40歳）を性交後に絞殺し、現金2万2千円を奪った。

強盗・殺人罪で逮捕・起訴された渡辺被告に対し検察は死刑を求刑したが、大阪地裁は事件当時、被告が未成年だったこと、犯行に計画性がないこと、犯行の背景に被告が貧しい家庭に生まれたことなどの成育歴、家庭環境が大きな要因となっていることなどを理由に無期懲役の判決を下した。

一審判決後、渡辺被告は慰謝料として1件目、3件目の被害者の遺族に2回にわたり、それぞれ7万円ずつを送っている。また4件目の被害者の遺族にも5万円を送金したが、これは後に受領を拒否され返金された。さらに各遺族へ謝罪と反省の手紙を出しているが、被告には精一杯の金額であるとしても慰謝料としてはあまりにも過小な額で大きく考慮できないとして、被害者遺族の厳罰感情は消えなかった。

控訴審では、6年間で4件の強盗殺人事件を犯したことは極めて重大であり、法としても国民感情としても死刑に値する事案と見るのが相当。1件目は計画的ではないかもしれないが、コンドームを使用しない性交を拒否することが特別の酌量事由には当たらず、さらに被告は日

2件の無罪を主張し、現在、第9次再審請求中

陰の存在である売春婦や男娼ばかりを狙って犯行を繰り返しており、習癖性を疑わざるをえないとして一審判決を破棄、死刑を言い渡した。

しかし、最高裁が判決を確定するまでの間、判決の土台となる報告書作成を担当した最高裁第一小法廷の調査官が1967年の男性殺害については無罪、1972年の女性殺害についても審理のやり直しを主張し、判事の1人がこれを支持。判事の全員一致が原則とされる死刑判決の言い渡しが事実上できなくなったため、審理が一時停。最高裁が上告を棄却し死刑が確定するのは高裁判決から10年が経過した1988年のことだった。

渡辺死刑囚は前記2件に関して無罪を主張し、刑確定後から再審請求を続けているが、2014年までに8回の請求が棄却され、2023年10月現在は第9次再審請求中である。

「殺し屋」連続殺人事件

藤井政安

ふじい まさやす

1942年生

一審	1977年3月31日　東京地裁　死刑判決
控訴審	1982年7月1日　東京高裁　控訴棄却　死刑判決支持
上告審	1989年10月13日　最高裁第三小法廷　上告棄却　死刑確定
収監先	東京拘置所

1972年3月下旬、東京都練馬区の娯楽機器販売業兼、高利貸しの藤井（旧姓・関口）政安（当時30歳）は、大田区の食品販売業Sさん（同50歳）に1ヶ月9％の利息、1ヶ月返済の約束で1千万円を貸すも返済されなかったため、日本刀でSさんを脅し10日に1割の利子を押し付けた。Sさんは4月下旬から3ヶ月で1千700万円を支払うも7月上旬に金策に行き詰まり、残り274万円の支払いができなくなる。そこで藤井はSさん所有の4階建てビル（時価約1億円）を売却させ、その代金から約束手形の額面274万円を奪い取る。1973年9月1日、このSさんへの恐喝事件で藤井は逮捕。背後を調べた結果、複数の殺人事件が発覚することになる。

1970年2月、藤井は不倫相手の愛人と結婚するため愛人の夫（同34歳）の殺害を従弟Fに100万円で請け負わせた。同月13日夜、Fは共犯Wと共謀し、東京都内の路上に停止した自動車内で、夫をナイフなどで心臓を突き刺して殺害。遺体は3年7ヶ月後に発見された。

1971年には、覚せい剤

購入の資金として暴力団員の男性（同32歳）に300万円を貸したが返済がないため、金の隠し場所を聞いたうえで殺すように従弟Fに依頼。Fは共犯W、U、Iと共謀し、同年10月27日夜、神奈川県内の堆肥貯留場で男性を裸にして手錠、猿ぐつわをかませたうえ、クロロホルムをかがせ失神中に土中に埋めて窒息死させた。

1973年には、茨城県内で砂利採取事業を営む男性（同39歳）に多額の金を融通したが、返済困難となったことから、男性が経営する会社の乗っ取りを画策。男性がこれを拒んだため、前述のIに100万円で殺害を依頼。同年4月15日夜、IはTを共犯に、男性の事務所兼宿舎でクロロホルムで失神させたうえ首を絞めて男性を殺害、遺体を土中に埋めた。

恐喝、殺人、死体遺棄罪などで起訴された藤井被告は1番目の被害者の母に1

報酬の支払いを約束して人を雇い3人を殺害

50万円、2番目の遺児の祖母に150万円、3番目の遺児に301万円を送るとともに、同被告、被告の母、被告の姉が贖罪として眼、腎臓、遺体を献ずる手続きを取り、事件への反省と誠意を示した。が、一審の判決公判で裁判長は「藤井被告の反社会的性格は根強く強固なものであり、現在反省し、後悔している点を含めても責任は極めて重大で、極刑が相当である」と死刑を宣告。F被告、I被告にも死刑判決を下すとともに、他の3被告にも懲役刑が言い渡された。

その後、F、I両被告ともに控訴審で無期懲役に減刑され確定。唯一、死刑判決を支持された藤井被告は上告するも、最高裁は「報酬の支払いを約束して3人の殺害を次々と実行させた責任は重大であり死刑はやむをえない」と訴えを棄却。東京拘置所に収監された藤井死刑囚は2023年10月現在も再審を求め続けている。

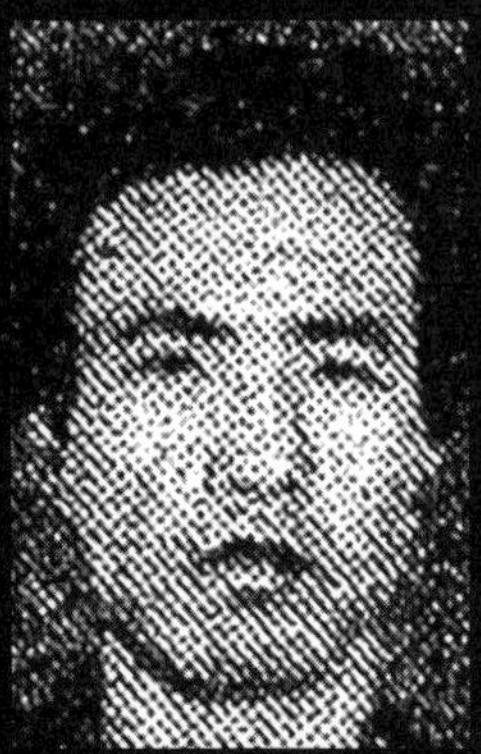

1950年生……かねかわ はじめ

熊本・免田町主婦殺人事件

金川 一

一審	1982年6月14日　熊本地裁八代支部　無期懲役判決
控訴審	1983年3月17日　福岡高裁　一審破棄　死刑判決
上告審	1990年4月3日　最高裁第三小法廷　上告棄却　死刑確定
収監先	福岡拘置所

1979年9月11日14時頃、熊本県免《めん》田《だ》町《まち》（現・あさぎり町）の道路を歩いていた主婦（当時21歳）が近くのトウモロコシ畑に連れ込まれ、暴行目的で首を締められたうえ、刃物で下腹部をめった刺しにされ殺害された。

翌12日朝、免田駅から列車に乗ろうとしていた無職の金川一（同29歳）が駅員からの通報によって駆けつけた福岡県警の捜査員に身柄を拘束される。金川は18歳のときに犯した強盗殺人の罪で10年間服役、事件の3ヶ月前に長崎刑務所を出所したばかりだった。

彼は、被害女性の遺体を発見し触れたことを素直に認め、その日の午後には殺人も自供した。が、金川容疑者には知的障害があった。警察の取り調べ・追及に対し、彼が深く考えずに同調した可能性は否定できない。

一審の初公判で金川被告は起訴事実を認めた。しかし、死刑を求刑された後、一転、供述を翻す。弁護側は、物的証拠となる凶器が未だ見つかっていない、犯行時に着ていたとされる衣服には加害者であれば浴びているはずの飛沫血痕がない、被害者のブラジャーの切断面は刃物によるものと推定され手で引きちぎったとする自供と食い違うことなどを理由に無罪を主張した。

判決は無期懲役だった。裁判長は起訴事実を全て認めながら、知能が低く普通人と精神薄弱者との境界領域に属し、爆発性性格の異常人格者で情緒性の未発達が目立つとされていることを考慮し「被告の犯罪傾向が年月の経過とともに改善の方向へ向かう可能性もある。求刑後に否認へ転じたのは、人間性の弱さであり、反省悔悟の念が全くないと断じるのは酷である」と、その主旨を説明した。

しかし、控訴審で福岡高裁は「罪質、動機、態様、結果、それによってもたらされた影響など、いずれの面からみても筆舌に尽くしがたいほど残酷かつ非道。精神鑑定の結果は本件犯行の重大さと比べ、それほど有利に斟酌できるものではない。出所３ヶ月目の犯行であり、犯罪傾向は極めて強く改善の可能性は乏しい。一審の量刑は軽すぎる」と死刑を宣告。最高裁も上告を退け二審判決を支持、死刑が確定する。

弁護団は冤罪を強く主張

この事件は当初から冤罪が疑われていた。弁護団は、公判での主張に加え、現場近くに血液が付着した鎌が落ちていたにもかかわらず、警察がそれを証拠として採用していないことなどから、自白と客観的事実が違い、真犯人とするには払拭し難い合理的な疑問が残るとして、死刑確定から７年後の１９９７年３月に福岡高裁に再審を請求。しかし、同高裁、最高裁ともにこれを棄却。弁護団は「裁判所にはこれまでの記録をよく読んでもらえば無罪は明らか」と、都合５回の再審請求を行ってきたが、いずれも棄却されている。２０２３年10月現在は、２０１９年に福岡高裁で棄却された第６次再審請求の特別抗告中。果たして、再審が始まる日は来るのだろうか。

1952年生

市原両親殺人事件

佐々木哲也

ささき てつや

一審	1984年3月15日　千葉地裁　死刑判決
控訴審	1986年8月29日　東京高裁　控訴棄却　死刑判決支持
上告審	1992年1月30日　最高裁第一小法廷　上告棄却　死刑確定
収監先	東京拘置所

千葉県警市原署に、「親（当時父親59歳、母親48歳）が行方不明になっている」と連絡があったのは1974年11月2日のこと。届け出たのは夫婦の長男で、ドライブイン経営（名義は父親）の佐々木哲也（同22歳）だ。

父親は裸一貫からゴミ回収や海苔販売などで事業を興し、敷地300坪のタイヤ工場にまで広げたヤリ手で、その稼業を息子に継がせようと早稲田大学の理工学部を目指していた哲也の受験票を隠匿。やりたいことを無理矢理取り上げられ拗《す》ねる息子に、自宅を抵当に入れてまで開いてやったのが京葉道路沿いのドライブインだった。

通報を受け駆けつけた警察が佐々木さん宅を捜査すると、多量のルミノール反応が検出、殺人事件と断定し捜査本部を設置したところ、ほどなく哲也が一方的に風俗嬢に入れあげており、それを両親にひどく叱責されていたこと。またドライブインの経営が思わしくなく姉夫婦に任せると言われ車を取り上げられたことなどが判明。さらには、乗用車のトランクから血痕の付着したタオルが発見されたこと、金庫から現金30万円が持ち出されていたことなどから、5日に殺人容疑で哲也を逮捕する。

警察の調べに対し佐々木容疑者は、父親を殺したのは母親で、母が一緒に死のうと迫ってきたのでやむなく殺し、両親の死体を捨てたと供述した。が、9日の午後に東京湾の五井海岸沖で足をグルグル巻きにされた父親の遺体が、続いて10日朝に母親の遺体も近くの岸壁に漂着しているのが見つかると、観念したように犯行を自白。供述によれば、10月31日の夕方、女性関係のことを叱責した父親を登山ナイフで刺殺した後、2階から降りてきた母親をめった刺しにして殺害。翌未明、ライトバンに2人の遺体を積み込み、重りのホイールベースと一緒に海岸に遺棄したそうだ。

裁判が始まると佐々木被告は「父親を殺したのは母で、母は自分の知っている第三者に殺された」と自供を否認、無罪

映画「青春の殺人者」の主人公のモデルに

を主張した。が、千葉地裁は「両親の失踪を心配する姉らを後目に女性と連日遊興・飲食していた事実や、その後の犯行否認などから全く反省していない。犯行は冷酷非道、動機も自己中心的で同情の余地がない」として死刑を宣告。控訴審、上告審ともに一審判決を支持し死刑が確定した。しかし、その後も佐々木死刑囚は無罪を主張し、1993年5月には、後藤田正晴法務大臣（当時）に対し、死刑への執行を行わないよう求める要望書を提出。要望書には、死刑が執行されれば取り返しのつかない結果をもたらすと記されていたそうだ。

ちなみに、中上健次の小説『蛇淫』および、1976年の映画「青春の殺人者」（水谷豊主演、長谷川和彦監督）は本事件を下敷きにしている。映画に関し佐々木死刑囚は、自分が両親を殺害するシーンが描かれており、世間に予断を与えると非難したという。

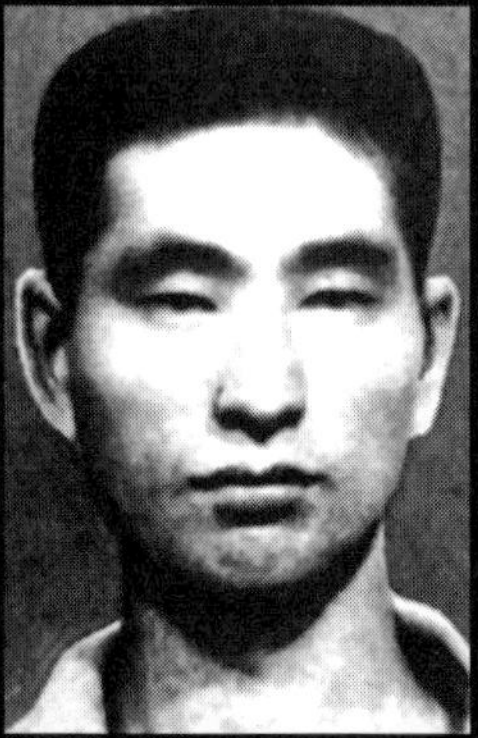

1946年生

連合赤軍事件

坂口 弘《さかぐち ひろし》

一審	1982年6月18日　東京地裁　死刑判決
控訴審	1986年9月26日　東京高裁　控訴棄却　死刑判決支持
上告審	1993年2月19日　最高裁第三小法廷　上告棄却　死刑確定
収監先	東京拘置所

坂口弘は1970年代前半、日本中を震撼させた「連合赤軍」のナンバー3だった人物である。1971年2月17日（当時24歳）に栃木県真岡《もおか》市の銃砲店を襲撃、一家4人を縛り散弾銃10丁と実弾などを奪った「真岡猟銃強奪事件」。同年8月にアジトから逃走した女性構成員（当時21歳）と男性構成員（同20歳）を絞殺し、千葉県の印旛沼付近の山林内に埋めた「印旛沼殺人事件」。さらに同年12月31日から1972年2月10日にかけて、群馬県内の榛名山と迦葉山ベースで構成員12人を〝総括〟というリンチにかけて殺害し、その遺体を山中に埋めた「山岳ベースリンチ事件」でも主犯格として加担していた。

同事件で連合赤軍のナンバー1だった森恒夫（1944年生。1973年元日、初公判前に東京拘置所で首つり自殺。享年28）とナンバー2の永田洋子（1945年生。死刑判決を受け東京拘置所に収監中の2011年2月、脳腫瘍で死亡。享年65。坂口とは事実婚の関係だった）が逮捕された（同年2月17日）2日後の19日、仲間4人と逃走中、長野

あさま山荘に立てこもった連合赤軍のナンバー3

県軽井沢町のあさま山荘に押し入り、管理人の妻（同31歳）を人質に10日間にわたり同山荘に立てこもり、発砲を繰り返して近づいてきた民間人1人（同30歳）と、指揮を執っていた警視庁の警察官2人（同42歳、同48歳）を猟銃で射殺し、警察官15人と記者1人を負傷させた。

2月28日午前10時に機動隊が山荘に突入し、逮捕。殺人16件、傷害致死1件、殺人未遂17件で起訴される。

一審の途中の1975年8月4日に起きたクアラルンプール事件（本書17ページ参照）で、あさま山荘に立てこもった仲間の1人、坂東國男被告が釈放・出国し日本赤軍に加わる。このとき、赤軍の釈放リストには坂口被告の名前もあったが、同被告はこれを拒否。「連合赤軍が犯した総括や処刑の誤りに目をつぶることは許されない。自分は連合赤軍の裁判を、革命を闘った人間の裁判としてとらえている。もはや暴力革命を志す時期ではない」と述べ、公判に臨んだ。

判決は、一審から上告審まで全て死刑（確定後の2000年6月、あさま山荘事件の銃撃戦に巻き込まれ死亡した民間人について「医療ミスが原因」で傷害致死罪などにとどまるとして東京地裁に再審請求を行ったが棄却）。7人の殺人（司法の認定としては16人殺人と1人傷害致死）は死刑囚としては当時戦後最悪の数字であり、オウム真理教事件で27人の殺人（司法認定は26人の殺人と1人の逮捕監禁致死）を犯した麻原彰晃の死刑判決が2006年9月に確定するまで破られなかった。

2023年10月現在、坂口は死刑囚として東京拘置所に収監中の身にある。死刑が執行されていないのは、共犯者でもある坂東國男被告が国外逃亡して裁判が終了していないためとされている。

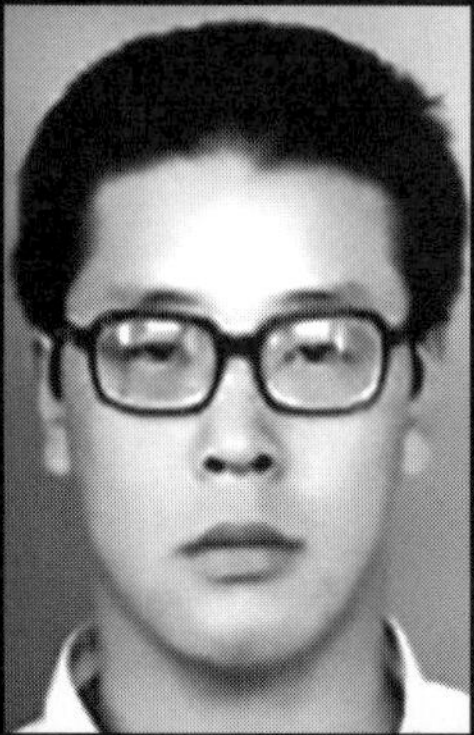

1949年生 おおもり かつひさ

北海道庁爆破事件
大森勝久

一審 1983年3月29日　札幌地裁　死刑判決
控訴審 1988年1月21日　札幌高裁　控訴棄却　死刑判決支持
上告審 1994年7月15日　最高裁第二小法廷　上告棄却　死刑確定
収監先 札幌拘置支所

1976年3月2日午前9時過ぎ、札幌市中央区の北海道庁本庁舎1階ロビー西側エレベーター付近で時限式消火器爆弾が爆発。出勤途中の同庁職員2人が死亡し81人が重軽傷を負った。

事件後、北海道新聞社に東アジア反日武装戦線を名乗る男から「大通りコインロッカーに声明文がある」と電話があり、北海道警察が札幌市営地下鉄大通駅の指定された場所でタイプライターを使いカナ文字で打たれた犯行声明文を発見。これを受け、同警は「反日闘争」に携わる人物を中心に捜査し、事件から5ヶ月後の8月10日、大森勝久（当時27歳）を逮捕する。

大森容疑者は高校時代まで政治に無関心だったが、岐阜大学教育学部数学科に入学して以降、大学紛争が吹き荒れていた当時の世相に感化され左翼思想に芽生え、積極的にデモに参加するようになる。大学卒業後は、名古屋市のドヤ街である笹島や大阪市の釜ヶ崎で日雇い労働者として働き、事件当時は札幌に居を構え、北海道におけるアイヌ民族への迫害を断罪する新左翼活動に手を染めていた。

殺人、殺人未遂、爆発物取締罰則違反で逮捕された大森容疑者は警察の取り調べに完全黙秘。裁判では一貫して無罪を主張した。実際、物的証拠はほとんどなく、弁護側は事件当日の目撃証言についても曖昧さが残ると反論した。が、判決公判では、家宅捜索の結果から大森被告が爆弾を製造し、犯行声明文を作ったことは間違いなく、大森被告を見たという目撃証言も信用性が高いと認定。そして、犯行を否認しながらも爆弾闘争を高く評価し、道庁の再爆破を呼びかけるなど、反省のひとかけらもないと断罪し、極刑はやむをえないと死刑が宣告された。

大森被告は即日控訴するも、二審も最高裁も無罪主張を退け、死刑確定。札幌拘置支所へ収監される。その後、ソ連や中国などの共産主義独裁体制の実態を知り、民主主義を否定する既成の共産主義に強く反発し、1997年頃には左翼思想から完全に脱却する。一方、無罪主張

「冤罪の可能性が最も高い7名の死刑囚」の1人

は変えず、2002年7月30日、札幌地裁へ再審請求。請求書では、爆発物製造に不可欠とされる塩素酸塩系除草剤を大森死刑囚が所持していたとされる証拠の鑑定について「虚偽」と主張。しかし、札幌地裁、札幌高裁、最高裁ともに請求を棄却（2011年）。2013年に行った第2次再審請求も2017年の最高裁決定により棄却され、2023年10月現在は第3次再審請求中で、アムネスティ・インターナショナル日本から「冤罪の可能性が最も高い7名の死刑囚」の1人に指定されている。

プラベートでは1985年に支援者の女性と獄中結婚し、現在も毎日のように面会しているという。また、外部協力者によって論文を雑誌に掲載している他、政治評論のホームページを運用しているそうだ。

1949年生……いのくま たけお

山中湖連続殺人事件
猪熊武夫

一審	1987年10月30日　東京地裁　死刑判決
控訴審	1989年3月31日　東京高裁　控訴棄却　死刑判決支持
上告審	1995年7月3日　最高裁第二小法廷　上告棄却　死刑確定
収監先	東京拘置所

1980年1月、警視庁で機動隊員などを務め警部に昇任していた澤地和夫（当時40歳）はかねてからの夢だった自分の店を持つため警察を退職、東京・新宿駅西口の一等地に席数60の大衆割烹料理屋を開業する。が、最初の半年こそ繁盛したものの、しだいに経営は悪化。3年後に閉店に追い込まれ、1984年には1億5千万の負債を抱えるまでになった。澤地は一攫千金を狙って強盗殺人を企て、やはり1億6千万の負債があった元金融業者の朴竜珠（当時48歳）と、約7億円の負債を抱える不動産業者の猪熊武夫（同35歳）を共犯に計画を実行に移す。

1984年10月11日、3人は共謀し宝石取引を装って東京の宝石商の男性（同36歳）を山中湖畔の別荘に誘い出し絞殺後、現金約720万円と株券など計約5千400万円相当を奪ったうえ、死体を別荘の床下に穴を掘って遺棄。2週間後の25日、さらに澤地と猪熊は埼玉県上尾市の女性金融業者（同61歳）を融資話を装って呼び出し、同別荘前路上の車内で絞殺。現金2千万円、貴金属約2千800万円を奪い、死体を同じ場所に埋めた。

　10月下旬、「澤地と会うと言って出かけたきり帰ってこない」と宝石商の内妻が捜索願を提出し、警察が捜査を始めると、西武デパート近くの駐車場に放置された宝石商の乗用車を発見。さらに澤地が暴力団員に宝石を売ろうとしていることが判明し、11月23日、任意同行で事情聴取したところ犯行を自供。澤地と朴を強盗殺人容疑で逮捕した。翌日、逮捕のニュースを知った猪熊は、２人の遺体を神奈川県秦野市の山林に埋め直して逃走。10日後、友人の家で隠れているところを逮捕・拘束された。


　一審は澤地、猪熊の両被告に死刑、朴被告には無期懲役が言い渡され、３人ともに控訴する。猪熊被告の弁護人は「２つの事件は澤地被告らが準備、計画したもので、猪熊被告は追随したにすぎない。死刑の量刑は甚だしく不当」などと主張した。実際、澤地被告の供述によれば、遺体を埋めるための穴は３人分あり、これは猪熊被告を殺し遺体を埋め犯行が露見することを避けることが目的だったという。

本人の遺体を埋めるための穴が掘られていた

　しかし、東京高裁は控訴を棄却し、死刑判決を支持。澤地、猪熊の両被告は上告したが、１９９３年7月、澤地被告が上告を取り下げ死刑が確定する。取り下げの理由は「後藤田正晴法相（当時）が３年４ヶ月ぶりに死刑執行の命令書に署名した」ことへの抗議と主張していたが、実際は最高裁まで争わない方が、死刑を執行されにくいと判断したらしい。

　最高裁で上告が棄却され、猪熊被告の死刑、朴被告の無期懲役が確定。その後、澤地死刑囚は再審を請求したものの棄却され、２００８年12月、多機能不全で死去。猪熊死刑囚は２０２３年10月現在も収監中の身にあり、第７次再審請求中である。

大阪不動産会社連続殺人事件

山野静二郎《やまの せいじろう》

1938年生

一審	1985年7月22日　大阪地裁　死刑判決
控訴審	1989年10月11日　大阪高裁　控訴棄却　死刑判決支持
上告審	1996年10月25日　最高裁第二小法廷　上告棄却　死刑確定
収監先	大阪拘置所

　1982年、大阪府箕面《みのお》市の不動産会社社長・山野静二郎（当時43歳）は資金繰りに困り、豊中市の不動産会社社長（同39歳）を殺害し金を奪おうと計画した。同年3月21日昼12時20分頃、架空の不動産取引をもちかけて豊中市内の自分の会社事務所に社長を誘い出し、後頭部を金属バットで殴打。気を失ったところを麻ヒモで首を絞めて窒息死させたうえ、社長が手付金として持ってきた額面3千万円の小切手1通を奪い、さらに遺体を車のトランクに入れて豊能《とよの》郡豊能町川尻の山林に運び、穴を掘って埋めた。

　その後、山野は小切手を同じ不動産会社の取締役（同56歳）に頼んで現金化したうえ、さらに金を奪おうと、取締役を同月25日午前10時20分頃、滋賀県志賀町の分譲用別荘におびき出し、金属バットで数回殴って殺害。手付金の2千100万円を奪い、遺体を別荘の敷地内に埋め証拠隠滅を図った。

　強盗殺人、死体遺棄罪で逮捕された山野容疑者は取り調べで犯行を自供したものの、公判では殺意を否認。不動産会社社長を殺害したのは口論のうえ殴りかかってきたのを反撃したためであり、計画殺人ではなく、ましてや殺意はなかった。役員殺害も、相手が金属バットで殴りかかってきたので格闘になり、払い落とそうとしたバットが相手の頭に当たって死亡したもので、正当防衛であると主張した。

　しかし、一審の大阪地裁は「捜査段階の自供はおおむね信用でき、公判での供述は不自然」と述べ、被告の主張を否定。「犯行は計画的で極めて残忍、悪質」と検察の求刑どおり死刑を言い渡す。

　山野被告側は控訴審でも計画的犯行ではないと主張したが、裁判官は「死刑には慎重のうえにも慎重でなければならないが、本件の場合、犯行は重大で死刑の選択はやむをえない」と述べ控訴は棄却される。

　山野被告は最高裁に無罪を訴える上告趣意書を書く際の参考資料にしようと、1990年5月に死刑制度に関する図書

死刑制度に関する図書 購入を拒否され国を提訴

3冊を購入、拘置所長に閲読の許可を求めた。同所長は死刑執行などの記述や絞首台の写真の削除を条件に申し出を許可したが、同被告が応じなかったため閲読不可となる。対し、山野被告は図書の閲読を許可しなかったのは違法だとして、不許可処分の取り消しと105万円の国家賠償を求め同所長と国を提訴。1992年1月、大阪地裁は同被告の訴えを認め国に35万円の支払いを命じたが、同年6月、大阪高裁は「死刑執行の記述などを読めば、不安定な精神状態に陥る恐れがあった」として一審判決を取り消し、不許可処分は適法との判断を示した。

　こうした経緯の後、開かれた最高裁の判決は上告棄却で死刑確定。山野死刑囚は2023年10月現在も大阪拘置所に収監中で、再審開始を求め続けている。

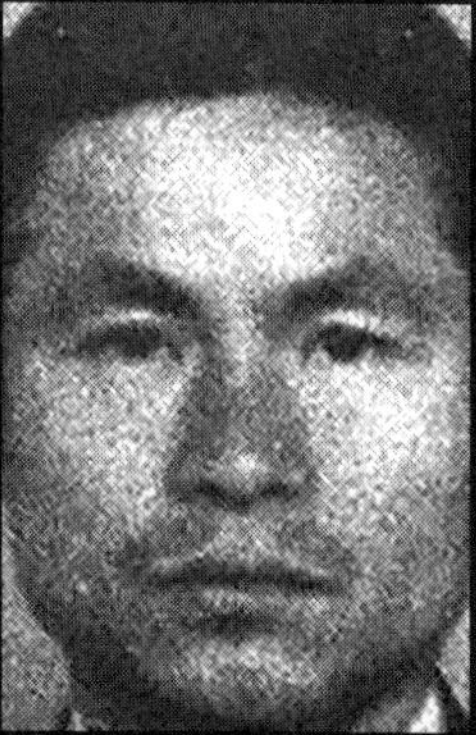

1942年生

福岡内妻一家4人殺害事件

大城英明

おおしろ ひであき

一審	1985年5月31日	福岡地裁飯塚支部　死刑判決
控訴審	1991年12月9日	福岡高裁　控訴棄却　死刑判決支持
上告審	1997年9月11日	最高裁第一小法廷　上告棄却　死刑確定
収監先	福岡拘置所	

1976年6月13日未明、福岡県飯塚市の住宅に土木作業員の大城（旧姓・秋好）英明（当時34歳）が侵入し、この家に住む主人（同46歳）、妻（同44歳）、長女（同20歳）、主人の母（同73歳）を出刃包丁で刺殺。2階で就寝しており、唯一難を逃れた妻の妹（同40歳）が飯塚駅前の交番に駆け込み助けを求めた。

ほどなく逮捕された大城容疑者は、その妹と内縁関係にあった。知り合ったのは事件の3年前。一時は女性の姉夫婦から結婚の承諾を得たが、経歴を偽ったり、賭け事で多額の借金を重ねていたことなどが発覚。姉夫婦から内妻と別れるように迫られ、誓約書まで書かされていた。

取り調べに対し、大城容疑者は素直に犯行を認め、動機を次のように語ったそうだ。

「私や○○（内妻）が困窮しているのに、預けていた金も出してくれず、人を騙すとか、嘘つきと言われてののしられ、○○についたダニなどと蔑まれるなどし、（被害者）一族にありとあらゆる侮辱を受けたうえに、○○と別れさせられました。これを恨みとして私は、一族を殺害して自分も死のうと思い、被害者宅に押し入り、姉のほか3名を次々と殺害したもので、私はついに自殺することができませんでした」

単独犯行を認め起訴された大城被告が供述を翻すのは一審公判途中の1978年9月。姉を除く3人を殺したのは、実は内妻だと主張し、彼女を福岡地検飯塚支部に告発したのだ。結局、内妻は「身内を殺す動機がない」として不起訴となるが、この内妻共犯説には推理作家の島田荘司が支援しており、後にノンフィクション『死刑囚・秋好英明との書簡集』（南雲堂、1996年刊）を出版している。

一審は大城被告の単独犯行と認定し、死刑判決。控訴審で被告側は、現場で見つかったたばこの吸い殻から内妻の血液型と同型が検出されたこと、内妻が犯行前日、大城被告に渡した「アシタヨルイエニキンサイ」のメモが見つかったことなどを証拠に、改めて内妻共犯説を主張

4人のうち3人は内縁の妻が殺害したと主張

したうえで、死刑制度についても「世界的に進む廃止の流れに逆行し、憲法三六条（拷問及び残虐刑の禁止）にも違反」と反論した。しかし、高裁は「吸い殻の存在は単独犯行を否定する証拠にはならない」「メモの文字は内妻の筆跡ではない」と認定。「残虐、非道な稀にみる凶悪犯行。死刑の適用は慎重でなければならないとしても一審判決は誠にやむをえない選択だ」と控訴を棄却した。ちなみに、判決言い渡しが終わった瞬間、死刑廃止を求め傍聴席に陣取った市民グループ約20人から「おかしいぞ、この判決は」など抗議の怒号がわき起こったという。

最高裁は「単独犯行とした一、二審判決には事実誤認はない」と述べ上告を棄却、死刑が確定する。が、その後も大城死刑囚は自分が殺したのは1人で、残り3人は内妻の犯行と主張。現在も再審を請求し続けている。

警察庁広域重要指定115号事件

神宮雅晴《しんぐう まさはる》

1943年生

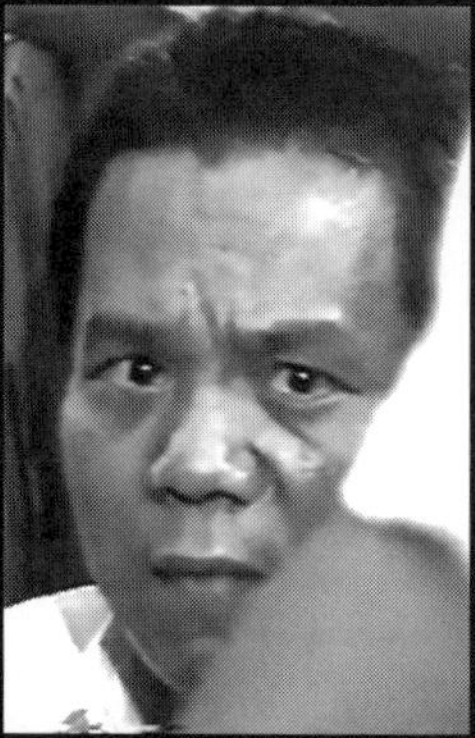

一審	1988年10月25日　大阪地裁　死刑判決
控訴審	1993年4月30日　大阪高裁　控訴棄却　死刑判決支持
上告審	1997年12月19日　最高裁第三小法廷　上告棄却　死刑確定
収監先	大阪拘置所

1984年9月4日13時頃、京都府警元西陣署巡査部長の神宮（旧姓・廣田）雅晴（当時41歳）が、京都市北区の船岡山公園で警ら中の西陣署十二坊派出所の巡査（同30歳、殉職後警部補に昇任）を包丁で襲い、全身16ヶ所をめった刺しにしたうえ、実弾5発入りの拳銃を奪って背中に発砲、殺害した。

同日16時頃、神宮は大阪市都島区の消費者金融に強盗目的で押し入り、カウンター越しにピストルを突きつけ「金を出せ」と要求。対応した従業員の男性（同23歳）が「冗談でしょ？」と言ったところ、容赦なく射殺し現金約60万円を奪い逃走した。

被害男性の司法解剖の際に摘出された銃弾が京都で奪われたピストルから発射されたものであることが判明し、警察庁は事件翌日の5日に2つの事件を警察庁広域重要指定事件に指定。また、目撃証言から浮上した犯人とみられる男が、船岡山近くの映画館に姿を見せた際、館内で飲んだ清涼飲料水の瓶に付いていた指紋が神宮の指紋と一致したことから、捜査当局は神宮を事件の重要容疑者として行方を追う。

神宮は5日には実家のある千葉県に逃走しており、西陣署の交換台に電話し「署長を出せ、廣田や」と名乗り、千葉にいることを告げている。そして15時45分頃、実家近くに現れたところを張り込み中の警察官が拘束。17時30分頃、令状が執行され逮捕となった。

しかし、京都地検は犯行を裏付けられず27日、処分保留で釈放。同日、大阪府警が再逮捕。大阪地検は10月19日、京都、大阪の両事件で一括起訴した。

神宮容疑者は１９６４年から京都府警に在職中（巡査部長）だったが、１９７８年に同僚の拳銃を盗んで郵便局強盗を働き、懲役7年の刑を受け服役。事件は仮釈放５日後のことだった。

元警察官が起こした前代未聞の事件に世間の注目が集まるなか、神宮被告は裁判で捜査段階での自供を覆し無罪を主張する。その内容は「拳銃、包丁などの

仮釈放5日後に2人を射殺した元京都府警巡査部長

直接証拠が見つかっていない」「自白は暴行により強要されたもの」「目撃証言はマスコミ報道から思いこんだ可能性が高い」「目撃証言は食い違いが多く信用性に欠ける」「短銃を発射したとされる被告の手から硝煙反応が出ていない」等々。しかし、判決公判では「自白は信用性があり、被告を両事件の犯人と認定するのに合理的疑いを差しはさむ余地はない。被告の刑事責任は極めて重大である」として死刑が宣告される。

控訴審でも神宮被告の弁護側は物的証拠がないことなどに加え、殺害された巡査、男性とは関係がなく、殺害の動機がないと改めて無罪を主張した。が、高裁判決は控訴棄却。最高裁もこれを支持し、死刑が確定した。その後、収監された大阪拘置所でも神宮死刑囚は無罪を訴え、２０２３年10月現在も裁判のやり直しを求めている。

1980年2月23日19時15分頃、富山県八尾町の高校3年の女子生徒（当時18歳）が帰宅途中の富山駅付近で失跡した。女子生徒は24日朝と25日昼に「女の人にアルバイトを誘われ、会社の事務所に泊めてもらった」と母親に電話していたが、その後消息を絶ち、3月6日、岐阜県古川町（現：飛騨《ひだ》市古川町）の山中で絞殺死体となって発見される。

その前日、3月5日の18時30分頃、長

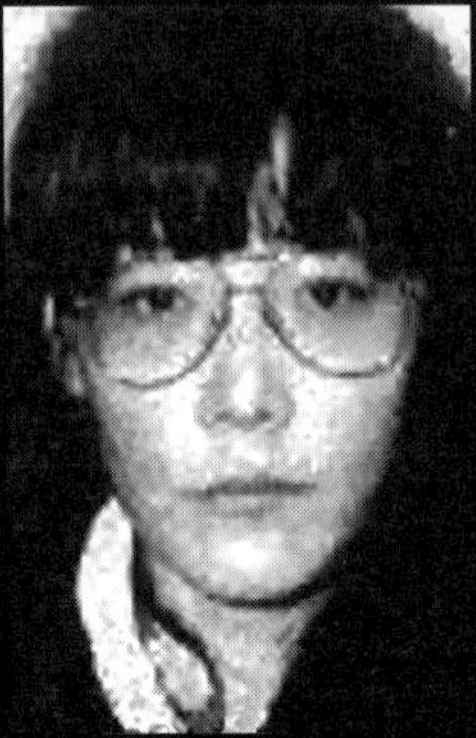

1946年生

富山・長野連続女性誘拐殺人事件

宮崎知子《みやざき ともこ》

一審	1988年2月9日　富山地裁　死刑判決
控訴審	1992年3月31日　名古屋高裁金沢支部　控訴棄却　死刑判決支持
上告審	1998年9月4日　最高裁第二小法廷　上告棄却　死刑確定
収監先	名古屋拘置所

野市の長野信用金庫職員の女性（同20歳）が帰宅途中に行方不明となった。翌6日から7日にかけ、失踪女性の自宅に女の声で身代金3千万を要求する電話が7回かかってくる。が、金の受け取り場所に指定された群馬県高崎駅前の喫茶店に犯人が現れることはなかった。

長野・富山・岐阜の3県警による捜査本部は、女子生徒が出入りしていた贈答品販売会社「北陸企画」を経営する宮崎知子（同34歳）と、彼女の愛人であり、同社の共同経営者でもあった男性K（同28歳）の2人を被疑者として追及する。宮崎とKが赤いフェアレディZで、富山駅付近と死体発見現場の経路上にあるドライブインに来店していたことや、信用金庫職員が消息を絶って以降、宮崎とKが車で長野市に再三現れた他、3月7日に2人が身代金の受け渡し場所に出没していたことも判明。さらに、身代金要求の電話の声と宮崎の声紋が一致したため、捜査本部は2人を誘拐犯と断定し、3月27日に公開捜査に踏み切る。宮崎とKが逮捕されたのは3日後の3月30日。警察に連行される際、Kは報道陣に対して「自分は関係ありません」と声を大にして訴えた。

その後、宮崎容疑者は被害者2人の殺害を自供。4月2日、長野県小県《ちいさがた》郡青木村の山中で女性職員の絞殺死体が発見された。

警察庁は両事件を広域111号事件に指定。宮崎とKの両被告は身代金目的誘拐・身代金要求・殺人・死体遺棄の罪で共謀共同正犯として起訴される。検察の見立ては宮崎被告が誘拐、K被告が殺害

殺害実行犯として起訴された愛人男性は無罪に

実行犯で、死体遺棄は両被告が果たしたというものだった。

しかし、捜査段階から一貫して事件との関与を否定していたK被告は公判でも無罪を主張。初公判から4年半後の1985年3月、検察は宮崎被告を誘拐・殺害、死体遺棄、身代金要求の実行犯とする異例の冒頭陳述変更を行う。果たして、判決は宮崎被告が死刑、K被告は無罪。裁判官は両事件とも宮崎被告による単独犯行と認定した。

この決定を不服として検察・弁護側ともに控訴したが、高裁の判決は控訴棄却。宮崎被告は上告したものの、検察側が最高裁に上告しなかったため、1992年3月、K被告の無罪（＝冤罪）が正式に確定した。その後、最高裁が宮崎被告の上告を棄却し、死刑確定。拘置所に収監された宮崎死刑囚は現在も塀の中から再審開始を求めている（2020年12月、富山地裁が第5次再審請求を棄却）。

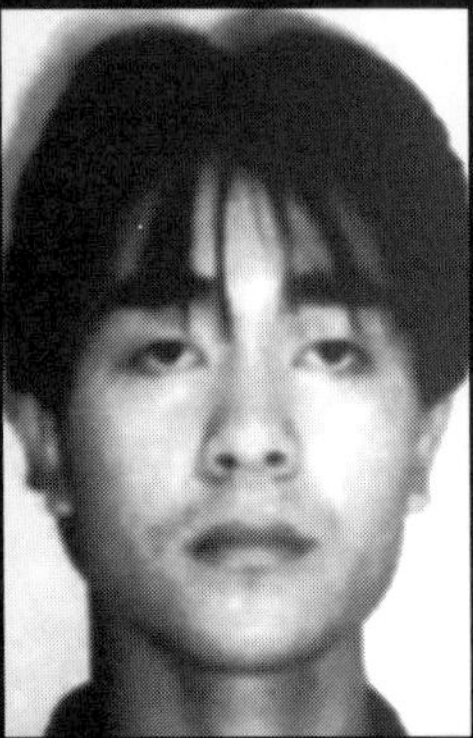

1969年生

中村橋派出所警官殺害事件

柴嵜正一

しばさき しょういち

一審	1991年5月27日　東京地裁　死刑判決
控訴審	1994年2月24日　東京高裁　控訴棄却　死刑判決支持
上告審	1998年9月17日　最高裁第一小法廷　上告棄却　死刑確定
収監先	東京拘置所

柴嵜正一は埼玉県の高校を卒業後、陸上自衛隊に2年間勤務。除隊後は東京都杉並区のコーヒー豆挽き売り店のアルバイト店員として働いていたが、次第に「大金を得るためには銀行に強盗に入るなど、法に触れることを覚悟しなければいけない」という思いを強くし、警察官の拳銃を奪う計画を立てる。

実行に移したのは1989年5月16日、彼が20歳のときだ。練馬区の自宅アパートに近く、犯行後の逃走が容易との理由から、かねてより狙いを定めていた警視庁中村橋派出所の裏に前日23時頃に潜み、約3時間が経過した午前2時50分頃、勤務中の巡査（当時30歳）が派出所脇の路上にあったオートバイを移動させていたところを狙い、サバイバルナイフで背後から刺殺。叫び声を聞いて駆けつけた巡査部長（同35歳）と格闘となり、胸や背中などを刺して殺し、結局、拳銃を奪えないまま現場から逃走した。

現役の警察官2人が殺害されるという衝撃的な事件に、警視庁は200人体勢の特別捜査本部を設置。被害者の刺し傷が心臓に達するほど深いものだったことから「最初から生命を奪うことが目的」と判断し、「犯人は現場付近に居住するか土地勘のある者」として捜査を開始する。

結果、「事件直前の午前2時45分頃に派出所裏の歩道橋段下付近に黒っぽい上下の服を着た20歳前後の男が潜んでいた」との目撃情報が得られたことに加え、現場近くの公園に投棄されていた、犯行に使われたと思われる軍手が自衛隊駐屯地内の売店で販売されているものと判明。さらに、犯人が逃走の際に残したジグザク走行の足跡が「狙撃を回避するための軍人行動の一つ」と専門家に指摘を受けたため、警察は犯人が自衛隊関係者の可能性が高いと睨み、付近一帯の聞き込みのうえ、ようやく柴嵜にたどりつく。逮捕は6月8日。決め手は現場の指紋と、柴嵜容疑者のアパートにあった犯行に使われたものと同じ軍手の指紋が一致したことだった

現職警官2人を刺殺した元陸上自衛隊員

裁判で柴嵜被告は、9歳で離婚した母親に引き取られ、一緒に暮らした運転手の男性が母親に暴力を振るうのを見て「感情を押し殺し平静さを保とうとする」ことを身につけ「自分の不幸な生活は貧困が原因。どんな手段を使っても大金を手に入れたいと考えるようになった。大金を持つことが、人生では勝利のシンボルだ」と供述。判決公判で裁判長は「被告の屈折した考え方は、誠に不幸な境遇に由来し、同情を禁じえない」としながらも「法治国家における秩序への挑戦というべき残虐極まりない犯行。極刑をもって臨むほかない」と死刑を宣告した。

その後、控訴審、上告審を経て死刑確定。柴嵜死刑囚は2023年10月現在、東京拘置所に収監中の身にありながら、犯行時の責任能力を問題として再審請求中である。

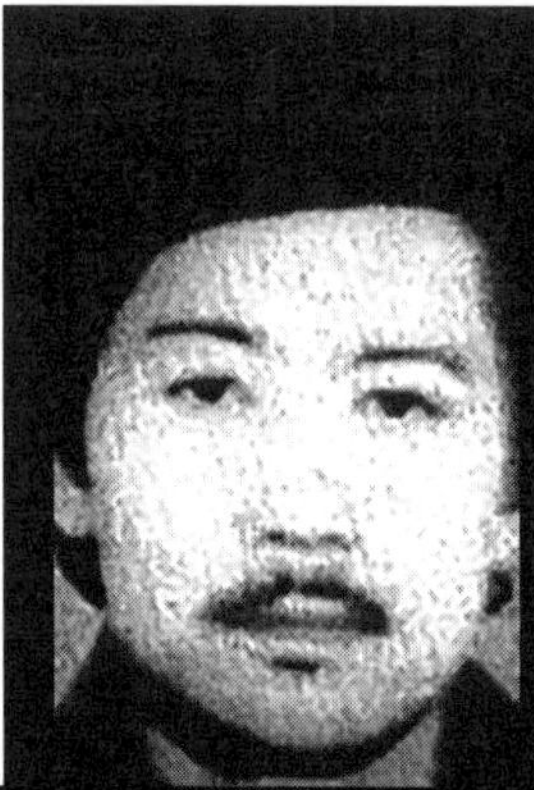

1956年生

宮代町母子殺人放火事件

村松誠一郎《むらまつ せいいちろう》

一審	1985年9月26日　浦和地裁　死刑判決
控訴審	1992年6月29日　東京高裁　控訴棄却　死刑判決支持
上告審	1998年10月8日　最高裁第一小法廷　上告棄却　死刑確定
収監先	東京拘置所

1980年3月21日未明、埼玉県南埼玉郡宮代町《みやしろまち》内のボイラーマンの男性（当時52歳）宅から出火し、屋内から妻（同51歳）と大学生の長男（同22歳）の遺体が発見された。2人は絞殺されており、埼玉県警は殺人・放火事件として杉戸警察署に捜査本部を設置する。

1ヶ月後の4月20日、栃木県警は3月31日に栃木県日光市で発生した強盗傷害事件で、無職の村松誠一郎（同23歳）と弟の自動車運転手・裕次郎（同21歳）を逮捕。犯行手口が似ていたことから、埼玉県警が栃木に捜査員を派遣し事情聴取したところ、兄弟が宮代町の事件についても自供したため、5月20日、2人を強盗殺人、放火の容疑で再逮捕する。

供述によれば、兄と被害者の長男はアルバイト先のキャバレーの同僚で、長男がバイト代を貯金していることを知っており、その金を狙ったという。当日の深夜12時30分頃、被害者宅に侵入し物色していたが、妻に気づかれて殺害。30分後の1時頃に帰宅した長男も殺害し、現金14万円の入った手提げ金庫を奪った後、証拠隠滅のために放火した。

逮捕後、兄弟は否認に転じ、6月11日、いったん証拠不十分で不起訴となったが、30日になって改めて起訴。裁判は10月8日から始まった。

両被告は一貫して無罪を主張した。主な理由は、事件当時別居中だった被害者の夫が兄弟より前に犯行を自供している、警察が兄弟の母親に対し強引な事情聴取を行った、警察が兄のアリバイを証言した女性に対し強引な事情聴取を行い女性が失踪するに至った、取り調べの際に警察官から脅迫まがいの言動を受けた、「わからず屋に何を言っても無駄だ」と思い自供に至った、裁判官なら真相を見抜いてくれると思った、首の索状痕と自白が一致しない、自白の放火方法と現場の状況が一致しない、金品を物色した形跡がない、格闘の形跡がない、現場から持ち出したという手提げ金庫は発見されていない、被告人に発見された記念硬貨が盗品とされているが多数発行されたもので証拠とはいえない等々。

兄が死刑、弟は無期懲役に

しかし、判決公判で裁判長は「捜査段階に犯行を認めた供述調書は、任意性に疑問の余地はなく、秘密の暴露も含まれて十分信用できる」と指摘。両被告の「自白を強要された」とする主張を退け、兄に死刑、弟に無期懲役を下す。

控訴審では、犯行をいったん自白した被害者の夫の男性に対し「半ば自暴自棄になり虚偽の自白をした、との本人の供述はうなずける」と判断し、控訴を棄却。その後、弟は上告しなかったため無期懲役で確定。兄は最高裁で「生活費などに窮した被告による計画的、残忍な犯行で、動機に酌量の余地はなく、高裁判決の認定に誤りは認められない」として上告棄却、死刑が確定した。村松誠一郎死刑囚は獄中でも無罪を主張、現在も再審開始を訴えている。

1965年生

妙義山《みょうぎさん》ろく連続殺人事件

松本美佐雄

まつもと みさお

一審	1993年9月24日	前橋地裁高崎支部　死刑判決
控訴審	1994年9月29日	東京高裁　控訴棄却　死刑判決支持
上告審	1998年12月1日	最高裁第三小法廷　上告棄却　死刑確定
収監先	東京拘置所	

事の発端は、群馬県安中《あんなか》市の男性会社員（1990年12月当時25歳）が、同県碓氷《うすい》郡の自動車販売業手伝いの男性（同26歳）からゲームセンターの経営資金160万円の借金を再三無心されていたことにある。すでに100万円以上の金を貸しているにもかかわらず、返していないことなどから「このままでは一生金づるにされる」と思いつめた会社員は、高校の時代の同級生で友人の建設作業員、松本美佐雄（同25歳）に相談。松本は殺害の準備に取りかかった。

1990年12月4日深夜、松本と会社員は男性の自宅近くで待ち伏せ、帰宅した彼にシンナーを吸わせたうえ、ロープで首を絞めるなどして殺害。死体を同県甘楽《かんらく》郡の妙義山中に遺棄する。この一件で松本に大きな借りを作った男性会社員は、松本が高校時代の1学年上で遊び仲間の男性工員（当時28歳）から盗んだキャッシュカードで金を引き出すよう指示され、言われるまま、富岡市に本店のある信用金庫支店の無人CDコーナーで、計300万円を引き出した。

2ヶ月後の7月6日深夜、

松本は工員とその父（同54歳）に電話で自宅に呼び出され、盗難事件への関与を追及された。口論はやがて喧嘩へと発展し、松本は父親を自宅から約2キロ離れた駐車場で激しく殴打。仮死状態に陥った父親を妙義山中に運び、午前2時頃、穴を掘り埋めて死亡させた。この間、息子の工員はほぼ傍観、山中で掘った穴の中の父親に土をかぶせるのを手伝わされた後、松本にスコップで撲殺され、同じ穴に埋められた。

8月28日、群馬県警捜査1課と安中署は窃盗の容疑で松本と男性会社員を逮捕し、翌月9月10日、1990年の事件の殺人・死体遺棄容疑で2人を再逮捕する。その後、自供どおり白骨化した遺体が発見され、父子の遺体も見つかったことから、9月28日、父子殺人の容疑で両容疑者を再逮捕するに至った。

1991年11月21日の初公判で両被告

犯行はシンナーの影響によるものと再審請求

ともに起訴事実を認め、判決では「一連の犯行を冷静に行っており、事件への淡巡、おののきの影もなく、人間性の欠如に底知れないものがある」として松本被告に死刑、会社員に懲役13年が下される（控訴せず刑が確定）。その後、父子の遺族が松本被告に対し請求した損害賠償に、前橋地裁高崎支部は同被告に慰謝料など6千269万円の支払いを命じた。

量刑不当などを理由に控訴した松本被告に対し、高裁は「冷酷、残忍な凶悪事件で、被告の罪責は法の予想する最も重いところにある」として控訴を棄却。上告審で被告弁護側は、父子殺害について共犯者がいるとの新事実を主張したものの、最高裁は「半年余りの間に3名の命を奪った結果は極めて重大」との判断を示し、上告を退ける。2023年10月現在、松本死刑囚は1件の殺人について無罪を、残りはシンナーの影響によるものと主張して再審請求中である。

「永山基準」が示す死刑と無期懲役の境界線

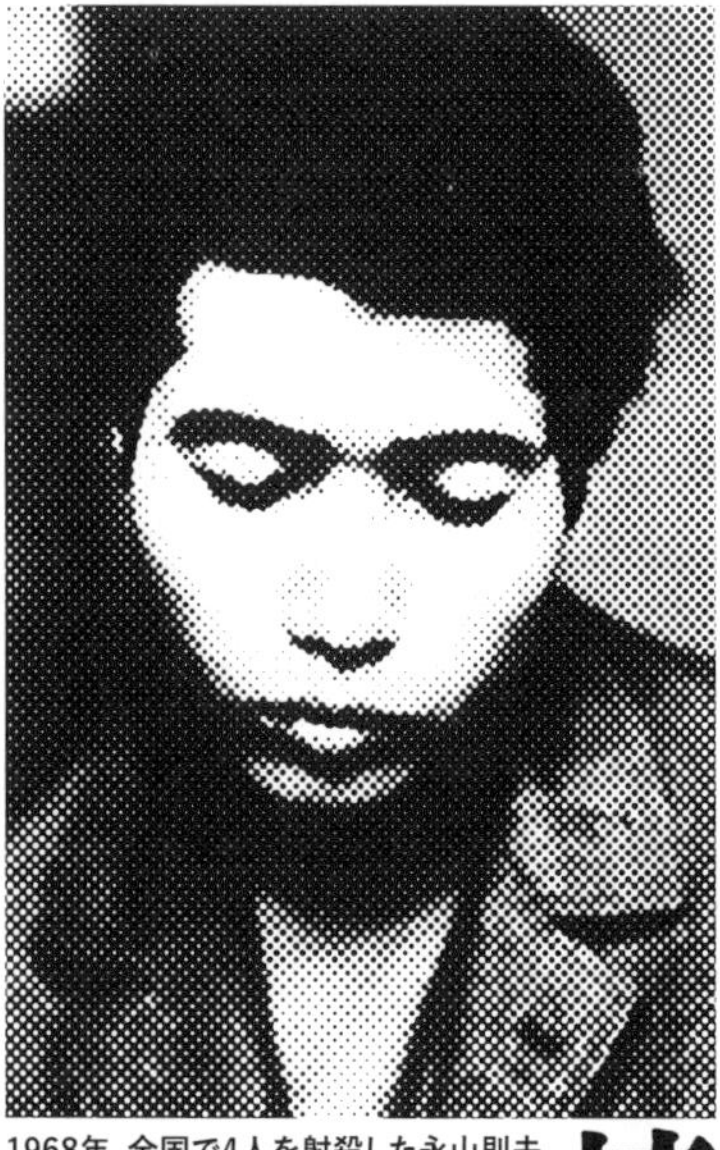

1968年、全国で4人を射殺した永山則夫元死刑囚（犯行時19歳）。同元死刑囚の裁判で現在の死刑適用基準が作られた

金銭目的の計画殺人は死刑の可能性大

犯罪を起こし警察に逮捕された「容疑者」は（検察が起訴相当と認めた場合）起訴され、「被告」として裁判を受ける。日本の裁判は三審制。事件が発生した地域を管轄する地方裁判所で一審、（原告も含め）その判決に不服があった場合は「控訴」し高等裁判所で二審、それでもなお納得がいかない際は「上告」し、最終的に最高裁判所で審理され刑が確定する。これは1回の裁判で事実関係を的確に捉えた完璧な判決が下されるとは限らないという観点で被告の人権保護することを目的としたものだが、被告自身が控訴や上告をしなかった場合は、それぞれ一審、二審の判決で刑が確定する。その中で最も重い量刑が「死刑」である。

刑法には死刑に該当するものとして18の罪を定められているが、現実の判例の大半が「殺人罪」（199条）と「強盗致死罪・強盗殺人罪」（240条後段：判例上は通常、故意に殺害した場合）で、死刑宣告は、いわゆる「永山基準」によって判断される。これは1968年10月から11月にかけ4人を射殺するなどして殺人罪（2件）、強盗殺人罪（2件）などの罪に問われ一審で死刑判決を受けた永山則夫《ながやまのりお》被告（事件当時19歳）の上告審の判決（1983年7月8日）で、最高裁判所が日本の裁判史上初めて示した死刑適用基準で、以下の9項目が提示されている（永山被告は1990年の差し戻し上告審の判決で死刑確定。1997年8月執行。享年48）。

❶犯罪の性質
❷犯行の動機
❸犯行態様（殺害方法の執拗性、残虐性）
❹結果の重大性（特に殺害された被害者の数）
❺遺族の被害感情
❻社会的影響
❼犯人の年齢
❽前科
❾犯行後の情状

この中で最初に着目すべきは❷の「犯行の動機」である。殺害が保険金目的、債務逃れなど金銭がらみの計画的な犯行の場合、死刑判決が

別府3億円保険金殺人で死刑判決を受けた荒木虎美
（写真は逮捕前にテレビのワイドショーに出演した際の様子）。控訴審判決後に病死。

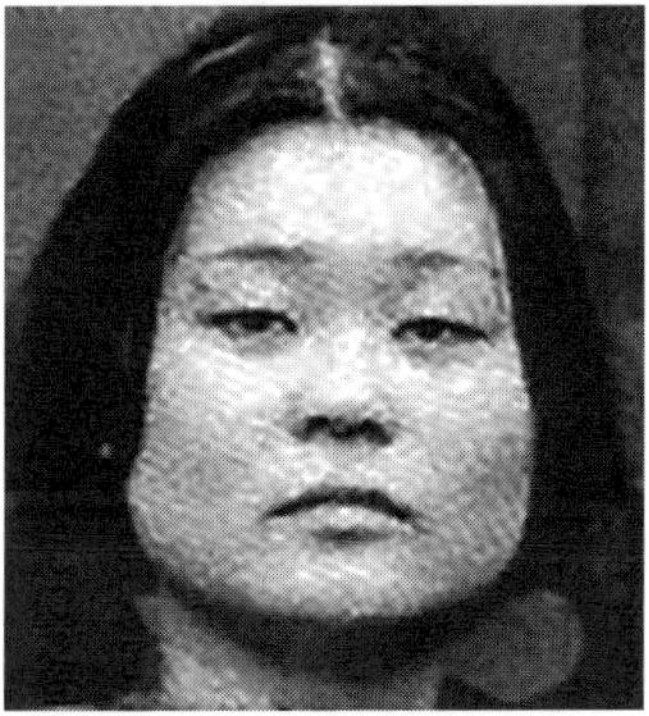
久留米看護師連続保険金殺人事件の
主犯・吉田純子元死刑囚

下される場合が多い。１９７４年11月に大分県別府市で母子３人に３億円の保険をかけ、自分の運転する乗用車を意図的に海に転落させ３人を溺死させた荒木虎美《あらきとらみ》（二審の死刑判決後の１９８９年１月、61歳で病死）、１９９８年１月と１９９９年３月に福岡県久留米市に住む女性看護師４人のうち２人が保険金目的で夫を空気注射などで殺害した事件で犯行の首謀者だった吉田純子《よしだじゅんこ》（２０１６年３月に死刑執行。享年57）、１９９２年９月に佐賀県で不倫相手の女性の夫を、１９９８年10月に長崎県で不倫相手の16歳の息子を保険金詐取目的で水死させた外尾計夫《ほかおかずお》死刑囚（２０２３年10月現在、福岡拘置所に収監中。本書１１０ページ参照）などが代表例として挙げられるが、一方で、１９９１年に事件が発覚するまでに３人の妻に猛毒トリカブトを飲ませ殺害し多額の死亡保険金を詐取したとされる神谷力《かみやちから》は殺害の確実な証拠が得られず、無期懲役に処されている（２０１２年11月、73歳で病死）。また、１９９８年７月発生の和歌山カレー毒物事件で確定死刑囚となった林眞須美は保険金詐欺の常習者だったが、無差別に４人が殺害された本事件では「（保険金を詐取するという）動機が存在しない」として冤罪説も浮上している（本書１１

8ページ参照)。

動機が身代金奪取で、誘拐・殺人を働いた場合、誘拐直後もしくは身代金要求前に被害者を殺害することを事前に計画していたとして被害者が1人でもほとんど死刑が選択されている。具体例としては、1980年12月に、愛知県名古屋市在住の女子大学生を身代金目的で誘拐・殺害した木村《きむら》修司《しゅうじ》(1987年7月の最高裁判決で死刑確定。1995年12月執行。享年45)、1984年2月に広島県福山市で自分が指導している少年野球チームのメンバーである小学校3年生の男子児童を誘拐・殺害後に身代金を要求した津田《つだ》暎《あきら》(1991年6月の最高裁判決で死刑確定。1998年11月執行。享年59)などが挙げられよう。

精神障害が認められる場合を除き、3人以上の殺害は死刑

永山基準の最重要点は、❹の「結果の重大性」、つまり殺害された被害者の人数で、これが死刑宣告に当たっての最も大きな要素と捉えられている。具体的には「3人以上は死刑」「2人殺害は死刑か無期懲役」「1人は無期懲役か有期刑」と示され、実際の判決もこの基準に適合する場合が多い。しかし、ここに責任能力や計画性の有無、❸「犯行態様」、❽「前科」などが加味されると、例外も生じてくる。

まず、殺害被害者3人以上で死刑が回避された事例をみてみると、被疑者が犯行時「心神喪失あるいは心神耗弱者の行為」だった事件が注目される。刑法39条には「心神喪失者の行為は、罰しない。心神耗弱者の行為は、その刑を減軽する」と記されている。つまり、精神障害を患った者の犯した殺人は責任能力を認めないか、罪を軽くするというわけだ。

2017年7月、兵庫県神戸市北区で祖父母ら5人を殺傷したとして、殺人罪などに問われた無職の男性被告（当時26歳）は、検察が無期懲役を求刑しながらも、2021年11月の一審判決公判で裁判長は「正常な精神作用が機能しておらず、妄想などの圧倒的影響下にあった疑いを払拭できない」と指摘し、心神喪失状態だった疑いが残ると判断して刑事責任能力を認めず、無罪を言い渡した（検察は判決を不服として大阪高裁に控訴）。また2015年9月14日・16日の計2日にかけて、埼玉県熊谷市で所轄の埼玉県警察熊谷警察署から脱走したペルー人の男性（同30歳）が、小学生女児2人を含む住民の男女6人を相次いで殺害した事件でも、2018年3月の一審判決で死刑が下されたが、2019年12月の高裁判決は「被告人は妄想上の『追跡者』から身を隠すために被害者宅へ侵入し、被害者を『追跡者』と勘違いして殺害した可能性がある。本来は死刑で臨むほかない重大な犯罪だが、統合失調症がもたらした強い妄想の影響で責任能力が十分ではなかった。心神喪失とまでは言えないが完全な責任能力を認めた第一審判決は適切ではない」と心神耗弱を認定し一審判決を破棄、無期懲役を下した（その後、最高裁判決で確定）。同様に、2015年3月に兵庫県洲本市で集落の住民5人をサイバルナイフで無差別に殺害した平野《ひらの》達彦《たつひこ》（同40歳）も、公判で犯行動機を「近隣住民に対する一方的な被害妄想」と認定、一審の死刑判決が二審で無期懲役に減刑され、そのまま確定している。

他にも、永山基準以前では、6人が死亡した1980年8月発生の新宿西口バス放火事件（加害者である事件当時38歳の丸山博文《まるやまひろふみ》は刑事訴訟で心神耗弱が認められ無期懲役の判決が確定。服役中の1997に収監先の千葉刑務所で自殺）、1981年6月に東京都江東区森下の商店街で覚せい剤常習者の元寿司職人・川俣軍司《かわまたぐんじ》（同29歳）が無差別に4人を刺殺した深川通り魔殺人事件（心神耗弱が認められ無期懲役）、同じく覚せい剤常習者の橋田忠昭《はしだただあき》（同47歳）が妻を含む4人を殺害した1982年2月発生の大阪市西成区覚せい剤中毒者7人殺傷事件（覚せい剤中毒による被害妄想と認定され無期懲役に）などで死刑が回避されている。その一方、2009年7月、大阪市此花区《このはな》のパチンコ店に放火し5人を焼死させた高見素直《たかみすなお》（同41歳）は起訴前に検察側が実施した精神鑑定で統合失調症と診断され、公判で弁護側も「犯行時、高見被告が覚せい剤使用による精神障害で『マーク』という集団や『みひ』

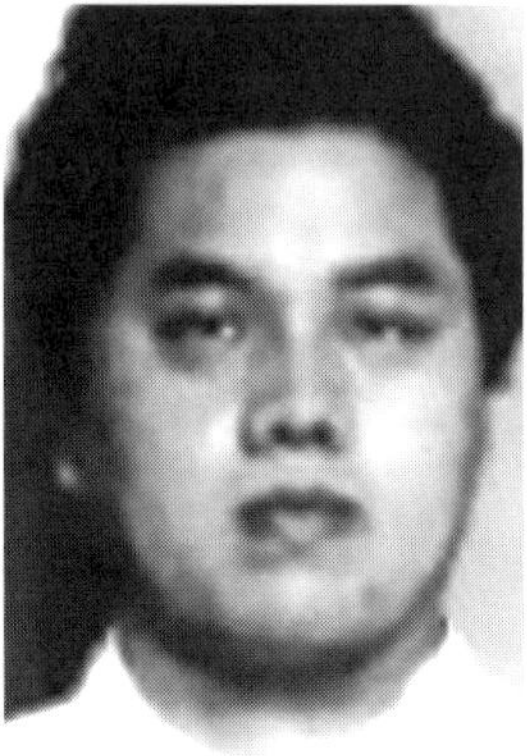

妻子3人を殺害したものの無期懲役判決で確定した野元岩男受刑囚

という女性に嫌がらせを受けている妄想にとらわれ「見て見ぬふりをする世間に攻撃しようとした」と動機を説明し、「善悪の判断能力が著しく損なわれていた」と主張したが、一審から最高裁まで裁判長は被告の責任能力を認め、死刑判決が確定した（本書２０２ページ参照）。

　心神喪失や心神耗弱以外でも死刑が回避されたケースもある。１９８６年11月、東京都杉並区の住宅から出火し屋内から４人の絞殺遺体が見つかった事件の加害者・伊藤竜《いとうりゅう》（同29歳）は検察側が死刑を求刑しながらも無期懲役になった。理由は動機である。同被告は妻から「あなたの子供は、私が浮気した他の男性の子供である」と罵られ、父親からも「おまえは母親（前妻）が浮気してできた子供であり、自分とは血縁がない」と日頃から突き放されたような物言いをされていたことに逆上し犯行に及んでいた。裁判では、殺された妻の両親が「被告人も被害者であり、現在では被告人を許しているので、寛大な判決を求める」と証言、他の大半の遺族も被告を許し同情まで寄せていたことが死刑回避につながった。

　また、１９９４年11月、横浜市鶴見区の京浜運河から母子３人の殺害遺体が見つかった事件で逮捕された茨城県つくば市の医師・野元岩男《のもといわお》（同29歳）は、自身の不倫問題が原因で妻と２人の子供の殺害・死体遺棄に及び検察から死刑を求刑されたが、裁判所は「犯行は計画的なものではなく衝動的だったなどとして夫に無期懲役判決を下した。他にも、２００５年２月、岐阜県中津川市で同市職員の男性（同57歳）が一家５人を殺害した事件では裁判で家族間の確執が原因の「一家心中」とされ、被告人の完全責任能力が認定されながらも判決は無期懲役。同年4月、愛知県知多《ちた》市で鉄工所の経営が行き詰まり消費者金融だけでなくヤミ金融から多額の負債を背負った兄弟2人が、借金取りから取り立てに追われる事を悲観し、両親と妻子の5人を殺害し、兄弟2人も殺しあったが兄だけ生き残った事件でも、裁判所は情状酌量の余地があるとして無期懲役を言い渡している。対し、1989年8月に発生した岩手県種市《たねいち》町妻子5人殺害事件では、妻との離婚話をきっかけに妻子5人を就寝中に刃物で刺殺、その後自首した元漁船員K（同42歳）に一審では無理心中と認定し無期懲役が下されたものの、二審で逆転死刑判決が出された（K被告は上告前に病死）。

1人殺害でも仮釈放中、犯行が残虐なケースは極刑に

次に被害者1人で死刑が確定した事例をみてみよう。永山基準が示されて以降、1人死亡の事件の場合は死刑回避の傾向が強まっているが、前述の身代金目的の誘拐殺人・保険金殺人以外にも、過去に別の殺人事件で無期懲役（もしくは有期刑）に処されたにもかかわらず、仮釈放中や出所後短期間で新たに殺人を犯したり、被害者への性犯罪の既遂、特段の残虐性などが重視された場合は更生不可として死刑判決が下されることがある。

1979年9月に熊本県免田町で主婦を殺害した金川一《かながわはじめ》（同29歳）は一審で「知能が低く普

通人と精神薄弱者との境界領域に属し、爆発性性格の異常人格者で情緒性の未発達が目立つとされている」として無期懲役判決を受けながらも、控訴審で「精神鑑定の結果は本件犯行の重大さと比べ、それほど有利に斟酌できるものではない」として死刑宣告を受けた（1990年4月の最高裁判決で確定）。理由は18歳時に起こした強盗殺人である。本事件で金川は懲役5年以上10年以下の判決に処せられ服役。1979年6月に長崎刑務所を満期出所して3ヶ月後の犯行だった（未執行。本書22ページ参照）。1980年4月23日、福岡県直方《のおがた》市で当時64歳の女性を絞殺し現金2千円を奪ったT（同47歳）も1956年に福岡県の質屋に押し入って経営者を刺殺する強盗殺人事件を起こして無期懲役判決を受けており1978年に仮釈放。本事件はその2年後で、福岡地裁は死刑を言い渡した（1990年12月、最高裁判決で確定。1998年6月執行）。1992年3月に西山省三《にしやましょうぞう》（同39歳）が起こした福山市独居老婦人強盗殺害事件も強盗殺人罪で無期懲役刑を受け仮出所中の犯行で死刑確定（未執行。本書98ページ参照）。2005年5月、栃木県宇都宮市で実の弟を金銭目的で知人に殺害させた長谷川静央《はせがわしずお》死刑囚（犯行時62歳）も、1977年5月に当時勤務していた乾物店の金2千500万円横領したことが発覚しそうになったため店主を撲殺した殺人罪で無期懲役を受け、2003年5月に仮出所したばかりだった（未執行。本書112ページ参照）。

　仮出所中の犯行ではなくとも、当初から殺害を計画していた強盗殺人は被害者が1人でも死刑が適用される場合があり、その最たる例が2007年8月に愛知県名古屋市周辺で発生した

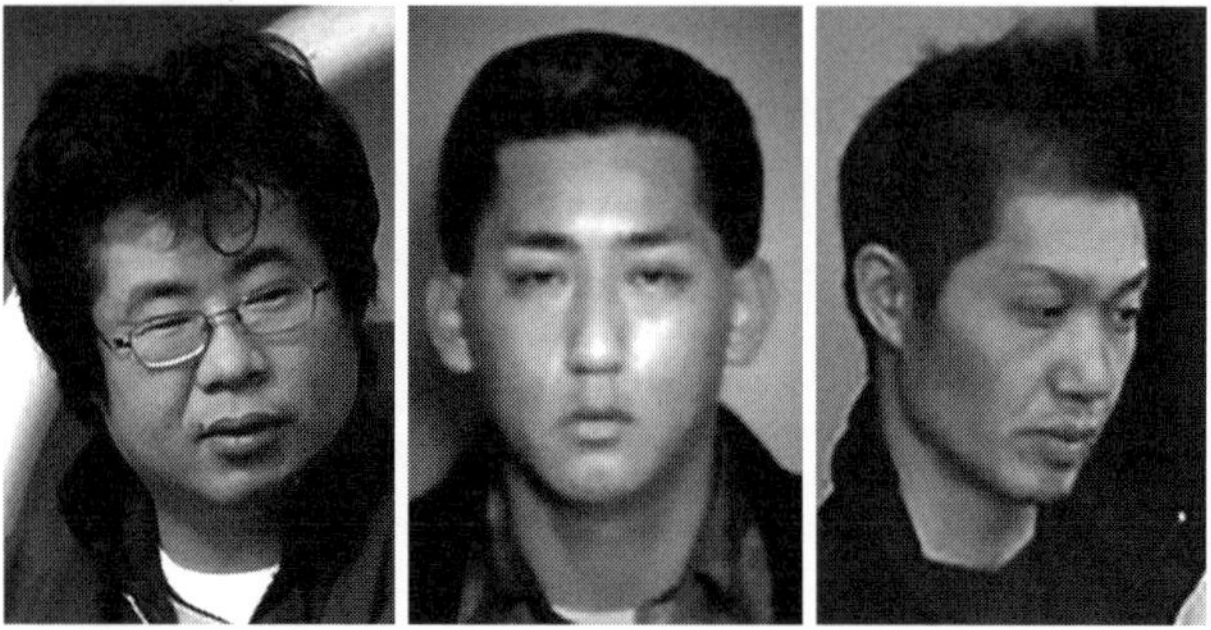

犯行の残虐性から被害者1人だけで死刑囚となった3人。右が闇サイト殺人事件の主犯・神田司、中央が三島女子短大生焼殺事件の服部純也、左は奈良小1女児殺害事件の小林薫。すでに全員に刑が執行されている

闇サイト殺人事件の主犯・神田司《かんだつかさ》（同36歳）だ。神田は群馬県高崎市の工業高校を卒業後、職を転々とし一時期は暴力団関係の仕事にも就いていたが、2006年にセールススタッフとして新聞販売店に就職。しかし勤務態度は不良で収入も少なく、インターネット上の掲示板「闇の職業安定所」で犯罪を働き金を得ようと考えるようになる。そこで知り合ったのが、住所不定無職の川岸健治《かわぎしけんじ》（同40歳）と名古屋市東区泉の無職・堀慶末《ほりよしとも》（同32歳）である。3人は共謀し、裕福そうな女性を拉致・監禁し金を奪うべく標的を物色。同月24日深夜、名古屋市千種区内の路上で、帰宅途中の女性会社員（同31歳）を拉致し、自動車内に監禁し翌25日未明にかけ、同県愛西《あいさい》市内の屋外駐車場で、被害者を脅迫してキャッシュカードの暗証番号を聞き出し、金品を奪った他、女性の顔面に粘着テープを何重にも巻きつけたり、金槌で数十回にわたり頭部を殴打するなどして殺害。

死体を岐阜県瑞浪《みずなみ》市内の山中に遺棄した。事件は川岸が自首したことで発覚したが、公判では互いが罪をなすりつけ罵倒し合う展開に。果たして、名古屋地裁が出した判決は「殺害の計画と実行において最も積極的に関与した」神田被告に死刑、他2被告に無期懲役を言い渡した（後に堀被告は過去の殺人事件で死刑判決。本書224ページ参照）。その後、控訴、上告も棄却され神田被告の死刑確定。刑が執行されたのは2015年6月25日のことだ。

1983年に永山基準が示されて以降、2001年末まで殺害された被害者数が1人の事件で死刑が確定した死刑囚は計23人で、全員が金銭利欲目的（強盗殺人・身代金目的誘拐・保険金殺人）か、もしくは殺人前科がある場合に限られていた。が、24人目の死刑囚は違った。

2002年1月22日夜、無職・服部純也《はっとりじゅんや》（同29歳）が帰宅途中に偶然鉢合わせした通りすがりの被害者・女子短大生（同19歳）を拉致・強姦したうえ「覚せい剤を打つのに邪魔になった」という理由から被害者の殺害を決意し、翌23日未明に静岡県三島市の山中を通る市道路肩にて被害女性に生きたまま灯油をかけライターの火で焼き殺した。公判で弁護側は永山基準に照らし合わせ有期刑か無期懲役が相当と主張し、一審判決は無期懲役。しかし、控訴審判決で裁判長は「被害者は生前、誠実に生きて努力を重ねてきたにもかかわらず、不幸にも被告人の目に留まってしまったばかりに犯行の犠牲になった。体を縛られた状態で焼き殺された被害者の無念・苦痛はいかばかりかと察せられ、深い哀れみを覚えざるをえない。被害者遺族が強く死刑を望むのは当然だ」と指摘したうえで「被告人には反省悔悟の情が窺われるが、被告にとって有利に斟酌すべき事情を最大限に考慮しても、残虐な殺害方法・改善更生の乏しさなどから見れば罪責はあまりにも重大で、極刑をもって臨むほかない」として一審判決を破棄、死刑を言い渡した。2008年2月28日、最高裁も上告を棄却し死刑確定。執行は4年半後の2012年8月3日のことだった。

2004年11月17日、奈良市内で帰宅途中の小学1年生女児（同7歳）を誘拐・殺害した新聞販売店従業員の小林薫《こばやしかおる》（同35歳）も動機は金銭目的ではなく、殺人の前科もなかった。犯行はわいせつ目的である。小林は高校時代から女児を性交渉・わいせつ行為の対象として見るようになり、1989年12月に当時5歳の女児2人に対する強制わいせつ罪・窃盗罪で逮捕。1991年7月には5歳女児にわいせつ行為を働こうとし、女児の頸部を両手で絞め付けるなどした殺人未遂容疑で懲役4年の刑を受け、1995年11月に仮出所していた。そして、9年後に殺人実行。ただ、わいせつ目的で1人を殺害した例は過去にもあり、その大半は死刑を下されていない。なぜ、小林が死刑になったのか。その理由は犯行の残虐性である。小林は自宅マンションで女児を殺害した後、遺体の陰部に陰茎を挿入しようとしたが叶わなかったため、口に挿入すべく女児の歯10本をえぐり取って損壊。その後、被害女児の母親に対して遺体を撮影した画像を添付したうえで「娘はもらった」「次は（女児の）妹だ」などと脅迫メールを送信し、遺体を生駒《いこま》郡平群《へぐり》町の道路脇側溝内に放置した。判決公判で奈良地裁は永山基準に言及し、「本事件で殺害された被害者は1人だが、本事件の被害者は抵抗することもままならない幼少の女児で、性的被害にも遭っている。残忍な犯行・自己中心的な動機・犯行後の情状の悪質性・遺族の被害感情・社会的影響の甚大さなどに加え、このような事情を併せ考えると、本件の結果はかなり重大で、被害者の数が1人であることだけで死刑を回避することはできない。罪刑の均衡の見地・一般予防の見地からも被告人自身の生命で罪を償わせるほかない」として死刑を宣告。高裁、最高裁も一審判決を支持し死刑が確定。2013年2月21日に刑が執行された。

事件の残虐性でいえば、2008年4月18日、東京都江東区のマンションの同じフロアに住む女性をわいせつ目的で自室に拉致、女性の首に包丁を刺し殺害したうえで遺体をバラバラに損壊、トイレに流したり出勤時にゴミ捨て場に遺棄し、報道陣の取材にも何食わぬ顔で応えていた元派遣社員・星島貴徳《ほしじまたかのり》（同33歳）にも世間の激しい怒りが集まったが、東京地裁は判決公判で「性奴隷にしようとして拉致し、事件の発覚を防ぐには被害者の存在自体を消してしまうしかないと考えた自己中心的で卑劣な犯行で、酌量の余地はない」と厳しく指弾したうえで「死刑選択には相当強い悪質性が認められることが必要となるが、この殺害では執ような攻撃を加えたものではなく、残虐極まりないとまではいえない」として無期懲役を宣告。最高裁も、永山基準や、被害者が1人でも死刑となった過去の事案との違いを指摘し、「極刑がやむをえないとまでは言えない」として検察側の上告を退けている。

18歳、19歳の少年に死刑が下される事案

最後に、永山基準❺の「遺族の被害感情」と❼の「犯人の年齢」について触れておこう。この項目に関して、最も世間を賑わせたのは1999年4月14日、山口県光市で発生した光市母子殺害事件だろう。

18歳未満の者が、たとえ複数の人間を殺害しても、現行法では無期懲役が最も重い刑罰だ。が、問題となるのは被告が18歳、19歳の成人(20歳)未満の場合である。本事件でも、犯人の大月《おおつき》(旧姓・福田)孝行《たかゆき》(本書182ページ参照)は事件時、18歳と30日だった。犯行当日、大月はわいせつ目的で光市室積沖田《むろづみおきた》の「新日鐵沖田アパート」の10棟から7棟にかけ、排水検査の作業員を装って戸別に訪ね、呼び鈴を鳴らすなどして、若い主婦が留守を守る居室を物色して回った。そんな大月を疑うことなく部屋に入れたのが当時23歳の主婦である。大月はトイレなどで排水検査をしているふりをしながら様子をうかがい、同日14時30分頃に主婦の背中に抱きつき仰向けに引き倒したが、激しく抵抗されたため、主婦の首を絞めて殺害、強姦した。その後、主婦の長女(同11ヶ月)が泣き止まぬことに激昂し、長女の首にヒモを巻きつけ、強く引っ張り絞殺。さらに、犯行の発覚を遅らせるため、長女の死体を押入の天袋に投げ入れ、

主婦の死体を押入の下段に隠すなどして現場から逃走した。

事件後、帰宅した被害者主婦の夫が妻の遺体を見つけ、警察に通報。駆けつけた光警察署の署員が押入れの上の棚で長女の遺体を発見したことで、山口県警は殺人事件として捜査を開始し、4日後の4月18日に大月を逮捕する。

大月容疑者は当初、少年扱いで山口家庭裁判所へ送致された。同家裁は少年審判の結果、事件の重大性を鑑みて同容疑者を山口地検へ送致。これを受けて地検は殺人・強姦致死・窃盗の容疑で同容疑者を山口地裁に起訴する。

裁判は、残虐な殺人を犯した大月被告を死刑に処すべきとする検察側と、18歳未満を死刑にしないという少年法の精神が本事件でも適用されるべきだと主張する弁護側の争いとなった。一審は「犯行は身勝手、自己中心的で酌量の余地はないが、犯行当時18歳になったばかりの少年であり、矯正教育により更生の可能性がないとはいいがたい。被告はそれなりに反省の情を芽生えさせている」と無期懲役判決。二審では、大月被告が事件後に友人に出した手紙23通を検察側が証拠品として提出し、その一部を法廷で読み上げた。「7年そこそこで地表にひょっこり芽を出すからよろしくな」「選ばれし人間は、人類のため、社会のため悪さができる」などの内容にくわえ、文面にわいせつな言葉があふれている点にも触れて「反省がみられない」と指摘。また「裁判官、サツ（警察）、弁護士、検事。私を裁けるものはこの世におらず」「検察のバカ」など、司法手続きをちゃかす内容が多いことも強調した。対し、大月被告は「不謹慎なところもあると思うが、手紙をやり取りするうちに相手を笑わそうとしたもので、公開されるとは思わないで書いた」と釈明した。果たして、二審も控訴を棄却し、一審の無期懲役判決を支持。検察側は即日、上告する。

迎えた最高裁での判決公判で、裁判長は「何ら落ち度のない2人の命を踏みにじった犯行は冷酷、残虐で、発覚を遅らせようとするなど犯行後の情状も良くない」と述べたうえで、二審判決が犯行時に18歳1ヶ月の少年で更生の可能性があることを死刑回避の理由とした点について「被告の言動、態度を見る限り、罪の深刻さと向き合っているとは認められず、犯罪的傾向も軽視できない」と指摘し、審理を高裁に差し戻すことを決定。その後、差し戻し審、差し戻し上告審で大月被告の訴えが棄却され死刑が確定した。

本事件で犯行時18歳1ヶ月だった少年を死刑まで導いたのは、被害女性の夫の執念が少なからず影響している。夫は控訴審の証人尋問で「少年を自分の手で殺しても構わない」と怒りをあらわにして死刑判決を求め、意見陳述の際には「被告人が犯した罪は万死に値します。いかなる裁判が下されようとも、このことだけは忘れないでほしい」と発言。判決後には「司法に

市川一家4人殺害事件の関光彦は犯行時19歳2ヶ月だったが死刑判決を受け、刑確定から16年後の2017年12月、東京拘置所内で処刑された

絶望した、加害者を社会に早く出してもらいたい、そうすれば私が殺す」とまで言い切った。そんな夫に対し、大月被告が「調子づいている」などと中傷したことで、裁判官の心証を悪くさせ死刑判決につながった面もあるといえる。ちなみに、夫は犯罪被害者遺族が司法から疎外されていると訴え、他の人たちと犯罪被害者の会（現全国犯罪被害者の会）を２００２年12月に設立し各地で講演を実施。被害者の権利を保障した犯罪被害者基本法が２００５年４月に施行される原動力となった。

この光市母子殺人事件をはじめ、18歳、19歳の少年が犯した殺人でも、犯行内容の残虐さから死刑判決が出る例は珍しくない。２０００年代以降に確定した事案では、１９９２年３月５日から６日にかけて千葉県市川市の一家４人を惨殺した関光彦《せきてるひこ》（犯行時19歳。２０１７年12月19日執行。享年44）、１９９４年９月28日から10月８日にかけて大阪・愛知・岐阜の３県で男性５人に壮絶なリンチをくわえ殺害した小林正人《こばやしまさと》（同19歳）、黒澤淳《くろさわあつし》（同19歳）、芳我匡由《はがまさよし》（同18歳。全員が未執行。本書１６２ページ参照）、２０１０年２月10日、宮城県石巻市で交際相手の女性の姉と友人女性、知人男性を殺害した千葉祐太郎《ちばゆうたろう》（同18歳。未執行。本書２０８ページ参照）の５人に死刑が下され確定している。２０２２年４月１日、成人年齢が18歳に引き下げられたことで、今後18歳、19歳で凶悪な殺人を犯した者には躊躇なく死刑判決が出されることも十分予想できる。

日本の確定死刑囚

第2章　2000年代確定

1951年生

京都・滋賀連続強盗殺人事件

松本健次《まつもと けんじ》

一審	1993年9月17日　大津地裁　死刑判決
控訴審	1996年2月21日　大阪高裁　控訴棄却　死刑判決支持
上告審	2000年4月4日　最高裁第三小法廷　上告棄却　死刑確定
収監先	大阪拘置所

　1990年9月6日午前5時、無職の松本健次（当時39歳）は兄の博（同43歳）と共謀し、京都府城陽市に住む従兄弟のAさん（同36歳）を殺し財産を奪うべく、Aさん宅でマッサージと称して首にビニールヒモを巻き付けて絞殺。現金約4万円と土地家屋の登記済み証、登録印などを奪い、死体を福井県敦賀《つるが》市の砂浜に埋めた。その後、Aさんの土地や住宅を2千700万円で売却して現金を騙し取った。

　1年も絶たず金を使い果たした松本兄弟は、1991年8月下旬から滋賀県東浅井郡（現・長浜市）に住む実姉宅に身を寄せていたが、ほどなく近所に住む一人暮らしの資産家女性Bさん（同66歳）が養子を欲しがっていることを知り、彼女を殺害し、資産を奪おうと計画を立てる。

　9月25日夕方、2人は「岐阜にいる養子の希望者を紹介する」と自宅にいたBさんを車で誘い出した。22時頃、愛知県内の木曽川沿い道路でトイレ休憩と騙して車から降ろし、1人がヒモ、1人が手で首を絞めて殺害。遺体を福井県美浜《みはま》町の砂浜に埋めたうえ、現金17万5千円、家の権利書、預金通帳、有価証券、印鑑などを奪った。

29日夜、滋賀県警虎姫《とらひめ》署に女性の捜査願が出され同署が調べると、松本兄弟が女性の家の売却を相談していたことが判明。30日、重要参考人として健次に出頭を求めたところ、10月1日夜、犯行を自供したため逮捕に至った。さらに同署は兄の博を指名手配したが、3日午後、岐阜県美濃《みの》市内で首を吊って自殺しているのが見つかる。兄は、このとき消費者金融から60万円を借りていた。

11月16日、警察は従兄弟殺害の強盗殺人、死体遺棄容疑で健次を再逮捕し検察が起訴、1991年12月17日から裁判が始まった。

初公判で松本被告は起訴事実を全面的に認めた。が、翌1992年4月17日の第3回公判で「殺害行為に手は貸したが、犯行を計画したのも実際に手を下したのも兄」と主張。裁判で兄と弟の犯行における主従関係が争われたものの、判決公判では「Aさん殺害は兄が計画したものの、被告人も殺害に加担していること、またB子さん殺害では、兄よりも被告の方が積極的だった」と認定し死刑を言い渡した。

共犯の兄は逮捕前に首吊り自殺

その後、高裁が控訴を、最高裁が上告を棄却し、死刑確定。松本死刑囚は大阪拘置所に収監されるも、2005年より裁判のやり直しを求めて再審請求を続けている。報道によれば、同死刑囚は生まれながらに胎児性水俣病からくる知的障害を持つことに加え、長期にわたる拘禁の影響により誇大型の妄想性障碍を発症、人との意思疎通が困難になっているという。

最新の情報では、2023年10月時点で大津地裁に第8次再審請求中と伝えられている。

多摩市パチンコ店強盗殺人事件

1992年5月30日23時20分頃、中国国籍の王剛勇（当時28歳）は、元日本語学校留学生の陳代偉（同31歳）と同じく何力（同27歳）と共謀し、以前から狙いを付けていた東京都多摩市にあるパチンコ店から売上金を強奪しようと雑居ビ

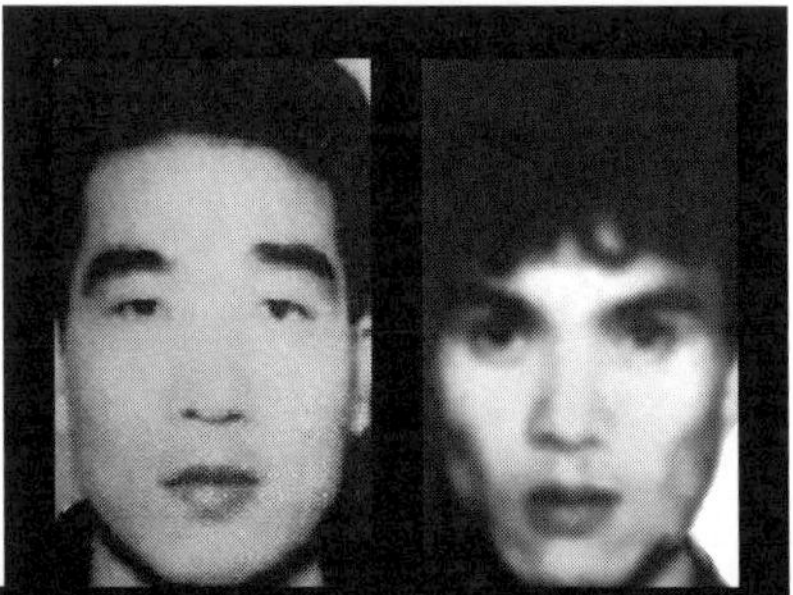

右……チェン・ダイウェイ 1961年生
陳代偉

左……フー・リー 1964年生
何力

一審	1995年12月5日	東京地裁八王子支部　死刑判決
控訴審	1998年1月29日	東京高裁　控訴棄却　死刑判決支持
上告審	2002年6月11日	最高裁第三小法廷　上告棄却　死刑確定
収監先	東京拘置所	

ルに侵入。エレベーター内で、売上金など約1千500万円を運んでいた男性従業員のAさん（同39歳）とBさん（同43歳）をナイフでめった刺しにして殺害。物音で駆けつけたパチンコ店の店長専務の男性（同36歳）も刺し殺し、エレベーター内に散乱していた売上金の中から現金約230万円を奪い逃走した。

　同年10月10日、陳は別の中国人と東京都内のスナックに窃盗目的で侵入したところを警視庁巣鴨警察署の捜査員に逮捕され、指紋から多摩市の強盗殺人事件の犯人と判明する。陳の自供から、すでに不法入国で渋谷警察署に逮捕されていた何の関与も明らかになり再逮捕。ただし、主犯格

の王はこの時点ですでに国外に逃亡しており、強盗殺人容疑で国際手配される（2023年10月現在、事件を管轄する警視庁の指名手配犯一覧、及び警察庁の国際手配被疑者一覧に王の記述はない）。

一審で両被告は事前に周到な計画を立てて現金を奪ったことは認めたものの、殺人については否認。また、2人は従犯であり、殺意を否定した。対し、判決公判では「十分下見したうえ、殺傷力の強いナイフで背後から突き刺すなど殺意、犯意は確定的で悪質な犯行」「現場に凶器などの物証が残されており、強盗を計画的に意図して確定的な殺意を持って襲ったことは明らか。簡単に3人の命を奪った犯行は冷酷無比で極刑をもってのぞむほかない」と認定され、死刑が宣告される。

陳被告は共謀と殺害への関与を否認。何被告は「殺意はなかった」などとして、事実誤認や量刑不当などを理由に控訴したが、高裁は「両被告を犯行に誘った首謀者が現在も逃亡していることなどを酌量しても極刑はやむをえない」とし、被害者を一斉に襲撃した経緯、両被告の自白調書などから「事実誤認はない」と控訴を棄却した。

主犯格の男は国外へ逃亡

最高裁で、両被告は、留置所において警察官に暴力を振るわれ、さらに高熱の中での取り調べにおいて自白を強要された。しかも一審、二審ともその自白によって判決文が書かれており、信憑性がないと述べるとともに、逃亡中の王容疑者の供述がなければ真相を解明できない。それなのに死刑を言い渡すのは不当であると主張。しかし、判決は上告棄却で死刑確定。外国人被告の死刑が確定するのは、統計を取り始めた1966年以後、同年の横浜地裁判決（一審で確定）以来2件目で、最高裁での確定、及び来日外国人としては初のことだった。両死刑囚は現在も東京拘置所に収監中である。

1999年1月9日、工員の横田謙二（当時49歳）は家事手伝いの女性（同21歳）を誘い、居酒屋で飲んだ後、東京都足立区の自宅で2万円の小遣いを渡したが、「これっぽっち」などと言われたことに腹を立て口論に発展した。

横田は少年時代から空き巣や窃盗、詐欺などの犯罪を重ねていた。1978年1月、千葉県松戸市に住む知人宅に金を無心に行くも留守で、知人の父親（同60

1949年生……よこたけんじ

川口バラバラ殺人事件

横田謙二

一審	2001年6月28日　さいたま地裁　無期懲役判決
控訴審	2002年9月30日　東京高裁　一審棄却　死刑判決
上告審	2002年10月24日　上告取り下げ　死刑確定
収監先	東京拘置所

歳）と話しこみながら帰りを待っていたが、その途中で父親から金を奪おうと思いたち隙を見て父親を絞殺、金を奪って逃走。9月、千葉地裁松戸支部で無期懲役の判決を受けて19年4ヶ月服役し、1998年1月に仮出所したばかりだった。その後、通い出したスナックで働いていたのが被害者の女性。横田は一流会社の社員を詐称し、同年10月に彼女が店を辞めた後も、金銭を渡し私的な交際を続けていた。

女性と口論になった際、横田はこのままでは騒ぎを近所の住民に知られて仮出所が取り消されると思い、咄嗟に女性の首に右腕を回し殺害。1月13日～14日頃にかけて、遺体を運びやすくするために自宅の風呂場で刃物を使いバラバラに切断し、それぞれポリ袋に包む。そして、15日〜16日頃にかけて計3回にわたり、足立区と埼玉県川口市内の荒川左岸にビニール袋に包んだ死体を遺棄。横田が殺人、死体損壊・遺棄容疑で逮捕されるのは、犯行から3ヶ月が過ぎた4月9日のことだった（胴体は未発見のまま）。

初公判で横田被告は起訴事実を認めたが、公判の途中から、女性が果物ナイフを掴んで体当たりしてきた、それでナイフが女性に刺さって死んだと主張。弁護側も「仮出所中であっても、死刑が選択されるのは強盗殺人や性犯罪に絡む殺人である場合が多い。本件は強盗や強姦目的ではなく、計画性もない」と述べたのに対し、検察側は「出所後わずか1年足らずで、さしたる理由もないまま殺人などの大罪を犯した戦慄すべき事案」として、死刑を求刑した。果たして、下された判決は無期懲役。横田被告が成人後、大半を刑務所で過ごしてきたことから社会性の欠如はある程度やむをえないこと、殺人に関して計画性をうかがわせる証拠はないことなどが主な理由だった。

一審判決を不服として検察、弁護側ともに控訴した第二審。高裁は「口論する結果は、虚言に満ちた生活で自らが招いたもの」「仮出獄から1年足らずで殺人を犯すなど、ささいなことに過剰に反応する性格は矯正は事実上不可能。被害者は1人だけだが、極刑もやむをえない」として一審判決を破棄し、死刑を宣告する。直ちに控訴審の弁護人は上告したが、その後、横田被告本人が上告を取り下げたことで刑が確定。同被告は2023年10月現在も死刑囚として東京拘置所に収監中の身にある。

仮出所から1年後、行きつけのスナックの女性を絞殺

警察庁広域重要指定 121号事件

黄奕善 松沢信一

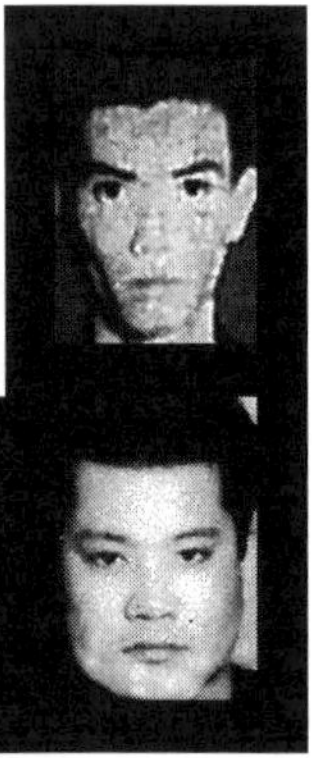

上……ウォン・イーサン 1968年生
下……まつざわ しんいち 1961年生

黄奕善	一審	1996年7月19日	東京地裁　死刑判決
	控訴審	1998年3月26日	東京高裁　控訴棄却　死刑判決支持
	上告審	2004年4月19日	最高裁第一小法廷　上告棄却　死刑確定
松沢信一	一審	1998年5月26日	東京地裁　死刑判決
	控訴審	2001年5月30日	東京高裁　控訴棄却　死刑判決支持
	上告審	2005年9月16日	最高裁第二小法廷　上告棄却　死刑確定
	収監先	どちらも東京拘置所	

1993年に発生した「日本・外国人集団連続強盗殺人事件」とも呼ばれる事件で、松沢（旧姓・下山）信一（犯行当時33歳）が主犯、黄奕善（同25歳）は殺害の実行犯だった。

1987年3月から1989年11月までの間に松沢は、収監されていた姫路刑務所で暴力団員のY、Sと知り合い、出所後、自動車の当たり屋などで保険金詐欺を繰り返していた。その後、さらに大金を得ようと外国人の殺し屋を雇い入れ強盗団を結成。このとき新たに仲間に加わったのがマレーシア国籍の黄である。

彼らはまず1993年10月8日に静岡県内のパチンコ店から1千50万円を強奪。同月27日に、滋賀県八日市《ようかいち》市の金融業者の男性（同53歳）宅へ押し入り殺害、上着ポケットにあった現金約1千160万円の他、現金約1千240万円が入った耐火金庫や高級腕時計など、合計3千万円相当の金品を奪い、逃走する。

2ヶ月後の12月10日には、松沢、黄、Sの3人が東京都足立区の金融業者に押し入り、従業員の男性

（同56歳）の胸部を数回包丁で刺して重傷を負わせたものの、騒がれたため金銭奪取には失敗。しかし、２日後の12日、松沢、黄が群馬県高崎市のゲーム喫茶経営者の男性（同40歳）を拳銃で射殺、約9万円を奪い、さらには20日には足立区の不動産賃貸業者の男性（同59歳）方に侵入し、男性をハンマーで殴り、包丁で突き刺して殺害。現金１１５万円を強奪した。

１９９４年に入って犯行グループの全員が逮捕され、強盗殺人罪などで起訴。松沢と黄の両被告の裁判は分離して審議されることになった。

最初に公判が始まった黄被告は当初、犯行に加わったことは認めたものの、途中から「殺すつもりはなかった」と殺意を否認。しかし、判決公判では「金欲しさから凶悪、非情な犯行に走った。主犯ではないことなどを考慮しても、極刑をもって臨むほかはない」として死刑を宣告される。このとき、黄被告は裁判長に向かい「ありがとうございます」と頭を下げたそうだ。その後、高裁で控訴棄却、最高裁で上告が棄却され死刑が確定した。

一方、松沢被告は１９９４年10月21日の初公判で

死刑判決に「ありがとうございます」

「全部の事件を黙秘します」と述べ起訴事実の認否を拒否。弁護側は「被害者を殺してまで金を奪うことは計画してなかった」と主張した。が、東京地裁は「周到に準備された極めて計画的犯行で、被告は中心的役割を果たした。何ら責められる事情のない3人が殺されて１人が重傷を負った結果は極めて重大」として死刑を言い渡す。刑を不服として松沢被告も控訴、上告したものの、いずれも却下され、黄死刑囚の1年後に死刑が確定。２０２３年10月現在、両死刑囚ともに刑は執行されておらず、東京拘置所に収監中である。ちなみに共犯のYとSは両者ともにも無期懲役で結審した。

1995年4月18日、福岡県八女《やめ》市で飲食店経営の倉吉政隆（当時45歳）が、知人で大工の池田忠則と共謀して同県大牟田市の男性会社役員（同46歳）をピストルで射殺し、さらにその場に役員と一緒にいた飲食店従業員のフィリピン人女性（同25歳）の首を絞めて殺害。役員が持っていた貴金属類約20万円相当を奪い、遺体を熊本県の阿蘇山中に埋めて証拠隠滅を図った。

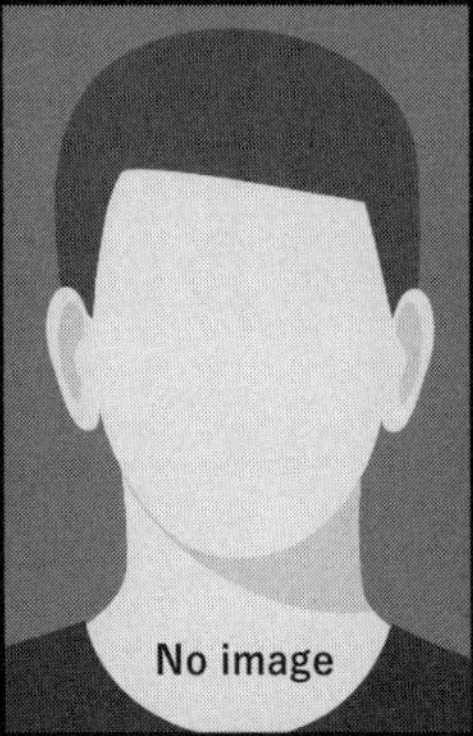

1951年生

福岡連続強盗殺人事件

倉吉政隆《くらよし まさたか》

一審	1999年3月25日　福岡地裁　死刑判決
控訴審	2000年6月29日　福岡高裁　控訴棄却　死刑判決支持
上告審	2004年12月2日　最高裁第一小法廷　上告棄却　死刑確定
収監先	福岡拘置所

3日後の21日、2人は無職の池田洋を仲間に誘い入れて大牟田市のパチンコ店に押し入り、現金約約600万円を強奪。さらに、2ヶ月後の6月20日、倉吉と池田（忠）は、倉吉の弟で元暴力団幹部の倉吉祐治と3人で福岡市のカジノバー景品交換所を襲い現金約1200万円を奪った。

8月22日、倉吉と池田（忠）は北九州のパチンコ店を襲うことを計画。盗難車で九州自動車道を走行中、警ら中の福岡県警のパトカーに発見されカーチェイスになる。倉吉は、八幡《やはた》インターで封鎖されていた料金ゲートを突破し北九州市内に逃走。市道で車を止め、運転席から身を乗り出して約2メートル後方に停車したパトカーに向けて発砲し、約1・5キロ離れた場所に車を乗り捨て、そのまま行方をくらました。

犯行はまだ続き、倉吉、弟の祐治、池田（忠）は12月24日、筑後《ちくご》市のパチンコ店で現金約1千600万円を強奪。翌年の1月22日にも同じ3人で同市内にあるパチンコ店に強盗目的で押し入ったものの失敗し、従業員の3人に重傷、2人に軽傷を負わせ逃走した。

強盗殺人、死体遺棄罪などで逮捕・起訴された倉吉被告は一審で、八女市の殺人事件について「現場にいたが殺害指示はしていない」と主張したが、地裁判決は「常に犯行を主導し、実行行為を池田（忠）被告に押し付けた。利得のほとんどを得るなど罪は最も重く、反省の態度も全くない」と断じて死刑を宣告。一方、池田（忠）被告には無期懲役の判決が下った。

強盗グループ4人の主犯

これを不服として倉吉被告は控訴し、高裁で強盗殺人の起訴事実について「殺害を提案、主導したのは池田（忠）被告だった」と主張。弁護人も「2人の役割に格差はなく、量刑に差があるのは不当だ」として死刑回避を求めたが、判決は「倉吉被告が池田（忠）被告を誘い入れ、主導的に行ったことに間違いはない。冷酷残忍で極悪非道。極刑はやむを得ない」と控訴を棄却した。最高裁も上告を退け死刑が確定。その後、倉吉死刑囚は、あくまで自分の罪は殺人ほう助に過ぎないとして2016年までに3回、再審を請求したが全て退けられている。

なお、共犯の池田（忠）被告は控訴審が一審判決を支持したことで上告を断念し2000年5月に無期懲役で確定。また、池田洋被告は懲役6年、倉吉祐治被告は懲役14年で結審した（両者とも一審判決。控訴せず）。

1998年12月25日15時過ぎ、土木作業員の森本信之（当時44歳）は借金返済に困窮し、仲間の松山栄と福元義明の2人と共謀のうえ、スナック従業員のフィリピン人女性が住む三重県松坂市のアパートに上がりこみ、女性2人（同28歳と24歳）を背後からネクタイで絞めて殺害。現金1万3千円と25万円相当の貴金属を奪い、証拠隠滅のためテーブルなどに付いた指紋を拭き取り逃走した。

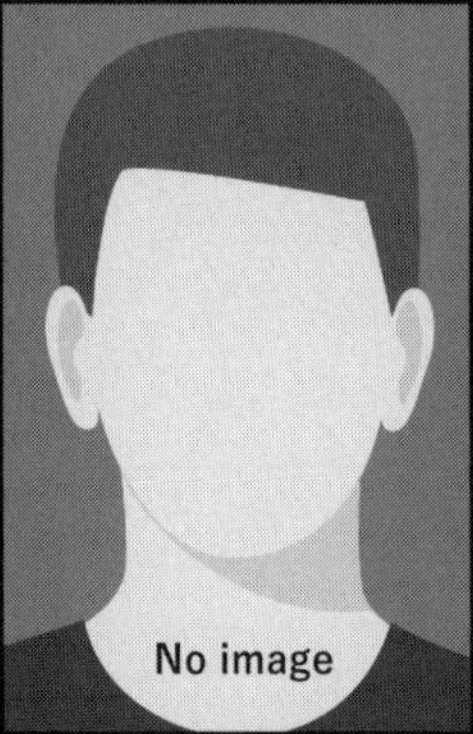

1953年生

フィリピン人2女性殺人事件

森本信之

もりもと　のぶゆき

一審	2000年3月1日　津地裁　死刑判決
控訴審	2001年5月14日　名古屋高裁　控訴棄却　死刑判決支持
上告審	2004年12月14日　最高裁第三小法廷　上告棄却　死刑確定
収監先	名古屋拘置所

森本はスナックで被害者フィリピン女性と知り合いになった際、彼女らが不法滞在であることを知り、偽装結婚話を持ちかけて相手を油断させて犯行を計画・実行。また、森本らの逮捕後の取り調べで、同年5月に発生した名古屋市内のパチンコ店で従業員に暴行して現金約1千900万円を強奪した事件も、森本と松山両容疑者の犯行であったことが判明する。

3人は捜査段階から事実関係を認め遺族に謝罪。初公判において森本被告は傍聴していた遺族に向かって「申し訳ありませんでした」と土下座して侘びた。

しかし、判決公判において

裁判長は「借金返済のため2人を同時に殺害し、所持金を奪おうとした動機は著しく悪質」と指摘。さらに発生当初からフィリピンの新聞、テレビが盛んに事件を報じ続けたことから「被害者の母国に与えた影響も大きく、反省しているなど有利な点を考慮しても、極刑はやむをえない」と3被告に死刑を宣告した。

全員が控訴したものの、松山被告は2000年10月8日、収監先の名古屋刑務所で病死（享年51）。また、森本被告は翌月11月21日、被害者に対して自分が生きていることが申し訳なく思ったこと、共犯者の供述が嘘であるにもかかわらず一審判決で採用されたことに対する抗議を理由に、職員から貸与された殺虫剤を飲用して自殺を図った未遂事件を起こしている。

控訴審で高裁は森本被告の訴えを退け一審の死刑判決を支持。福元被告に対しては「殺人の実行犯だが、森本被告の従属的な立場だったうえ、遺族に謝罪金を払い、更生の可能性はある」と、一審判決を覆し無期懲役を言い渡した（上告せず確定）。

無期懲役となった共犯者との量刑不当を訴え再審請求

最高裁で、被告弁護側は「森本被告を事件の発案者とした一、二審は事実誤認。共犯者と役割の差はない」と主張。しかし、判決は上告棄却で死刑確定。判決文には「計画の段階から実行まで、中核的な役割を果たしており、無期懲役となった強盗殺人の共犯者1人との刑の均衡を考慮しても死刑はやむをえない」と記されていた。

その後、名古屋拘置所に収監された森本死刑囚は「福元受刑者の虚偽供述に裁判所が騙され役割の主導と従属が逆になり、死刑判決を受けた」と主張。現在も量刑不当として再審開始を求め続けている。

1967年生

同級生殺人事件
間中博巳
まなか ひろみ

一審	1994年7月6日	水戸地裁下妻支部　死刑判決
控訴審	2001年5月1日	東京高裁　控訴棄却　死刑判決支持
上告審	2005年1月27日	最高裁第一小法廷　上告棄却　死刑確定
収監先	東京拘置所	

　1989年8月9日午前1時10分頃、茨城県岩井市（現・坂東《ばんどう》市）の農道で同市の建設業手伝い間中博巳（当時21歳）が、小中学校の同級生だった無職の男性Tさん（同21歳）に手伝わせ車両火災保険金詐欺の目的で、自分の車にガソリンを撒いて放火した。1時30分頃、口封じ目的で出刃包丁でTさんの首を切るなどして殺し、同市幸田《こうだ》の残土置き場に死体を遺棄。その後、Tさんの母親に「車をTさんに燃やされた。弁償しろ」と金を要求し、500万円を奪い取ろうとしたが果たせず、保険会社に「車が放火された」と虚偽申請し約490万円を騙し取った。

　この犯行でうまみを覚えた間中は、少年院で知り合った埼玉県川越市の無職・高山隆之を誘って、小・中学校の同級生だった岩井市のトラック運転手Iさん（同21歳）の家族から金品を脅し取ることを計画。同年9月13日午前4時過ぎ、2人は共謀しIさんを誘い出しワゴン車に監禁したうえで「間中の車を放火するようにTさんに指示した」という内容の証明書を書かせ、その後、車内でIさんの首を絞めて殺害し廃棄物処理場に死体を遺棄した。

殺害後、間中はIさんの自宅に〝証明書〟を持参し、家族に「弁償しろ」と脅迫する。IさんとTさんの両親は、息子が行方不明になった直後に間中が現れて「車を放火された」と同様の手口で脅迫していることから不審を抱き茨城県警境警察署に連絡。これを重視した警察が間中を事情聴取したところ、Tさん、Iさん殺害を認める供述をしたため殺人と死体遺棄容疑で逮捕した。間中は警察の取り調べに対し、「遊ぶ金や高級車が欲しかった。同級生だったTさん、Iさんを放火犯に仕立てて家族から金を脅し取ろうと思いつき殺害を計画した」と自供した。

しかし、間中被告は1990年2月21日の初公判で犯行を全面否認する。曰く、最初の被害者Tさんと一緒にいた際、少年院時代に知り合った男「A」の仲間3

公判で別に真犯人がいると主張

人と残土置き場でいさかいになり、Tさんが3人のうち2人に襲われたという。また、Iさん殺害に関しても、Tさんを襲った2人に脅されてゴミ置き場前で彼らにIさんを引き渡しただけだとして監禁のみを認め、詐欺事件については、車を焼いたのは自分ではないと主張した。

対し、地裁は「捜査段階の自供は信用できる。別の真犯人説は不合理な弁解」と切り捨て死刑を宣告。間中被告はすぐに控訴したものの、高裁審理の途中から殺害行為を認める供述に転じ、判決公判で裁判長は「自白したとはいえ、自分の責任をわい小化しており、完全に反省しているとはいえない。大金欲しさから次々に同級生2人を殺害した凶悪事件で、犯行態様も冷酷非道」と断罪して控訴を棄却。最高裁も上告を退け、死刑が確定した。なお、共犯の高山被告は監禁以外の罪を否定していたが、懲役12年の判決を下されている。

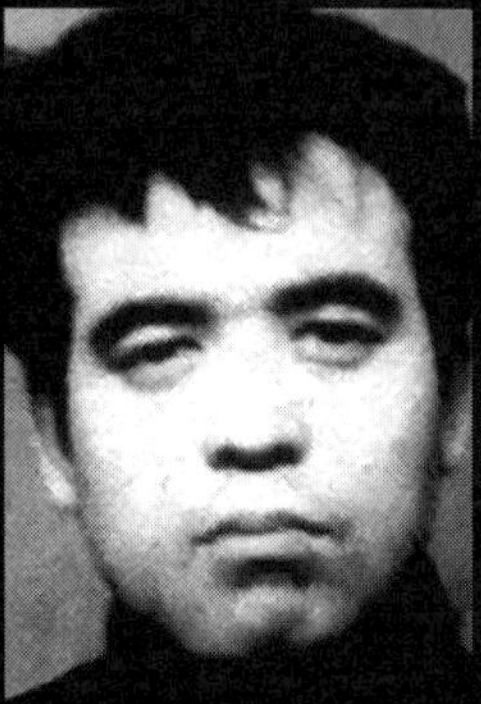

1950年生……ほりえ もりお

仙台老夫婦強盗殺人事件

堀江守男

1986年2月20日14時頃、宮城県仙台市で左官業に就く堀江守男（当時35歳）は、以前入院していた病院で同室だった男性Aさん（同82歳）宅を訪問した。Aさんは元国鉄（現JR）北海道支社副支社長で、定年後、仙台市で余生を過ごし、地元では資産家として知られていた。

堀江は、以前からAさんに借金や左官の仕事を依頼していたが、なかなか良い返事をもらえないことを逆恨みし、Aさん宅に上がりこむと、その件で口論となり持参してきた鉄棒でAさんの頭を何度も殴打したうえ、電気コードで首を絞め殺害した。

その後、室内を物色しているところにAさんの妻（同75歳）が帰宅。間中は同様に鉄棒でめった打ちして彼女を撲殺。室内にあった郵便貯金証書（額面約450万円）と現金1万2千円を奪い、同日22時頃、2人の死体をビニールシートに包み、トラックで同市の山林に運び遺棄した。

逮捕後、堀江容疑者はAさん夫婦の殺害を認めたものの、計画的な犯行であることは否認。一審でも同じ主張を述べたが、裁判長は「凶器の鉄棒

一審	1988年9月12日	仙台地裁	死刑判決	
控訴審	1991年3月29日	仙台高裁	控訴棄却	死刑判決支持
上告審	2005年9月26日	最高裁第二小法廷	上告棄却	死刑確定
収監先	仙台拘置支所			

を持って何回もAさん宅を訪れて犯行の機会を狙っていた」として堀江被告の主張を退け、「犯行は金銭欲から企てられたもので情状酌量の余地はない。本件は冷酷な計画的強盗殺人で、地域社会に大きな衝撃を与えており、極刑もやむをえない」と死刑を言い渡した。

これを不服として控訴した高裁の判決は控訴棄却で一審判決支持。堀江被告は「一、二審で死刑判決を受け、もう判決は変わらない」などと上告を拒否したが、弁護士に説得され最高裁に上告する。しかし、控訴審判決が下りた翌月1992年4月頃から拘置所での拘禁による精神疾患が疑われ精神鑑定が行われる。結果、1993年に心神喪失状態にあるとして公判が停止。心神喪失者の公判手続き停止を定めている刑事訴訟法の規定が、最高裁で適用されたのは初めてのことだった。

「心神喪失状態」で最高裁の審理が5年停止

4年後の1997年に再鑑定が実施され、「訴訟能力はある」として1998年3月18日に審理再開。弁護側は「心神喪失状態が続いており、被告に訴訟能力はなく、治療を受けて回復するまで結審するべきではない」と公判手続きの中断を求めたが、最高裁は異議を棄却し、「被告の完全な責任能力を認めた二審判決は正当。犯行は冷酷、非情、残虐で死刑はやむをえない」として堀江被告の上告を棄却した。上告から15年目の判決で、現在、最高裁で審理中の刑事裁判では最も古い事件となった。

堀江死刑囚は2023年10月現在も仙台拘置支所に収監中である。アムネスティの報告書によると、重度の精神病を患っており、自分に下された判決の意味が理解できていない状態にあるらしい。

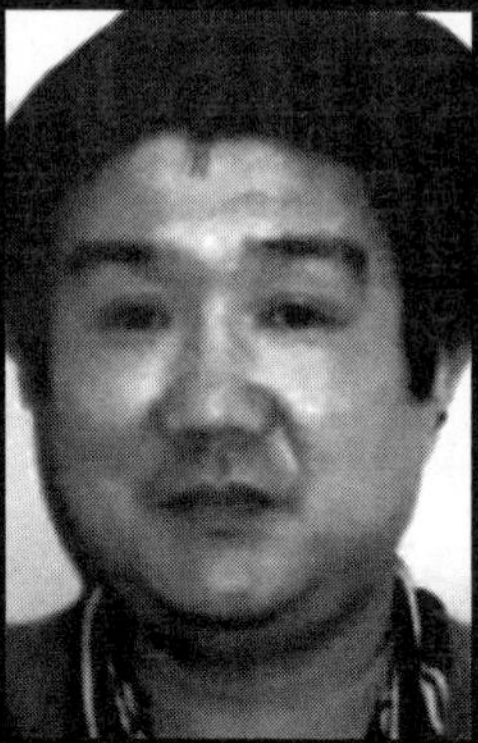

1954年生

大阪愛犬家連続殺人事件

上田宣範

うえだ よしのり

一審	1998年3月20日　大阪地裁　死刑判決
控訴審	2001年3月15日　大阪高裁　控訴棄却　死刑判決支持
上告審	2005年12月15日　最高裁第一小法廷　上告棄却　死刑確定
収監先	大阪拘置所

大阪府八尾《やお》市生まれの上田宣範の実家は裕福な酒屋だった。が、30歳のとき友人に頼まれ7千万円の借金の保証人になったことから運命が狂い出す。その友人が姿を消し、借金の支払い義務を負わされたのだ。親に泣きつき金は返済したものの、両親は上田を準禁治産者（心神喪失の状態にあり、法律上自分で財産を管理・処理できないものとして、後見を付ける制度。2000年の民法改正に成年被後見人制度へと移行）に指定。以来、上田の性格は一変する。

一方、上田は大の犬好きで、近所の獣医の所によく遊びに行っていた。ある日、この獣医の病院に犬の安楽死を希望する客が訪れたところ、獣医はためらうことなく筋弛緩剤「サクシン」を注射。犬は苦しむ様子もなく死んでしまう。これに興味を抱いた上田は「安楽死が必要な犬がいる」と獣医から筋弛緩剤と注射器を入手（獣医はその後、獣医師法違反の罪で罰金刑に）。それをドーベルマンに注射すると、犬はやはり苦しまずに死亡した。

上田が「犬の訓練士」を自称するようになるのは199

1年9月頃、37歳のときだ。8ヶ月後の1992年5月末、長野県塩尻市内の土地を借り、犬の訓練所を開業。運営資金は業界誌に広告を掲載し出資者を募ったり、犬と散歩中の人に自ら訓練や繁殖を勧め、客を集めていた。

その後、1992年6月から1993年10月までの1年4ヶ月間に、上田の周辺で5人の男女が行方不明となる。以前アルバイト先が一緒だった22歳の土木作業員の男性、上田に路上で声をかけられ子犬をもらっていた47歳の主婦、犬の雑誌で上田と知り合った35歳の男性、以前に物流会社で上田の同僚だった25歳の無職の男性、動物病院で上田と知り合った47歳の主婦。警察は彼らがみな愛犬家だったことから、捜査線上に上田を浮かび上がらせ追及。結果、上田が5人全員を筋弛緩剤を注射し殺害、死体を塩尻市の訓練所の敷地内に埋めて遺棄していたことが判明する。直接の動機は出資金をめ

筋肉弛緩剤で5人を殺した「犬の訓練士」

ぐるトラブルで、犯行には「筋弛緩剤を人間にも試したかった」という鬼畜な精神性も大きく影響していた。

1994年1月26日に殺人・死体遺棄の罪で逮捕された上田容疑者は捜査段階で5人の殺害と遺棄を認めたが、公判では一貫して「調書は警察官の暴行で強要されたもので任意性、信用性がない」など無罪を主張した。が、判決は死刑。

控訴審では、一審で認められなかった上田被告の精神鑑定が行われたものの、責任能力は問えると結論づけられたうえ、裁判長は「警察官の暴行、脅迫で自白したと疑わせる状況はない。供述どおりに土中から被害者の遺体が見つかった」と指摘し、控訴を棄却した。その後、最高裁が上告を棄却し死刑確定。それから18年が過ぎた現在、刑は執行されていない。

1992年2月9日午前零時頃、右翼団体員で大阪府の水産ブローカー田中（旧姓・久堀）毅彦（当時28歳）は調理師の男性（同30歳）、元会社員でトラック運転手の男性（同30歳）と共謀。自動車販売業の男性Iさん（同29歳）を飲みに誘った後自宅へ送り、車を降りた直後にヒモで首を絞めて殺害。同月11日、同じ右翼団員のO（同44歳）が経営する自動車修理工場敷地に遺体を埋め、上からコ

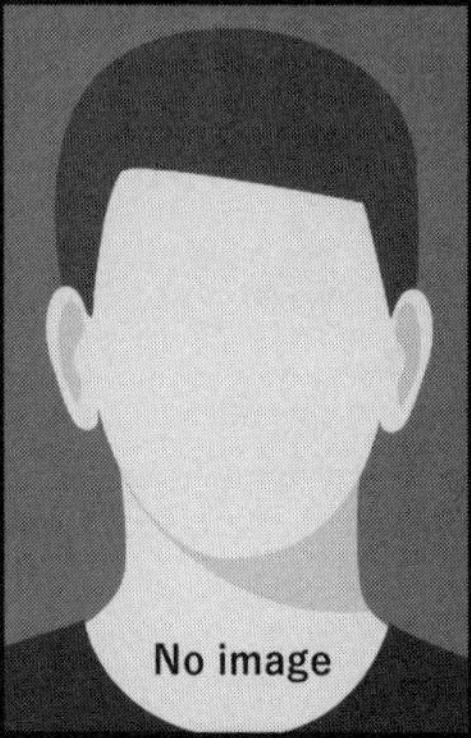

1963年生

右翼幹部連続殺人事件

田中毅彦《たなかたけひこ》

一審	2000年3月16日　大阪地裁堺支部　無期懲役判決
控訴審	2001年12月25日　大阪高裁　一審破棄　死刑判決
上告審	2006年2月14日　最高裁第三小法廷　上告棄却　死刑確定
収監先	大阪拘置所

ンクリートで覆った。

Iさんは当時、田中と同じ右翼団体に所属し、外車や中古車の販売会社を経営していたが、逮捕後の田中は「Iさんの会社に客を紹介したのに手数料が未払いだった」と金銭関係のもつれが殺害動機だったと供述。共犯のトラック運転手はかつてIさんの下で働いており、給料を払ってもらえなかったことに腹を立てていたそうだ。

2年後の1994年4月27日、田中とOは所属する右翼団体幹部のY（同32歳）に誘われ、大阪府の自称建設業で、新幹線のチケットなどを取り引きする仕事に就いていた右翼団体幹部Fさん（同54歳）に架空の収入印紙の取引を持

ちかけ、現金1千万円を用意させたうえで、28日午前2時頃、河内長野市の病院駐車場で田中がFさんの首を紐で絞めて殺害。現金と乗用車などを奪い、Oが30日に琵琶湖へ死体を遺棄した。

毛布にくるまれたFさんの遺体が発見されたのは5月14日夜。15日、滋賀県警と大阪府警は共同捜査本部を設置し、6月22日にO、28日に田中とYを死体遺棄容疑で逮捕し、7月7日、3人を強盗殺人容疑で再逮捕した。

取り調べでIさん殺害も認めた田中とOの供述に従い、警察は8月1日、守口市内の自動車修理工場の敷地を捜査し、Oが指し示した場所からIさんの白骨化した死体を発見。同日、殺人容疑で田中、O、調理師、トラック運転手が逮捕された。

裁判で田中被告はFさん殺害に関し、Y被告に「別の殺人事件をばらす」と脅され犯行に加担したとして減刑を嘆願。

犯人グループの中で唯一の死刑囚に

一方、Y被告は自ら極刑を求めたが、下った判決は、田中、Y、Oの3被告ともに無期懲役。続く控訴審で大阪高裁は「短期間に重大犯罪を連続して敢行するなど犯情悪質で遺族の被害者感情も厳しい。捜査段階から犯行を自白し、深く反省しているが、社会に多大の衝撃を与えており刑事責任は極めて重大」として田中被告のみ一審判決を破棄し、死刑を言い渡した。

上告審で田中被告の弁護側は「犯行を主導した共犯者が無期懲役になったのに比べ、刑のバランスを欠いている」と一審判決の破棄を求めるも、最高裁は「被告は1件目の首謀者、2件目の実行犯として、殺害に不可欠な役割を果たした」と認定し上告を棄却し、死刑が確定した。YとOの両被告も最高裁まで争い無期懲役確定。他2人は有期刑。犯人グループの中で唯一の死刑囚となった田中は現在も大阪拘置所に収監中の身にある。

1994年4月5日、三重県四日市市市の無職・山口益生（当時44歳）と新田貞重、愛知県一宮市の会社役員Iが、同県小牧市の元暴力団員男性N（同43歳）に架空の窃盗計画を持ちかけ四日市市内の山口のマンションに誘い出し、睡眠薬入りの缶コーヒーを飲ませた後、男性の首をアイスピックで刺したうえ、ビニールのヒモで絞殺。死体を布団袋で包みロープで縛るなどして梱包、岐阜県の丸山ダ

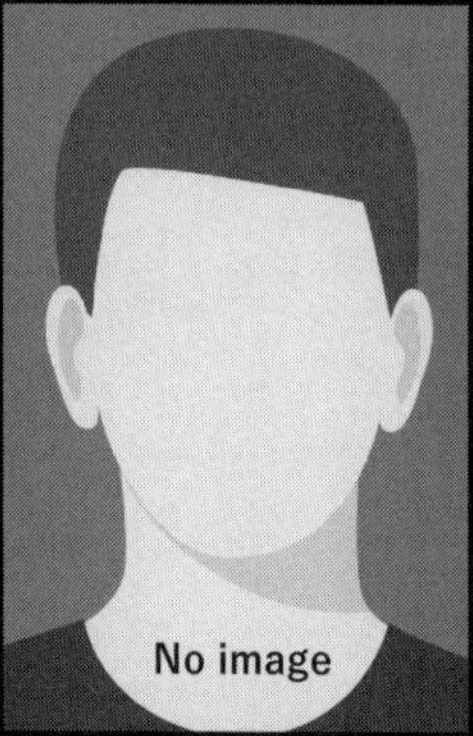

1951年生……やまぐち ますお

四日市連続殺人事件

山口益生

一審	1997年3月28日	津地裁四日市支部　死刑判決
控訴審	1997年9月28日	名古屋高裁　一審判決破棄　審理差戻
差戻一審	1999年6月23日	津地裁　無期懲役判決
控訴審	2001年6月14日	名古屋高裁　一審破棄　死刑判決
上告審	2006年2月24日	最高裁第二小法廷　上告棄却　死刑確定
収監先	名古屋拘置所	

ムに遺棄した。

山口は1991年、知人が興した人材派遣会社の経営を任されていたが、バブル崩壊の影響で多重債務者に。新田とは彼が経営していたスナックで知り合った。共に金に困っていた2人は知り合いの元暴力団員Nと共謀し1994年1月に愛知県東海市の会社営業所に押し入り現金約615万円が入った金庫を、3月には岐阜県美濃加《みのか》茂《も》郡の古物商宅で現金約100万円を奪うなど犯罪を繰り返していた。が、Nの態度が威圧的になっていったこ

とに腹を立て殺害するに至った。

1年後の1995年3月29日夜、山口と新田は二度目の殺人を犯す。新田の知り合いで四日市市在住の古美術商の男性(同50歳)に「貴重な骨董品がある」と山口の自宅に呼び出し、男性の後頭部をアイスピックで突き刺した後スパナで殴打し、ビニールのヒモで首を絞めて殺害。所持金約430万円を奪い、遺体を金属製衣装ケースに入れレンタルしたトラックで丸山ダムまで運び、紐で巻いてコンクリートブロック3個を付けたうえで遺体を投げ捨てた。

4月16日、三重県警捜査一課と四日市北署は死体遺棄容疑で山口を逮捕。19日、丸山ダムの捜索で湖底から古美術商の男性の遺体を発見し、20日、強盗殺人容疑で山口容疑者を再逮捕する。同時に新田を強盗殺人、死体遺棄容疑で指名手配し、5月14日、逃亡先の鈴鹿市で逮捕。6月13日には古美術商殺害の共犯であるIも逮捕し、その後、山口、新田の両容疑者の供述により、ダムの湖底からNの遺体を発見した。

犯行時の主従の差が公判の争点に

逮捕後から3人は素直に犯行を自供。裁判でも起訴事実を全面的に認めたが、津地裁四日市支部は山口と新田に死刑を宣告(Iは懲役10年で確定)。ところが、控訴審で名古屋高裁は「二件の殺人事件で、犯行時の主従の差や役割の程度などをめぐり、両被告の利害が互いに反する面があるのに、同じ弁護人を選任したため山口被告の防御権が侵害された」などとして一審を破棄、異例の差し戻しを命じる。果たして、差し戻し公判の結論は、主犯を新田被告とみなし死刑、山口被告は無期懲役だった。しかし、控訴審で名古屋高裁は「両被告に刑事責任の差はない」として死刑を宣告。最高裁も上告を棄却し刑が確定した。

1944年生……とよたよしみ

静岡、愛知2女性殺害事件

豊田義己

一審	2000年7月19日　名古屋地裁　死刑判決
控訴審	2002年2月28日　名古屋高裁　控訴棄却　死刑判決支持
上告審	2006年3月2日　最高裁第一小法廷　上告棄却　死刑確定
収監先	名古屋拘置所

1996年8月31日夜、豊田義己（当時52歳）は静岡県駿東郡清水町の当時の自宅で、スナックの運営資金欲しさに、同居していた元コンパニオンの女性（同44歳）に睡眠導入剤を飲ませた後、大量の覚せい剤を注射して殺害。翌日、知人男性と死体をワゴン車で静岡県韮山町の山林まで運び、土中に遺棄した（遺体の大半は未発見）。

その後、豊田は、犯罪に荷担したことで動揺を激しくした知人を男性を口封じのため、11月5日、静岡県内の公園で「おまえ死ぬか」などと脅したうえで、拳銃を発射。弾丸は男性の頭部をかすめ、ケガを負わせた。

1年後の1997年7月、静岡県御殿場市に住む無職の男性Dと共謀し、同市内の保養施設から版画と油絵の計2点（時価約230万円相当）を窃盗。この版画などを担保に、愛知県西春《にしはる》町に住む知り合いのスナック経営者の女性（同62歳）から420万円を借りたが、女性に返済を求められたことから殺害を計画し、9月4日未明、Dと共に愛知県尾張旭市の森林公園で女性の後頭部を鉄パイプで殴ったうえ、頭部を短銃で撃って殺害。現金約6万円を奪い、死体は駐車場脇の茂みに遺棄した。

同月21日、警察は愛知の事件についても豊田を逮捕。取り調べで静岡の事件についても追及し、自供を得られたため、11月半ば、強盗殺人、死体遺棄罪などで再逮捕した。


1997年12月3日から始まった裁判で、豊田被告は愛知の事件について殺害は認めたものの強盗目的だったことは否認。静岡の事件に関しても当初の供述を翻し「帰宅したら死んでいた」と起訴事実を否認し、警察の取り調べで暴行があったと無期懲役を求めた。対し、静岡地裁は「被告人には虚言を用い他人を利用するだけ利用し、自己の欲望のため生命を奪うことを躊躇しない利己的性格、人命軽視の態度が見て取れる」と指摘、「犯罪性向は極めて顕著。2人殺害の結果は極めて重大で、犯行手段は卑劣、冷酷、残虐で刑事責任は誠に重い。反省の言葉など酌むべき事情を最大限考慮しても無期懲役選択の余地はなく、極刑をもって臨むほかない」と死刑を宣告した。

控訴審、上告審も一審判決を支持し死刑確定。名古屋拘置所に収監された豊田死刑囚は2009年、再審を請求をしたが、その後については伝えられておらず、2023年10月現在も刑の執行を待つ身にある。

ちなみに、静岡の事件で死体遺棄を手伝った男性は死体遺棄容疑で起訴。1998年12月、名古屋地裁で懲役2年、執行猶予4年が言い渡され、そのまま確定。愛知の事件の共犯者D被告は2000年2月、名古屋地裁で無期懲役が下されたが、控訴審で名古屋高裁は「強盗目的の殺人とは認められない」として一審判決を破棄。殺人と窃盗などの罪で懲役12年を言い渡した（上告せず結審）。

金銭目的で、同棲相手とスナック経営者を殺害

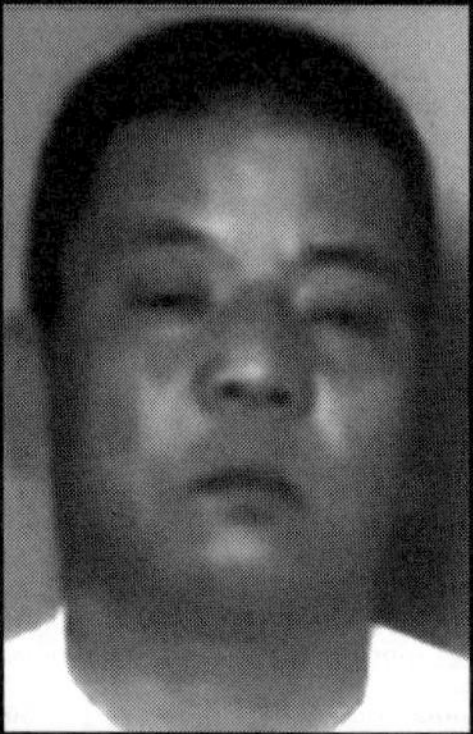

1942年生

堺夫婦殺人事件

江東 恒《えとう ひさし》

一審	2001年3月22日　大阪地裁堺支部　死刑判決
控訴審	2003年1月20日　大阪高裁　控訴棄却　死刑判決支持
上告審	2006年9月7日　最高裁第一小法廷　上告棄却　死刑確定
収監先	大阪拘置所

1997年10月30日20時頃、江藤恒（当時55歳）は、知人の会社員ら3人と共謀して大阪府堺市の石綿製造会社経営の夫婦（同、夫67歳、妻65歳）殺害して資産を奪うべく、夫婦宅を訪問。言葉巧みに話しかけて「土地建物処理の委任状」を書かせた後、2人に粘着テープを巻き付け首を絞めるなどして窒息死させた。

被害者夫婦は、阪神・淡路大震災で被災し兵庫県内から堺市に転居し、江藤とは、たまたま近所のカラオケ喫茶で知り合った間柄だった。一方、江藤はサラ金などから数百万円の借金を抱えて毎月の返済に困窮しており、Aさんが工場や山林などを所有する資産家であることを知り狙いを定めた。

江藤らは、犯行前にAさんの工場のシャッターに「休業」の貼り紙を付け偽装工作を行った後、夫婦を殺害。現金約15万円と山林の権利証などを奪い、遺体を車に乗せて河内長野市内の休耕地に埋めようとショベルカーで作業を始めたところ、休耕地の所有者が不審を抱き警察に通報。駆けつけた警察官に現場を発見され、殺人容疑で緊急逮捕された。

警察の取り調べで、共犯の３人が判明し緊急配備した結果、１人を逮捕したが（強盗致死で懲役10年）、２人は逃走。内、１人は２００４年７月に自ら出頭し逮捕（懲役８年）。残り１人は現在も逃走中である。

一審で江東被告は殺害を認めたものの殺意は否定。弁護側は犯行時、同被告が心神耗弱状態であったと主張した。が、大阪地裁堺支部は「土地建物を処理するための委任状を犯行現場で書かせており、夫婦が生きていては邪魔になると考え、江東被告１人で殺害を実行した」と認定。さらに同被告が事前に夫婦の経営する工場のシャッターに留守を装う貼り紙をするなどした点に触れ、「計画的かつ確定的な殺意を強く推認させる」と指摘したうえで「遊興費などに困っての短絡的な犯行で人間として良心のかけらも見られず、極刑は免れない」と断罪、死刑を宣告した。

カラオケ喫茶で知り合った夫婦を金欲しさに殺害

控訴審で、江東被告は「２人を黙らせるために縛っただけで、殺すつもりはなかった」と改めて殺意を否定し、減刑を求める。対し、大阪高裁は「確定的殺意が認められなくても、被告には殺しても仕方がないという認識があった。金欲しさに、親しく交際していた２人の命を奪った身勝手で冷酷な犯行。死刑以外で償わせる方法は考えられない」と被告側の控訴を棄却。最高裁も「金銭欲に駆られた利己的な動機に酌量の余地はなく、縛り上げて首を絞めた犯行は冷酷残虐。全く落ち度のない２人の命を奪った結果は極めて重大で死刑はやむをえない」と上告を退け、死刑が確定した。

一審から上告審まで裁判所の見解は一貫しているにもかかわらず、結審から16年が経過した２０２３年10月現在も刑は未執行で、江東死刑囚は拘置所に収監中の身にある。

1958年生……いしかわ けいこ

宮崎2女性殺人事件

石川恵子

1996年8月29日、宮崎市の家事手伝い・石川恵子（当時39歳）はゴルフ仲間であるホテル従業員の女性Hさん（同55歳）を「（Hさんの）勤務先の社長が急病で入院した」と騙して自分の車に乗せ、睡眠導入剤を混ぜた缶入りコーヒーを飲ませ眠らせた後、同県西都市の畑近くに停めた車内で首をロープで絞めて殺害。現金約9千500円入りのバッグを奪い、遺体をビニールシートで包み畑に穴を掘って埋めた。

一審	2001年6月20日　宮崎地裁　死刑判決
控訴審	2003年3月27日　福岡高裁宮崎支部　控訴棄却　死刑判決支持
上告審	2006年9月21日　最高裁第一小法廷　上告棄却　死刑確定
収監先	福岡拘置所

犯行翌日、Hさんに成りすました石川は、鍵屋を呼んでHさんの部屋のドアを開け、ゴルフバッグや貴金属を窃盗。同時にHさんの勤務先の社長に彼女を装った電話をかけ「県外で無事で生活している」などと、事件発覚を遅らせる工作を施した。

動機は金銭目的である。石川は父親経営の工務店や親類のモーテルの経理を担当していたが、工務店の経営が悪化。資金繰りに窮したうえでの犯行だった。

1件目の事件で思うような成果があげられなかった石川は10ヶ月後の1997年6月13日、同じくゴルフ仲間である宮崎市在住の薬剤師の女性

Fさん（同63歳）に借金を申し込む。が、これを断られたうえ、石川が当時、妻子ある男性と不倫関係にあったことを咎められたため、前回の犯行と同様、睡眠導入剤を飲ませてから両手で首を絞めて殺害。死体を宮崎県国富町の杉林に運んで道路脇の崖下に遺棄した。

石川は今回も偽装工作を施し、奪った鍵を使いFさんの部屋に侵入。タバコの吸い殻や使用済みコンドームを部屋に置き、男性の犯行に見せかけた。また、部屋からキャッシュカードの暗証番号のメモが見つかったため、JR宮崎駅構内のATMから合計200万円を引き出している。

Fさんの親族から捜索願を受けていた宮崎県警は、防犯カメラに金を引き出す同一人物の女性の姿が映っていたことから、似顔絵とビデオを公開。寄せられた情報から、11月10日に窃盗容疑で石川を逮捕し、12月1日、殺人と死体遺棄容疑で再逮捕。さらに石川容疑者がHさんの事件についても自白し、供述どおりの場所からHさんの白骨遺体が発見されたことで、1998年1月9日、強盗殺人と死体遺棄容疑で再逮捕した。

戦後9人目の確定女性死刑囚

裁判では石川被告の精神状態が争点となり、弁護側は「殺害時は精神分裂症で心神耗弱状態にあり、責任能力は限定される」と主張したが、宮崎地裁は「殺害に使用する道具を準備し、発覚を防ぐためにアリバイ工作をするなど、目的達成のため狡猾に行動しており、精神分裂病とは認められない」として死刑を宣告。高裁、最高裁も一審判決を支持し、石川被告は戦後9人目の確定女性死刑囚となった。2023年10月現在、刑は執行されておらず、長年の拘置状態から「むずむず脚症候群」を発症、闘病中と伝えられている。

栃木・妻と知人殺人事件

長《ちょう》 勝久《かつひさ》

1965年生

一審	2001年12月18日　宇都宮地裁　死刑判決
控訴審	2003年9月10日　東京高裁　控訴棄却　死刑判決支持
上告審	2006年10月12日　最高裁第一小法廷　上告棄却　死刑確定
収監先	東京拘置所

小中学生の頃から自分勝手で暴力的な性向を示し、高校中退後は職を転々としながら地元・栃木県の暴走族に所属。タバコの火を体に押し付けるリンチなどで2人の男性に全治3週間の怪我を負わせるなど無軌道な暮らしを送っていた長勝久が、同県小山市の女性Cさんと知り合ったのは1988年5月頃のこと。2人は同棲を経て結婚、長はCさんの実家が経営する土建屋で働き始めるが、Cさんは夫の怠慢な仕事ぶりや、不誠実で嫉妬深く束縛するうえ暴力的であることに嫌気が差し、11月上旬に実家へ逃げ帰る。長はよりを戻そうと11月19日19時頃、口実を設けてCさんを自動車に乗せて連れ出し、復縁を求めたが、これを拒否されたため、他に男ができたと思い込んで逆上。妻の首を絞め殺害するに至る。このとき長は22歳、Cさんは18歳。遺体は、長が実父に頼みこみ、祖父の実家の花壇に埋められた。

事件から3ヶ月後の1989年2月頃、長は新たな女性と同棲を始める。そこによく遊びに来ていたのが、栃木市内の自動車部品製造会社で働いていた男性Wさん（同26

歳）だ。長とWさんは、Cさんが殺害される前の1988年9月頃に知り合っていたが、Wさんの気弱で素直な性格に付け込み、長は彼に日常的に虐待を働き主従関係を築いていた。炎天下に車のトランク内に閉じこめ熱射病状態にさせる、スプレー缶やフライパン等で殴打する、肛門へ棒を突っ込むなど、それは完全に常軌を逸するものだった。

日に日に衰弱していくWさんに対する長の暴行はさらにエスカレートし、1989年11月頃、Wさんが死ぬかもしれないと認識しながら浴室内で彼を何度も殴打、ついには死に至らしめる。遺体はまたも祖父の花壇に埋め、後に実父がCさんの遺体と共に焼却し、燃え残った人骨を粉砕、土の中に埋めた。

それから7年が経った1996年5月21日、長は当時、経営していた神奈川県川崎市で出張ヘルスマッサージ店の従業員2人に常習的な暴行を加えていた傷害罪で神奈川県警に逮捕される。警察が父親や同居していた女性に事情を聞いたところ、CさんやWさんの事件にも関与していることが発覚。Cさんのものと見られる人骨が発見されたことから、8月19日、警察は長を殺人容疑で再逮捕する（Wさんの骨は見つかっていない）。

実の父親が息子の犯行を明確に証言

公判で長被告は、物的証拠がほとんどないことを盾に、2人の殺人を全面否認した。が、宇都宮地裁はCさん殺害に関し「実の息子が殺人の大罪を犯した衝撃的な事実を知った経過などを具体的に述べ、被告が『首を絞めた』などと言ったことを明確に断言した父親の証言に疑いを差し挟む余地はない」と認定。Wさんの事件についても長被告に未必の殺意があったと述べ死刑判決を下した。控訴審、上告審も一審判決を支持し死刑確定。長死刑囚は現在も裁判のやり直しを求めている。

マニラ連続保険金殺人事件

松本和弘
下浦栄市

上……まつもと かずひろ 1954年生

下……しもうら えいいち 1971年生

一審	2002年1月30日　名古屋地裁一宮支部　死刑判決
控訴審	2003年7月8日　名古屋高裁　控訴棄却　死刑判決支持
上告審	2007年1月30日　最高裁第三小法廷　上告棄却　死刑確定
収監先	松本死刑囚▶名古屋拘置所　下浦死刑囚▶大阪拘置所

1994年12月1日、輸入商で双子の松本和弘（当時40歳）と昭弘（同40歳）及び無職の下浦栄一（同23歳）の3人が、フィリピン・マニラで宮崎市の会社員Aさん（同43歳）を睡眠薬入りのコーヒーを飲ませて熟睡させ、顔に食品用のラップを被せて窒息死させた。

そもそも、この犯行は多額の借金を抱えていた宮崎県清武《きよたけ》町（現・宮崎市）の元保険外交員・東榎田加代子が保険金目当てに前夫であるAさんの殺害を知人の会社役員Bに依頼したのが発端である。会社役員はさらに知人である東京都豊島区の会社員Cに殺害の実行者を探すよう依頼。そこで、紹介を受けたのが松本兄弟と下浦だった。殺害依頼を受け、3人は報酬と引き換えに犯行を承諾、実行したのである。

Aさんの殺害によって、東榎田は保険金約7千300万円を詐取し、その内、松本ら3人に報酬1350万円を手渡される。

これに味をしめた松本らは第二の犯行を計画。1995年、名古屋の貿易商手伝いの男性（同47歳）に言葉巧みに3千万円の海外旅行傷害保険に入らせ、同年6月22日、男性をマニラに連れ出したうえ、前回と同様の手口で殺害する。検死の結果は膵臓内出血による病死とされたが、保険会社が支払いを留保したため、保険金の受け取りには失敗した。

さらに昭弘と下浦は1996年5月23日23時頃、航空券の予約でトラブルになっていた愛知県尾西市の旅行会社社員の男性（同24歳）を名鉄一宮駅付近で拉致し、タクシーで当時2人が住んでいた名古屋市のマンションに連れ込み、監禁。24日、名古屋市の銀行から計約60万円を引き出し、さらに奪ったクレジットカードで約16万円のネックレスを購入後、レンタカーで長野県駒ヶ根市の別荘地まで連行。26日午前1時頃、男性の首を絞めて殺害し、遺体を空き別荘の床下の土中に埋め、証拠隠滅を図った。

犯行後、昭弘と下浦はフィリピンに逃亡したが、社員の失踪届を受けていた警察は6月24日、帰国した2人を恐喝と詐欺容疑で逮捕する。供述どおり遺体が見つかったことから強盗殺人と死体遺棄容疑で再逮捕。2人がさらにマニラでの保険金殺人を自供したことで、11月13日、和弘も逮捕された。

事件のきっかけを作った元保険外交員は無期懲役に

被告3人は公判で「どんな判決でも受け入れる」と反省の態度を示したが、名古屋地裁は「もはや人格矯正の余地はない」と切り捨て、「人の命を自分の金銭欲の餌食としか見ていない残虐非道な犯行で、刑事責任は極めて重大」など断じて死刑を宣告。控訴も上告も棄却され、3被告ともに死刑が確定した。

その後、昭弘死刑囚は2016年1月22日、肺炎のため八王子医療刑務所で死亡（享年61）。また、一連の事件のきっかけを作った東榎田被告は無期懲役、犯行に荷担した会社役員Bは懲役12年、会社員Cには懲役8年の判決が下っている。

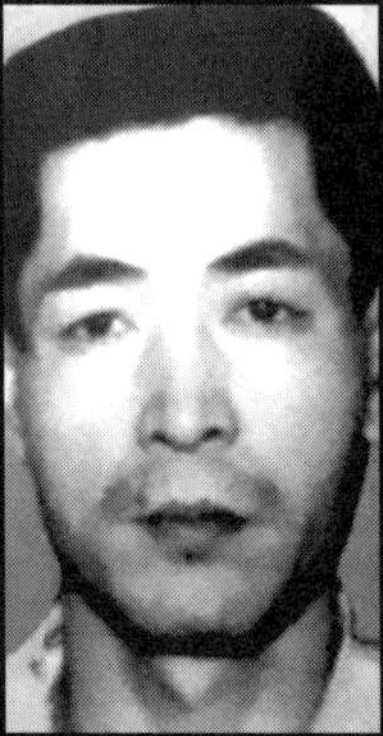

1953年生

福山市独居老婦人殺害事件

西山省三《にしやま しょうぞう》

一審	1994年9月30日	広島地裁　無期懲役判決
控訴審	1997年2月4日	広島高裁　控訴棄却　無期懲役判決支持
上告審	1999年12月10日	最高裁第二小法廷　二審判決破棄　高裁差し戻し
差戻二審	2004年4月23日	広島高裁　一審判決破棄　死刑判決
上告審	2007年4月10日	最高裁第三小法廷　上告棄却　死刑確定
収監先	広島拘置所所	

山口県宇部市出身の元運輸会社従業員・西山省三は競輪や競艇で作った多額の借金返済に困り、1973年10月25日、知人女性を包丁で脅し5万3千円を奪った後、刺殺。預金通帳2冊、印鑑などが入った手提げカバンと財布を強奪し現場から逃走したが、同年12月、両親に説得され宇部警察署に出頭。裁判で無期懲役の判決を受け、14年9ヶ月服役した後、1989年7月、仮釈放を許された。

出所後は義兄が経営する会社に配管工として就職し、交際中の女性と結婚。子供も授かったものの、次第にパチンコに熱中するようになり、消費者金融から多額の借金を背負う。

1992年3月、返済に窮した西山（当時39歳）は、刑務所仲間を通じ知り合った窃盗・詐欺などの前歴がある男性A（同40歳）と共謀し、顔見知りで1人暮らしの広島県三《み》原《はら》市に住む無職女性（同87歳）を殺害して金品を奪おうと計画。女性宅を訪問してドライブに誘い、同月29日14時頃、同県福山市の山中で女性を降ろし、石で頭を殴ったうえ、ヒモで首を絞めるなどして殺害後、女性のバッグから預金通帳などを奪い、銀行と郵便局から計31万5千円を下ろし行方をくらました。

その後、被害女性の捜索願を受けた警察が女性の預貯金を調べたところ、西山が女性の口座から払い戻しを受けた際、免許書を提示していることが判明。さらに払戻金受領書から西山の指紋が検出された。これが決め手となり、4月27日、有印私文書偽造・同行使・詐欺の疑いで逮捕。西山容疑者が取り調べでAと共謀し女性を殺害したことを認め、自供どおりの場所から女性の白骨遺体が見つかったため、強盗殺人の容疑で再逮捕された。

一審で検察側が、西山被告が仮釈放中に犯行を起こしたことから死刑を求刑したのに対し、広島地裁は「計画性が低い、過去の服役態度が真面目だったことから更生の余地が残る」として無期懲役を下す。高裁も一審判決を支持したが、最高裁は「冷酷、残虐な行為であり、別の強盗殺人による無期懲役とされ仮出所中に類似の犯行に及んだ点は非常に悪質。殺害被害者は1人だが、特に酌量すべき事情がない」としたうえで、一、二審が酌んだ情状について「死刑回避の理由として不十分で量刑判断を誤った。破棄しなければ著しく正義に反する」と指摘し、審理を高裁に差し戻す異例の判決を言い渡した。果たして差戻二審の判決は死刑。上告審で弁護側は「死刑は重すぎる」として二審判決の破棄を求めたが、最高裁は上告を棄却し、死刑が確定した。なお、共犯のAは一審、控訴審、上告審ともに無期懲役判決が下されている。

２０２３年10月現在も広島拘置所に収監中の西山死刑囚は、死刑確定前から「死刑廃止のための大道寺幸子基金表現展」に複数回応募し、２００５年に詩「死刑囚の先輩」「狂犬の願い」が佳作に選出された他、短歌・俳句で努力賞を複数回受賞している。

殺人罪で14年9ヶ月服役した後の犯行

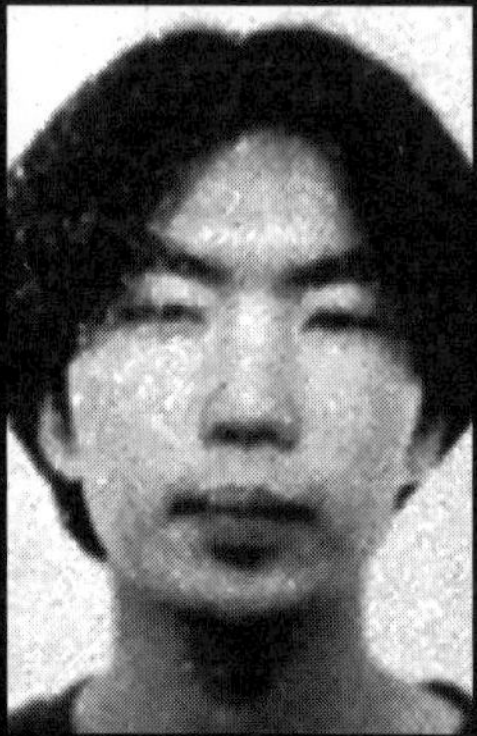

1975年生

池袋通り魔殺人事件

造田 博

ぞうた ひろし

一審	2002年1月18日	東京地裁　死刑判決
控訴審	2003年9月29日	東京高裁　控訴棄却　死刑判決支持
上告審	2007年4月19日	最高裁第一小法廷　上告棄却　死刑確定
収監先	東京拘置所	

　1999年9月8日午前11時35分頃、東京都豊島区東池袋の東急ハンズ池袋店前の路上で、元新聞配達員の造田博（当時23歳）が包丁、金槌で通行人を無差別に襲い66歳と29歳の主婦を殺害、6人に重軽傷を負わせた。

　岡山県倉敷市で生まれた造田は、地元の中学を卒業後、進学校とされる県立高校に入学した。が、父親が多額の遺産を相続したことで母親とともにギャンブルにハマり、最終的に4千万円もの借金を抱え両親ともに失踪。残された彼の家には連日借金取りが押し寄せ、1人で対応に追われることになる。結果、高校2年次で退学を余儀なくされ、以降、弁当販売店のアルバイト、パチンコ店店員、造船所の塗装工、住宅美装会社など、判明しているだけでも14回の転職を繰り返す。

　この間、小学校時代に同級生で好意を持っていた女性にストーカーまがいの行為を働いた他、1996年12月にはナイフを携帯していたとして銃砲刀剣類所持等取締法違反罪で罰金刑に。また、1997年夏には、国会、外務省や警察庁などの公共機関に10

0を超す支離滅裂な内容の手紙を送る奇行を起こしている。

1998年、新天地を求めてアメリカに渡り、ロサンゼルス、サンフランシスコ、ポートランドへ赴いたが、望んだような職は得られず短期間で帰国。東京都足立区の新聞販売所で働き始める。逮捕後「人生に絶望し、どうしようもない環境的な不平等にイライラしていた」と供述しているように、事件前に間借りしていたアパートの部屋には「わし以外のまともな人がボケナスのアホ殺しとるけえのお。わしもボケナスのアホ全部殺すけえのお」「努力しない人間は生きていてもしょうがない」などといった走り書きが残されていたという。

犯行後、造田は池袋駅前で逃走したが、5、6人の通行人と格闘、路上に押さえ込まれ、駆けつけた池袋署員らに現行犯逮捕される。その後、始まった公判では

「ボケナスのアホ全部殺すけえのお」

起訴事実を全面的に認めたものの、被告弁護側は通行人を無差別に襲った動機が不可解で、数年前から外務省などに意味不明の手紙を送っていたことなどを挙げ「精神分裂病による妄想の影響下にあった」と主張。対し、裁判所は「凶器を購入した際、店員から怪しまれないよう犯行に不必要なものも購入するなど合理的な準備をしている」「犯行途中に先端が欠けた包丁を捨てるなど行動は冷静」として死刑を言い渡した。

二審、最高裁ともにこれを支持し死刑確定。その後、造田死刑囚は犯行時、統合失調症の影響で心神喪失状態にあった旨を主張し東京地裁に再審を請求、特別抗告審まで闘ったがいずれも棄却されている。なお、同死刑囚は日本弁護士連合会が2018年、死刑確定囚8人に対し「刑事訴訟法479条1項にいう心神喪失の状態の疑いがあるので、死刑の執行を停止するよう」勧告した中の1人である。

1947年生……なかはら すみお

中原澄男

太州会《たいしゅうかい》内部抗争連続殺人事件

一審	2003年5月1日　福岡地裁　死刑判決
控訴審	2005年4月12日　福岡高裁　控訴棄却　死刑判決支持
上告審	2007年6月12日　最高裁第三小法廷　上告棄却　死刑確定
収監先	福岡拘置所

太州会は、福岡県田川《たがわ》市に本部を置く指定暴力団で、2020年末の時点での構成員は約130人（準構成員含む）。福岡県内を専らの活動地とする〝川筋ヤクザの保守本流〟として知られている。

この太州会で1997年、内部抗争が起きた。同年10月6日夜、同会傘下の中原組組長の中原澄男（当時50歳）が、以前から対立していた同会の元組長（同54歳）の殺害を画策。配下の組員4人に銘じて福岡県宮田町（現・宮若市）の元組長宅前の路上で射殺したのだ。

福岡県警が暴力団同士の抗争とみて、元組長と敵対関係にあった中原組を軸に捜査を始めると、中原は、実行犯4人のうちの1人の組員A（同40歳）の逮捕が迫っていることを察知し、口封じのためにAの殺害を計画。射殺事件の共犯2人に新たに加えた組員1人の計3人に指示し、組員Aを同月13日の夕方、長崎県佐世保市の山中で絞殺し死体を穴に遺棄した。

2000年4月、組員Aの遺体が発見されたことをきっかけに、共犯の組員らとともに同年7月18日、中原逮捕。しかし、同容疑者は警察の取り調べに、殺人の教唆を全面否認した。

殺人、銃砲刀剣類所持等取締法違反、死体遺棄、殺人未遂などで起訴された中原被告は公判でも「殺人の指示はしていない」と一貫して無罪を主張した。対し、福岡地裁は元配下組員らの証言をもとに「同被告は具体的に殺害方法を指示している。元組員にも強引に殺害を承諾させた」と認定、死刑を言い渡した。二審も一審判決と同様、被告から指示を受けて殺害したとする組員の供述の信用性を認定したうえで「人命軽視の傾向は著しく、責任転嫁を図るなど反省の態度も見られない。改善・矯正は極めて困難であり、死刑選択はやむを得ない」と控訴を棄却。続く最高裁も「犯行を企図し、配下の組員に命じて実行させた主犯であるのに、不合理な弁解で自らが命じたことを否認しており、反省の情は認められない」と指摘。さらに「殺人未遂の前科を含む多数の服役前科があるのに本件犯行に及んでおり、人の生命、身体を軽んずる犯罪傾向は顕著で刑事責任は重い」「暴力団特有の論理に基づく反社会的犯行。周到な準備の上での組織的、計画的犯行で、2人を死亡させた結果は重大。一部の被害者と示談が成立していることを考慮しても、死刑はやむを得ない」として上告を退け、死刑が確定した。

殺人教唆を全面否認するも極刑に

なお、元組長射殺事件及びA組員の殺害事件に関与した組員の2人は無期懲役、射殺事件に関与した組員は懲役18年、A組員殺害事件に関与した組員は懲役9年が確定している。

福岡拘置所に収監された中原死刑囚は2009年に再審を請求。その後、棄却された模様だが、現在も獄中から無罪を訴え続けているそうだ。

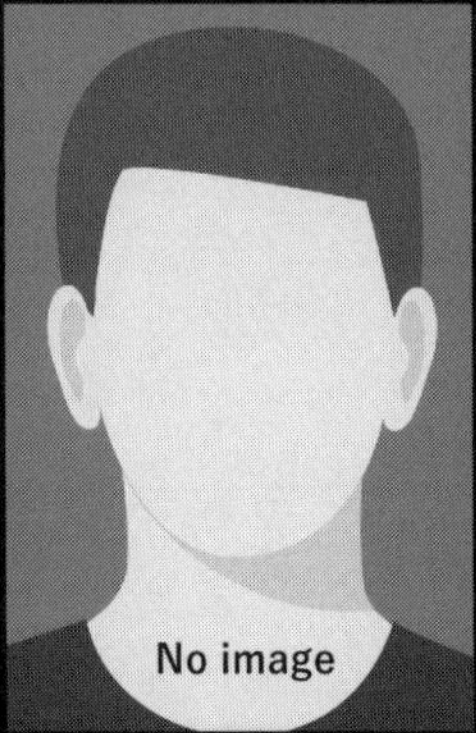

1973年生

春日部中国人夫婦殺害事件

薛松

セッショウ

一審	2002年2月22日　さいたま地裁　川上拓一裁判長　死刑判決
控訴審	2004年1月23日　東京高裁　控訴棄却　死刑判決支持
上告審	2007年6月19日　最高裁第三小法廷　上告棄却　死刑確定
収監先	東京拘置所

2000年7月、中国籍で筑波大学大学院修士課程に籍を置く薛松は、同大大学院博士課程の女性と知り合い、恋愛感情を抱き交際を申し込んだ。が、女性は中国籍の夫と子供がいることを理由に申し出を断る。当時、女性は普段は学生寮に単身生活をしており、中国の実家に子供を預け、週末のみ埼玉県春日部市で日本企業に勤めている夫のところへ帰る生活を送っていた。

女性は交際を拒否したものの、友人として付き合うことは承認したため、薛松は完全に勘違いし、ますます思いを募らせた挙げ句、ストーカーのように彼女に付きまとう。困り果てた女性は夫と相談のうえ、別の女性を紹介するなどしていたが、薛松の気持ちは一向に変わらないどころか、女性が自分に好意を持っていると思い込み、9月19日、結婚を申し込む。当然のように断られたものの、薛松（当時27歳）は女性（同29歳）が自分と夫（同39歳）との間で板挟みになっているものと勝手に思い込み22日に三度プロポーズ。ここでもまた断られたことに憎悪を抱き女性と夫の殺害を決意する。

同日23時15分頃、春日部市の夫婦が住むマンションの駐車場で待ち伏せし、帰ってきて車を降りた夫婦を自分の車ではねようとしたところ、夫は逃げ、女性のみ轢かれた。そこで、あらかじめ所持していたサバイバルナイフで夫婦をめった刺しにして殺害。犯行を目撃した近隣住民が110番通報するとともに、マンションの住人ら2人が現場から逃走する薛松を追跡して取り押さえ現行犯逮捕、春日部署に引き渡した。

殺人、銃砲刀剣類所持等取締法違反で起訴された薛松被告の弁護側は一審で「善悪を弁別する能力が著しく減退していた」と主張した。対し、さいたま地裁は「極めて冷静に計画するなどしており、能力の減退はなかった」と被告の主張を退けたうえで「独善的な思いこみによる、執ようかつ残虐で冷酷非道な犯行」と断

既婚女性に結婚を迫った挙げ句、夫もろとも殺害

罪、死刑を宣告した。

控訴審でも、同被告は犯行当時、心神耗弱状態で責任能力が低下していたと改めて主張するも、高裁は「理不尽な犯行で被害者夫婦の生命だけでなく、いまだに両親の死を知らされていない幼い子供の将来も奪った結果はあまりに重い」として一審の死刑判決を支持。最高裁も「何の落ち度もない夫婦を殺害した独善的で理不尽な犯行。計画的で、殺害の方法も冷酷かつ残虐だ。必ずしも正面から向き合おうとしていない」と判断、一部裁判官は「恋人だったという被告の主張を一概に退けられないが、罪は重大だ」と指摘し、上告を棄却した。

東京拘置所に収監された薛松死刑囚は、2013年時点で再審請求中と伝えられたが、その後の報道はなく、2023年10月現在も刑を執行されないまま拘置の身にある。

1960年生

三重連続射殺事件

浜川邦彦《はまかわくにひこ》

一審	2002年12月18日　津地裁　死刑判決
控訴審	2004年3月22日　名古屋高裁　控訴棄却　死刑判決支持
上告審	2007年7月5日　最高裁第一小法廷　上告棄却　死刑確定
収監先	名古屋拘置所

1994年7月19日13時頃、会社役員の浜川邦彦（当時34歳）は無職の金東錫と共謀し、三重県鈴鹿市在住の保険代理業のHさん（同36歳）を同市の産業廃棄物処理場に誘い出し、拳銃で射殺。アタッシュケースや時価約400万円の乗用車を奪うとともに、奪った預金通帳から現金1千万円を引き出した後、遺体を21日午前6時20分頃、同県久居《ひさい》市の造成地にパワーショベルを使って埋め証拠隠滅を図った。

4ヶ月後の10月27日午前8時35分頃、浜川と金は鈴鹿市内で金融業を営む男性に対し拳銃を突きつけ、約束手形の差し入れと引き替えに現金100万円を脅し取る。さらに翌11月20日20時頃、2人は同県小俣町の輸入販売業の男性Tさんを伊勢市内の空き地に言葉巧みに誘い出し射殺。カバンの中から貴金属や通帳を奪い247万円を引き出すとともに、Tさんのクレジットカードを使い商品を詐取。22日、遺体を久居市の造成地に埋めた。

先に殺されたHさんの家族から行方不明届を受け捜査を開始した三重県警は、Hさんの通帳から現金を引き出した際の防犯カメラに映っていた容姿などから浜川らが犯人と断定、逮捕する。が、浜川は容疑者は取り調べで完全黙秘し起訴事実を否認。一方、金容疑者は犯行を認めて、主導的な役割は浜川であり、2人の射殺も浜川が実行犯であることを供述した。また、金容疑者の供述どおりの場所から2人の遺体も発見された。

公判で、浜川被告は起訴事実を否認し、両事件ともにアリバイがあると無罪を主張した。対し、津地裁は金被告の「主導的立場であり、実際に拳銃で2人を殺害したのは浜川被告」という供述を認定したうえで、金被告に無期懲役、浜川被告に死刑判決を言い渡す。

これを不服として2人とも控訴するが、高裁は「金被告の供述は被害者2人の遺体の遺棄場所など、秘密の暴露を含んでおり信用性は高い」としたうえで、浜川被告が殺害の実行行為を担当したことや、反省の態度を示していないことから「極刑をもって臨むほかない」として一審の死刑判決を支持。最高裁も「大金を得ようと強盗殺人を重ね、2人の生命を奪った罪責は誠に重大だ」として上告を棄却、浜川被告の死刑、金被告の無期懲役が確定した。

現在も獄中から無罪を主張

2009年8月、浜川死刑囚は津地裁に再審を請求する。このとき同死刑囚の弁護人は金受刑者の友人男性から『金受刑者が知り合いの暴力団員から拳銃を受け取った』と言っているのを聞いた。浜川死刑囚の手には渡っていなかったはずだ。同死刑囚は冤罪である」と主張した。が、2010年7月、津地裁は再審請求を棄却（抗告、特別抗告も棄却）。2015年に提出された第二次再審請求も、最高裁まで争われたが、2020年12月に最高裁が棄却し、弁護側は第3次再審請求の手続きを行う考えを示した。

1958年生

宇都宮監禁殺人事件他

後藤良次《ごとう りょうじ》

一審	2003年2月24日　宇都宮地裁　死刑判決
控訴審	2004年7月6日　東京高裁　控訴棄却　死刑判決支持
上告審	2007年9月28日　最高裁第二小法廷　上告棄却　死刑確定
収監先	東京拘置所

2000年7月30日未明、大手暴力団・稲川会傘下の後藤組組長の後藤良次（当時42歳）は、茨城県水戸市内で、知人である同県常陸太田市の人材あっせん業の男性（同33歳）に体面を傷つけられたと激怒し、元暴力団員と共謀して男性を乗用車に監禁。約1時間後、両手両足を縛ったまま水戸市下大野町の橋上から約15メートル下の那珂川に投げ込み殺害した。

20日後の8月20日夜には、宇都宮市内の元自動車販売業の知人男性（同37歳）が不義理を働いたと憤り、共犯者4人と、知人男性や同市の飲食店の女性店員（同24歳）ら4人を男性宅に監禁。彼らに覚せい剤を注射して店員の女性を急性薬物中毒で死亡させた他、残る3人に胸部をハサミで刺し重傷を負わせ、部屋に火を放ち逃走した。

裁判は、一審の死刑判決を高裁、最高裁も支持し刑が確定。共犯の被告らには懲役10年から無期懲役の判決が下った。

後藤死刑囚が注目されたのは、2005年10月のこと。表沙汰になっていない殺人2件と死体遺棄1件に関与したとの上申書を茨城県警へ提出し、この中で一連の事件の主犯は日立市の元不動産ブローカー・三上静男（1950年生）であると告発したのだ。
後藤死刑囚の主張によれば、三上とは1992年に知り合い、仕事を手伝っていたが、その過程で三上首謀による、以下3つの事件の犯行を手伝ったという。

1石岡市焼却事件／1999年11月中旬頃、三上が金銭トラブルを巡って男性を絞殺し、後藤と一緒に茨城県石岡市のある会社の敷地内で遺体を消却。この一件で三上は数億円を入手した。

2北茨城市生き埋め事件／1999年11月下旬、三上が埼玉県大宮市の資産家男性を水戸市の駐車場で拉致、自分の所有地まで運んで穴を掘り、生き埋めにして殺害。三上は男性所有の土地を転売し、約7千万円を入手。

3日立市保険金殺人／2000年7月中旬、多額の借金があった茨城県阿見町のカーテン店経営者を三上と後藤らが軟禁。糖尿病と肝硬変を患っていた被害者に1ヶ月の間に大量のウオッカを飲ませ殺害、事故死に見せかけるため山中に遺棄した。三上は被害者にかけていた約1億円の保険金の大半を詐取。

死刑確定後、別の殺人事件3件を「上申書」で告発

後藤死刑囚は、一連の事件で三上から受け取るはずだった報酬の約束を反故にされたことに加え、三上がのうのうと外で暮らしていることに恨みを抱き告発に踏み切ったらしい。
上申書の一件は、後藤死刑囚を取材していた記者が雑誌『新潮45』で明らかにし、これをきっかけに警察が捜査し三上を逮捕。同被告は日立市の事件でのみ起訴され、判決は無期懲役だった（後藤は懲役20年）。本件は「上申書殺人事件」と呼ばれ、2013年の映画「凶悪」の題材になっている。2023年10月現在、後藤死刑囚は収監中の身にある。

1992年9月11日午前0時30分頃、佐賀県鹿島市の古美術商・外尾計夫（当時45歳）と、主婦の山口礼子（同33歳）が、同県太良町の海岸で睡眠導入剤が入ったカレーライスを食べさせ眠らせた山口の夫（同38歳）を海に沈めて水死させた。2人は夫が加入していた保険会社に、魚釣り中に岸から過って転落して死亡したと偽り、計2社から死亡保険金約9千900万円を騙し取った。

1947年生

佐賀・長崎連続保険金殺人事件

外尾計夫

ほかお かずお

一審	2003年1月31日	長崎地裁　死刑判決
控訴審	2004年5月21日	福岡高裁　控訴棄却　死刑判決支持
上告審	2008年1月31日	最高裁第一小法廷　上告棄却　死刑確定
収監先	福岡拘置所	

外尾と山口は1991年暮れ、山口がホステスをしていたスナックで知り合い愛人関係になった。当時、外尾はギャンブルなどで数百万円の借金があり、一方、山口は夫が複数の女性と付き合っていたことなどから愛情を失い、離婚話も出ていたが、子供は引き取るなどと言われていたため夫を憎悪。犯行動機は怨恨と金銭の両面だった。

大金を得たものの、外尾がギャンブルなどで浪費し、困窮した生活が何年も続く。そこで、2人は再び保険金殺人を計画する。

1998年10月26日夜、山口は、外尾に懐いていなかった高校生の次男（同16歳）を夜釣りに誘い出し、睡眠薬を飲ませた後、外尾とともに、寝ている次男を長崎県北高来《きたたかき》郡小長井《こながい》町（現・諫早《いさはや》市）の海に突き落とした。睡眠薬の効き目が切れたのか次男は泳いで岸までたどり着くが、山口は岸辺にしがみつく息子の頭を押さえつけて水死させるに至る。ちなみに、このとき次男には約3千500万円の保険金がかけられていたが、保険会社が支払いを保留している。

犯行後、山口は自ら次男の姿が見えなくなり、帽子が海に落ちていると警察に通報。次男は午前3時30分頃、岸壁近くの海中で発見されたが、司法解剖の結果、睡眠薬の成分が検出され、また岸壁につかまろうとした形跡がなかったこと、さらに次男に多額の保険金がかけられていたことなどから、長崎県警は捜査を進め、事件から10ヶ月後の1999年8月、外尾と山口を殺人容疑で逮捕。また7年前の夫死亡にも2人が関与しているとして、再逮捕した。

愛人の夫、息子を保険金目当てに殺害

公判では、山口被告の長男（事件当時19歳）や長女（同10歳）にも多額の保険金がかけられていたことが発覚した。これについて、同被告は次男殺害も含め全て外尾被告の指示だったと主張。対し、長崎地裁は「両被告の果たした役割に大きな違いはない」として2人に死刑を宣告する。

続く控訴審で、福岡高裁は山口被告について、夫殺害では夫が家庭を顧みなかった点などを指摘し「犯行に至る経緯には一片の同情があっても良い」とし、さらに次男殺害に関しても外尾被告が我が子を殺そうとするのを度々妨害した点、長男と長女から母の助命嘆願が提出されていたことも加味し、一審判決を破棄、無期懲役を言い渡した（上告棄却で確定）。一方、外尾被告は控訴棄却で死刑。最高裁も上告を退け結審した。

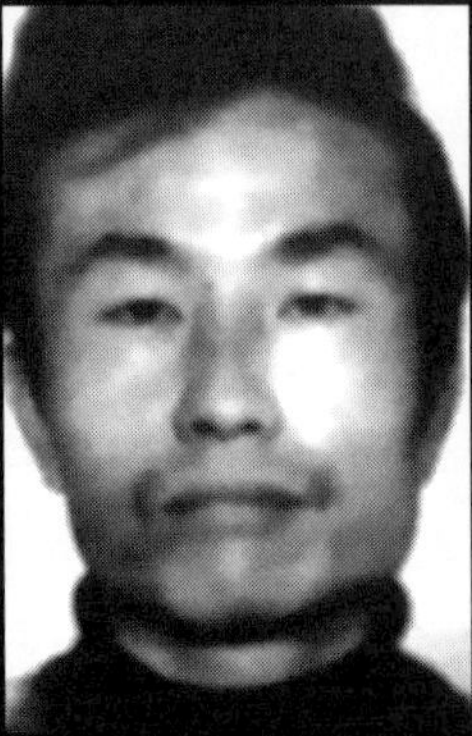

1942年生……はせがわ しずお

宇都宮実弟殺害事件

長谷川静央

一審	2007年1月23日　宇都宮地裁　死刑判決
控訴審	2007年8月16日　東京高裁　控訴棄却　死刑判決支持
上告審	2008年3月19日　本人上告取り下げ、確定
収監先	東京拘置所

2005年5月8日夜、ホストクラブ店員の鈴木克美（当時33歳）が、栃木県宇都宮市でアパートを経営するAさん（同60歳）宅の2階に侵入。その後、22時頃に帰宅したAさんをナイフでめった刺しにして失血死させた。犯行を指示したのは、Aさんの実兄である埼玉県上福《かみふく》岡《おか》市の無職・長谷川静央（同62歳）。鈴木は長谷川から2千万円の報酬で殺害依頼を引き受け、前日には2人で現場の下見も実施していた。

いったい、なぜ兄が弟を殺すに至ったのか。

長谷川は1976年12月、競輪などのギャンブルにより、勤務先の乾物店の金約2千500万円を使い込み、宇都宮市内で店主（同49歳）の頭をバットで殴り、首を絞めて殺害した前科があった。1980年3月、宇都宮地裁で無期懲役判決を受け、2003年5月に仮出獄。服役中の1992年に事故死した母親の死亡保険金や不動産を弟と分割し、約3千万円を受け取った（このうち約1千700万円は、以前の殺人事件の被害者遺族に支払われている）。

しかし、長谷川は、母所有のアパートの経営を引き継いでいた弟が裕福な暮らしをしているものと睨み、さらに金を要求。弟がこれを断ったため殺害を企て、当時勤めていたホストクラブの同僚たち数人に報酬と引き換えに殺害を依頼したものの断られ続け、唯一承諾した鈴木に実行させた。

犯行当日、長谷川は上福岡市の居酒屋に行ってアリバイを作り、事件後には第一発見者を装い、宇都宮東警察署へ「弟と連絡が取れないので家を訪ねたら死んでいた」と通報。警察の捜査へ協力する姿勢も見せていた。

ところが、鈴木が同年９月21日に殺人容疑の被疑者として逮捕され「被害者と面識はなかった。殺害は知人の長谷川に頼まれた。金に困っていた。報酬は１５０万しかもらっていない」と供述し、長谷川もその９日後の９月30日に逮捕される。

ホストクラブの同僚に殺害を依頼

長谷川被告は２００６年１月31日の初公判で起訴事実を全面的に認め、公判途中では自らの量刑について「極刑をお願いしたい」と述べた。宇都宮地裁は「長期の受刑によっても性癖は改善に至らなかった。利欲的で身勝手な動機や偽装など犯罪性向は顕著で、矯正の可能性は皆無に等しい」と指摘し、死刑を言い渡す。

控訴審で弁護側は「死刑は重すぎる」などと主張したが、高裁は「殺人罪で服役しながら、その仮釈放中に殺人に及んだ刑事責任はあまりに重大で、刑が重すぎて不当とは言えない。弟との問題解決には法的手段を取るべきで、弟を殺害して財産を得ようと考えた動機は極めて自己中心的」と断罪。控訴を退け、一審の死刑判決を支持した。

長谷川被告の弁護人は即日上告したが、同被告が上告を取り下げたため死刑が確定。なお、実行犯の鈴木被告は懲役30年に処されている（最高裁で結審）。

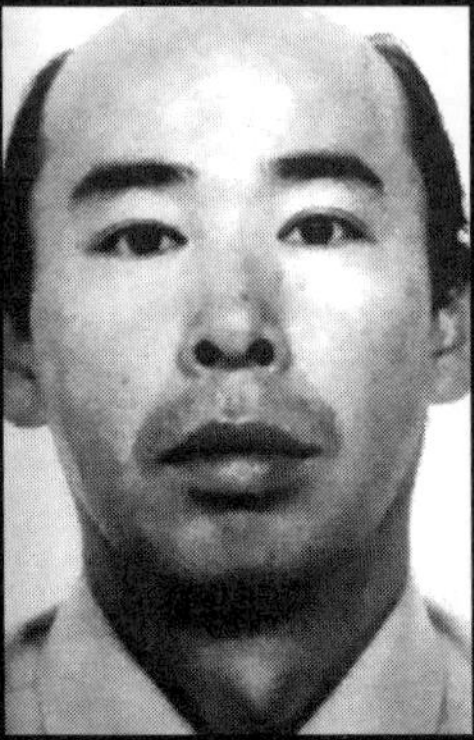

1961年生

伊勢原市同居母娘強殺事件

加賀聖商《かが としあき》

一審	2004年2月4日　横浜地裁　死刑判決
控訴審	2005年7月19日　東京高裁　控訴棄却　死刑判決支持
上告審	2008年6月5日　最高裁第一小法廷　上告棄却　死刑確定
収監先	東京拘置所

　2001年8月4日午後、神奈川県伊《い》勢《せ》原《はら》市の女性会社員・Aさん（当時43歳）宅に同居していた交際相手の無職・加賀聖商（同40歳）は、Aさんの中学1年生の長女（同12歳）に、花火を見に行こうと誘った。しかし、長女に「行かない」と断われたことに腹を立て、包丁で背中を刺した後、ヒモで首を絞め殺害するに至った。さらに、同日22時頃、勤務先から帰宅したAさんをナイフで背中を刺したうえ、ハンマーで殴打し殺害。現金1万円と、奪ったキャッシュカードで現金85万円を引き出し、逃走した。

　Aさんは母子家庭で近所との付き合いがほとんどなかったこと、長女も夏休み期間中だったことから学校側も異変に気づかず、伊勢原警察署の職員によって2人の遺体が発見されたのは犯行から17日後の8月21日のこと。警察は同居していた加賀を容疑者として、26日、全国に指名手配した。

　その頃、加賀は出身地の北海道夕張市でテント生活をしていたが、金を使い果たした9月24日に道警夕張署管轄の駐在所に自首。殺人容疑で逮捕された。

一審で加賀被告は弁護人を介して「金品を強奪する目的はなかった。殺人と窃盗に分けて考えるべきだ」と主張した。一方、検察側は「被害者の母子の持ち物を勝手に質入れしてパチンコ代に充てるなどし、ささいな一言から激高して2人を殺害した短絡的で自己中心的な犯行。矯正の余地はない」と指摘し、死刑を求刑。横浜地裁は「仕事もせず、中学生の小遣いを持ち出すなど、自堕落で無為徒食の生活をしていた」と指摘したうえで「中学生が反発するのは当然で、自らの非を棚に上げている」と同被告の態度を非難。さらに、母親の殺害は計画的で用意周到で、現金を奪うことを目的にした強盗殺人と認定し、死刑判決を言い渡した。

控訴審で弁護側は、母親殺害について改めて「金目当てではなく、強盗殺人罪

「花火見学を断られた」ことが犯行の直接動機

は成立しない」と減刑を求める。対し、東京高裁は「長女を殺害後、帰宅する母親を待ち受け殺害するなど、計画的で強固な犯意があり、極刑はやむをえない」として控訴を棄却、一審判決を支持した。

上告審でも、弁護側は「娘の殺害は突発的で計画性はなく、母の殺害も金銭目的ではなかった。死刑は重すぎる」と主張。対し、検察側は「二審の判断は相当。身勝手な犯行に同情の余地はない」として上告棄却を求めた。果たして、最高裁は「2人への殺意はいずれも強固で、犯行態様は執拗かつ残忍。事実関係をおおむね認めていることなど、被告のために酌むべき事情を十分に考慮しても、刑事責任は極めて重大で、死刑を是認せざるを得ない」と述べ同被告の上告を棄却、死刑が確定した。2023年10月現在、加賀死刑囚の処刑は執行されておらず、東京拘置所に収監中の身にある。

本庄保険金殺人事件

八木茂

やぎ しげる　1950年生

一審	2002年10月1日　さいたま地裁　死刑判決
控訴審	2005年1月13日　東京高裁　控訴棄却　死刑判決支持
上告審	2008年7月17日　最高裁第一小法廷　上告棄却　死刑確定
収監先	東京拘置所

　埼玉県本庄《ほんじょう》市内で街金融を営む八木茂は、妻子がありながら、自身の経営するスナックの女性ホステスT、K（フィリピン国籍）、Mの3人と愛人関係を結んでいた。彼女らはみな八木に一番愛されたいと願い、八木はそんな女性たちの嫉妬心や競争心を利用し恐ろしい計画を企てる。3人に店の独身常連客と偽装結婚させ、億単位の生命保険に入らせた後で殺害し、保険金を詐取しようというものだ。

　最初の犯行は八木が45歳だった1995年5月。工員Sさん（当時45歳）とKを偽装結婚させ、トリカブト入りあんパンを食べさせることをTに指示して殺害。生命保険金約3億2千万円を騙し取った（後に生命保険会社が民事訴訟を起こし、保険金の返還を命じる判決が出された）。

　2年後の1997年5月、パチンコ店従業員Mさん（同61歳）を愛人Mと偽装結婚させ、風邪薬と酒の大量投与で殺害。Mさんには、約1億8千万円の保険金がかけられていたが、捜査が開始されたため支払われていない。

　1998年7月には、八木に多額の借金のあった塗装工のKさん（同38歳）に「Kと結婚すれば借金を棒引きにする」と持ちかけ虚偽の結婚届を提出した。Kさんには、Kを受取人とする約9億円の保険金がかけられていたが、Kに薬物を投与され続けたことで重体に陥り入院。「このままでは殺される」と危険を察知し、マスコミに告発したことで事件が明るみに出る。1999年7月のことだ。

保険金殺人疑惑の中心人物として大きく報道された八木は、自分の店を会場に有料の記者会見を203回実施するという前代未聞の行動を起こし、身の潔白を主張する。確かに物証は皆無に等しかった。が、埼玉県警は2000年3月、八木とホステス3人を偽装結婚による公正証書原本不実記載容疑で逮捕し、その後、殺人罪や詐欺罪などで起訴した。

公判で八木被告は「殺害の計画も指示もしておらず、事件はでっち上げだ」と無罪を主張する。対し、さいたま地裁は「冷酷で残忍極まりなく、犯罪史上に例を見ない犯行」と断罪。検察側が立証の柱としたT被告の証言も「客観証拠や他の共犯者の証言とも合致する」と信用性を認め、死刑判決を言い渡した。

「事件はでっち上げ」として現在も再審を請求中

控訴審、上告審も一審判決を支持し、死刑確定。共犯のT、K、Mの3被告は、それぞれ無期懲役、懲役15年、懲役12年で結審した。

東京拘置所に収監された八木死刑囚は2009年1月、起訴事実を認め無期懲役が確定したT受刑囚が「認めないと死刑になる」などと検事から偽証を強いられていたことなどを理由に再審を請求。しかし、地裁、高裁、最高裁ともに請求を棄却。最新の情報としては2020年8月、八木死刑囚が第二次再審請求のための弁護団との接見時間を拘置所側が制限したのは違法だとして、国に損害賠償を求めた訴訟で、さいたま地裁が国に計225万円の賠償を命じたことが報じられている。

和歌山毒物カレー事件

林 眞須美

はやし ますみ
1961年生

一審	2002年12月11日　和歌山地裁　死刑判決
控訴審	2005年6月28日　大阪高裁　控訴棄却　死刑判決支持
上告審	2009年4月21日　最高裁第三小法廷　上告棄却　死刑確定
収監先	大阪拘置所

1998年7月25日、和歌山市園部地区の夏祭りで出されたカレーライスを食べた未成年者30人を含む合計67人が腹痛や吐き気などを訴えて病院に搬送され、このうち4人が死亡した。和歌山県警は当初、集団食中毒を疑っていたが、被害者の吐瀉物や容器に残っていたカレーからヒ素が検出されたため、何者かが毒物を混入した無差別殺人と断定。事件から3ヶ月後の10月4日、夏祭りに参加していた元保険外交員で主婦の林眞須美（当時37歳）と夫の健治を別の詐欺および同未遂容疑で逮捕し、同年末の12月9日、眞須美容疑者をカレーの鍋に亜ヒ酸を混入した殺人と殺人未遂の容疑で再逮捕する。

警察が林容疑者を事件の犯人と断定した理由は、カレーに混入されたものと特徴を同じくする亜ヒ酸が彼女の自宅などから発見されたこと、同容疑者の頭髪から検出された高濃度のヒ素の付着状況から亜ヒ酸等を取り扱っていたと推認できること、夏祭り当日に同容疑者のみがカレーの入った鍋に亜ヒ酸をひそかに混入する機会を有しており、その際に彼女が調理済みのカレーの入った鍋の蓋を開けるなどの不審な挙動が目撃されていたことなどだった。当局は、林容疑者がカレー毒物混入事件発生の1年5ヶ月前の1997年2月から1998年3月まで合計4回にわたり保険金取得目的で人の食べ物にヒ素を混入し、まんまと保険金を詐取していることなどから、その犯罪性向は根深いものと睨んでいた。

逮捕当時から死刑が下る一審判決まで黙秘を貫いていた林被告は控訴審で初めて口を開き「カレー鍋の見張り中、次女とずっと一緒だった」と供述。また、当日は黒いTシャツを着ていたとの目撃者の証言は誤りであると断言し、同時に、無差別殺人を働く経済的利益、動機が全くないと主張した。しかし、高裁は判決公判で「被告は自分に都合よく事実の前後関係を意図的に操作したり、事実そのものを捏造したりしたとしか考えられない。被告がカレー事件の犯人であることに疑いはない」と控訴を棄却。最高裁も「動機が解明されていないことは、被告が犯人との認定を左右しない」と述べたうえで「殺害された4人は何ら落ち度がないのに楽しいはずの夏祭りの最中で突如前途を絶たれ、無念さは察するに余りある。後遺症に苦しんでいる者もおり結果は誠に重大。被告のために酌むべき事情を最大限考慮しても死刑を是認せざるをえない」と上告を棄却、死刑が確定した。

「無差別殺人を働く動機がない」と再審請求中

しかし、その後も林死刑囚と弁護側は無罪を訴え裁判のやり直しを求める。第1次再審請求は2017年3月、和歌山地裁が棄却。林死刑囚は即時抗告するも、大阪高裁が2020年3月に棄却。その後、最高裁に行った特別抗告は2021年6月に林死刑囚側が取り下げた。2023年1月、二度目の再審請求を和歌山地裁に取り下げられたことを受け、即時抗告したことが報じられている。

1957年生

埼玉愛犬家連続殺人事件

風間博子

かざま ひろこ

一審	2001年3月21日　浦和地裁　死刑判決
控訴審	2005年7月11日　東京高裁　控訴棄却　死刑判決支持
上告審	2009年6月5日　最高裁第二小法廷　上告棄却　死刑確定
収監先	東京拘置所

1993年4月20日、埼玉県熊谷市のペットショップ「アフリカケンネル」を経営する関根元（当時51歳）と風間博子（同36歳）の元夫婦は、犬の高額売買をめぐるトラブルから、顧客である同県行田《ぎょうだ》市の会社役員（同39歳）に、知り合いの獣医師から譲り受けた犬の薬殺用の猛毒「硝酸ストリキニーネ」入りカプセルを栄養剤と偽って飲ませて殺害、遺体をペットショップの男性役員Y（同37歳）の群馬県片品村の自宅に運び、風呂場でバラバラにしたうえ、骨をドラム缶で焼却した。

3ヶ月後の7月21日には、埼玉県江南《こうなん》町の暴力団幹部（同51歳）に会社役員殺害を知られて金を要求されたことなどから幹部と運転手（同21歳）を、8月26日には行田市在住の顧客である主婦（同54歳）を同様の手口で殺害、Yに手伝わせ死体を処理、遺棄した。

関根と風間はアラスカン・マラミュートのブリーダーとして愛犬家の間で名が知られていたが、バブル崩壊後の売り上げの減少に加え、豪華な新犬舎兼自宅の建設などにより借金がかさみ、店の経営に行き詰まり犯行を計画し実行。「ボディ（死体）を透明にすることが一番重要」との殺人哲学を掲げていた関根の言葉どおり、遺体が見つからなかったことで事件の発覚は遅れる。

逮捕のきっかけは、1994年1月に発覚した大阪愛犬家連続殺人事件（本書82ページ参照）である。本事件とは関係ないが、埼玉でも同様に複数の愛犬家が失踪しているとの噂が流れ始めると、同年2月からマスコミが疑惑を報道。関根が身の潔白を主張する一方、行方不明となった犠牲者の家族は事件性を訴え続けた。12月、共犯者であるYの証言を基に被害者の遺骨や遺留品が発見されたことで、1995年1月5日、埼玉県警は関根と風間を逮捕するに至る。

殺人、死体損壊・遺棄の罪で起訴された関根と風間の両被告は、公判で一連の事件への関与を認めながらも互いに

「ボディを透明にする」と豪語した元夫は2017年に獄中死

相手が主犯だと主張した。が、浦和地裁（現・さいたま地裁）は検察側の主張を全面的に認め、元夫婦が対等の立場で共謀し、犯行に及んだと認定（行田市の主婦殺害は関根被告の単独犯行とした）。両被告に死刑判決を言い渡した（共犯のY被告は懲役3年で確定）。

二審でも両被告は同様の主張をしたが、判決は「Yは被害者と利害関係がなく、殺害の動機はない。事件の根幹部分がYの自白で初めて明らかになった」などと信用性を認め、控訴を棄却。最高裁も上告を退け、死刑が確定した。

本事件をモデルにした映画「冷たい熱帯魚」（園子温監督作）が公開された7年後の2017年3月27日、関根死刑囚は多臓器不全のため東京拘置所内で死亡（享年75）。風間死刑囚は2012年と2016年に再審を請求するも却下され、2023年10月現在は獄中から第三次請求中の身にある。

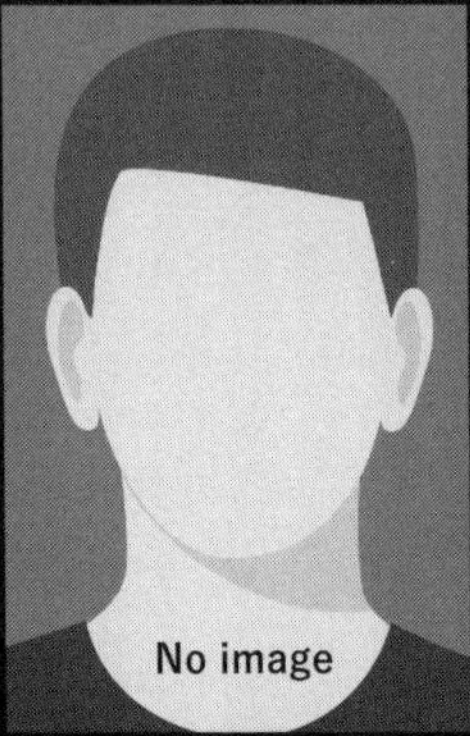

仙台市暴力団幹部強盗殺人事件

高橋 秀《たかはし すぐる》

1962年生

一審	2004年3月25日　仙台地裁　死刑判決
控訴審	2005年7月26日　仙台高裁　控訴棄却　死刑判決支持
上告審	2009年6月23日　最高裁第三小法廷　上告棄却　死刑確定
収監先	仙台拘置支所

2001年1月8日午前1時20分頃、宮城県の山口組系暴力団幹部・高橋（旧姓・石川）秀（当時38歳）は同組幹部の本嶋健、堀龍和也、紺野道明、菊池和人と共謀、仙台市内の駐車場で、組を脱退しようとした男性（同25歳）を暴行し、コンクリートブロックなどの重しを付けて福島県相馬市の相馬港の海中に生きたまま投げ込み殺害した。

1ヶ月後の2月3日夜、仙台市に住む貸金業の男性（同36歳）の依頼で取り立てた約200万円を着服していた高橋と本嶋は、男性から返済を求められたことで殺害を計画。堀龍、紺野、菊池を誘い、宮城県名取市の駐車場の車内でヒモを使って男性を絞殺。男性の所持金約30万円を奪い、死体にコンクリートブロックを結びつけて仙台市宮城野区の仙台新港に遺棄した。

その他、高橋と本嶋は、仲間の組員の母から金を奪おうと、岩手県内の女性に対し「息子が借金をして、連帯保証人が母になっている。借金を支払え」などと要求。1999年4月から2000年7月までの間、数回にわたり計約2千500万円を騙し取っていた。

一審で検察側は冒頭陳述で「犯行は高橋、本嶋両被告が、着服していた借金の返済金200万円を返すよう求められ殺害に及んだもので、他の3人は、殺害すれば多額の現金が手に入ると持ちかけられた」と動機を指摘。被告5人は殺害と死体遺棄については起訴事実を認めたが、強盗目的や殺意は否認。弁護側は、暴力団特有の上下関係で、堀龍、紺野、菊池の3被告は、高橋、本嶋の両被告に逆らえない状況にあったと主張した。仙台地裁の判決は事件の首謀者として高橋被告のみが死刑、他4被告には無期懲役が下る（本嶋被告は控訴するも2004年中に取り下げ、刑が確定。残り3被告は上告審まで闘ったが、最高裁で棄却され確定）。

二審で高橋被告は、2件の殺人事件はいずれも本嶋受刑者が主導した犯行で、同受刑者より量刑が重いのは不当だと主張したが、仙台高裁は「暴力団の最上位の幹部として強い影響力を及ぼし、凶悪な犯罪を遂行した主導者で刑事責任は最も重い」と控訴を棄却。2009年4月21日の最高裁弁論で、弁護側が「更生の可能性があり死刑は重すぎる」と死刑回避を求めたのに対し、検察側は遺族の処罰感情が強いことなどを挙げ「無慈悲で残虐な事件。結果は重大で極刑はやむをえない」と反論した。判決公判で裁判長は「わずか1ヶ月足らずの間に2人の命を奪った重大な犯行。助命を懇願する被害者に凄惨な暴行を加えて殺害するなど、極めて冷酷非情。凶悪性や残忍性が社会に与えた衝撃は大きい。共犯者に指示するなど犯行の中心的な役割を果たし、刑事責任は重大」と被告の上告を棄却、死刑が確定した。

殺害犯5人の中で唯一死刑に

2023年10月現在、高橋死刑囚は仙台拘置支所に収監中。近況は一切聞こえてこない。

前橋スナック銃乱射事件

上……こひなた まさと 1969年生

小日向将人

下……やまだ けんいちろう 1966年生

山田健一郎

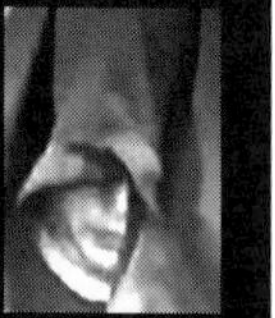

小日向将人

一審	2005年3月28日	前橋地裁　死刑判決
控訴審	2006年3月16日	東京高裁　控訴棄却　死刑判決支持
上告審	2009年7月10日	最高裁第二小法廷　上告棄却　死刑確定

山田健一郎

一審	2008年1月21日	前橋地裁　死刑判決
控訴審	2009年9月10日	東京高裁　控訴棄却　死刑判決支持
上告審	2013年6月7日	最高裁第二小法廷　上告棄却　死刑確定
収監先	どちらも東京拘置所	

２００３年1月25日23時25分頃、フルフェースのヘルメットを被った男性２人が群馬県前橋市三俣町のスナック前にいた指定暴力団稲川会系の大前田一家元組長Ａ（当時55歳）の警護役の男性（同31歳）を射殺した後、店内で拳銃を乱射し、客で訪れていた会社員（同53歳）、パート職員（同66歳）、会社員（同50歳）の３人を射殺し、元組長と客の調理師（同55歳）の２人に重傷を負わせた。

犯人は指定暴力団住吉会系幸平一家矢野睦会の構成員・小日向将人（同33歳）と山田健一郎（同36歳）。同会会長・矢野治（同54歳）から指示を受けての犯行だった。

本事件は２００１年８月、東京都葛飾区で住吉会幹部が稲川会大前田一家組員により射殺された事件が発端である。稲川会は大前田一家総長Ｂと系列系の組長Ａを絶縁処分にするなどして住吉会と手打ちを成立させたが、矢野睦会はこれに納得せず和解後も２人を付け狙い、２００２年２月から３月にかけてＢ宅に火炎瓶を投げるなどの襲撃行為を働いた。２月25日にはＢ

宅襲撃に失敗した矢野睦会の幹部Cを入院先の日本医科大附属病院で口封じのために射殺。会長の矢野治はその後標的をBからAに変え、2002年10月にAの右肩に発砲し重傷を負わせていた。

警察は銃乱射事件から半年後の2003年7月8日、B宅への放火容疑でまず矢野会長を逮捕し、事件後にフィリピンに逃亡していた小日向を帰国後の12月に逮捕。同容疑者が矢野会長の指示で前橋の事件を起こしたことを自供したため、矢野容疑者を殺人容疑で再逮捕すると同時に、もう1人の実行犯である山田を指名手配し、2004年5月6日、潜伏先の鹿児島市で逮捕した。

公判は3人の被告を分離し開かれた。小日向被告は起訴後、乱射事件への関与を認め、事件の全容解明に向けて積極的に供述、捜査に協力したが、検察側は、同被告の供述を「自白」とは認めず死刑を求刑。東京地裁も検察側の主張を全面的に認め死刑判決を言い渡す。控訴審、上告審とともに一審判決を支持し死刑が確定。

首謀者の暴力団元総会長は2020年に獄中で自殺

一方、矢野被告は殺人は指示していないなどと起訴事実を全面否認し、山田被告も小日向被告の供述をでたらめと主張するも、判決公判では「被告は犯行を指示した首謀者で刑事責任は最も重い。合計5名もの人命が奪われ、犯行結果も重大。極刑をもって臨むほかない」として死刑が宣告された（控訴、上告も退けられ死刑確定）。小日向被告の供述を否定した山田被告も、最終弁論で自身の事件への関与を全面的に認め、一審、控訴審、上告審とともに死刑判決が下った。

その後、死刑囚3人は東京拘置所に収監されてが、矢野死刑囚は2020年1月26日、同拘置所内で刃物で首を切り自殺。小日向、山田の両死刑囚は2023年10月現在も、収監中の身にある。

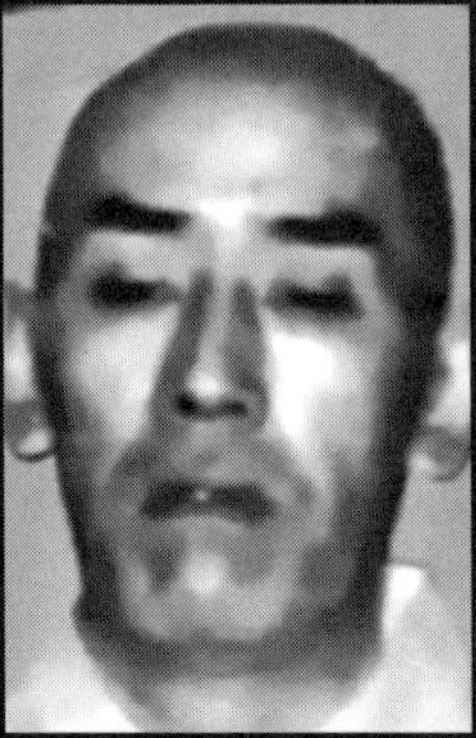

1945年生……くぼた ゆうじ

北見市資産家夫婦殺人事件
窪田勇次

一審	2004年3月2日　釧路地裁北見支部　死刑判決
控訴審	2005年12月1日　札幌高裁　控訴棄却　死刑判決支持
上告審	2009年12月4日　最高裁第二小法廷　古田佑紀裁判長　上告棄却　死刑確定
収監先	札幌拘置支所

1988年10月21日、北海道網走市出身の保険外交員・窪田勇次（当時43歳）が不正な勧誘行為などの発覚を防ぐため、北見市在住で資産家として知られていた保険契約者の男性（同61歳）方で男性と妻（同56歳）の首を、持参したドライバーと男性方にあった出刃包丁（刃渡り約16センチ）で刺すなどして失血死させた。その後、参考人として窪田は道警から任意で事情聴取されていたが、1989年11月、網走市内の網走新港に乗用車を転落させ自殺を装った後、行方をくらます。

有力な手がかりが掴めぬまま事件から14年が経過した2002年、道警北見署捜査本部は事件発生当時の証拠の再検討や現場に残っていた血痕のDNA（デオキシリボ核酸）と窪田の親族から提供されたDNAを照合した結果から、同年10月、犯行が窪田によるものと断定。全国に指名手配するとともに、テレビ局に協力を募る。これを受け、11月30日にテレビ朝日系「奇跡の扉　TVのチカラ」、12月12日に同系列「迷宮の扉」が事件を取り上げ情報提供を呼びかけると、「容疑者とよく似た男を横浜で見た」など様々な情報が寄せられ、結果、12月18日、道警は横浜市の工事現場で窪田を発見し逮捕するに至った。殺人の時効10ヶ月前のことである。

初公判で起訴事実を全面的に認めた窪田被告は、2003年9月の第4回公判で「事件は警察のねつ造。血痕は病院で採血した自分の血を、誰かがまいた」と否認に転じ、弁護側も「動機も薄弱で殺人に結びつかない」と反論し無罪を主張した。対し、裁判長は「現場から見つかった血痕は被告の血液で、犯行時に遺留されたと認められる。自白は信用でき、犯行を実行したことは明白」として死刑判決を言い渡す。

控訴審でも窪田被告側は「連日の調べで刑事に自白を強要された。一審判決はでたらめだ」などと無罪を主張したが、札幌高裁は「反省悔悟の念が全く認められない。犯行は残虐、冷酷非道で刑事責任は重大。極刑で臨むしかない」と控訴を棄却。最高裁も「記録を調査しても、重大な事実誤認はない。犯行の約1年後に自殺を偽装して行方をくらまし、約13年間にわたり逃亡を続けるなど、前科がないことをなどを考慮しても、死刑を是認せざるをえない」と上告を退け、死刑が確定した。

テレビの情報提供番組が功を奏し時効10ヶ月前に逮捕

札幌拘置支所に収監された後も、窪田死刑囚は無罪を訴え続け、2009年から2020年3月まで4回の再審を請求するも、いずれも棄却。その後、弁護側は、血痕の鑑定結果を新証拠として提出し、形状から「移動中に滴った可能性は低く、犯行時のものとして不自然」などと指摘し、第5次再審請求を行ったが釧路地裁北見支部は棄却。札幌高裁も2021年11月19日付の決定では「(弁護側提出の)新証拠には疑義がある」と指摘し、弁護側の即時抗告を棄却した。弁護側は最高裁に特別抗告している。

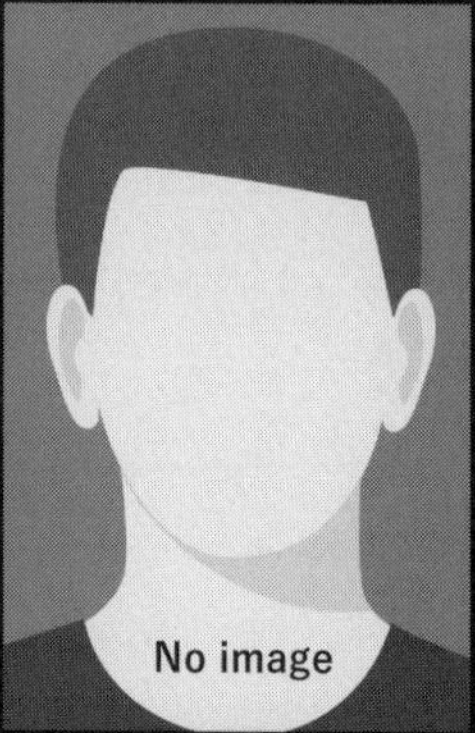

1950年生

架空建設計画連続殺人事件

菅 峰夫

すが みねお

一審	2004年3月11日　福岡地裁　死刑判決
控訴審	2006年5月16日　福岡高裁　控訴棄却　死刑判決支持
上告審	2009年12月11日　最高裁第二小法廷　上告棄却　死刑確定
収監先	福岡拘置所

1996年1月、不動産ブローカーの菅峰夫（当時45歳）と手柴勝敏（同51歳）は、福岡県小郡市西部の工業団地開発計画予定地の地権者約50人に「予定地を買い取って大手企業を誘致したい」などと勧誘。2人は「開発予定地の農地転用申請に必要」として、地権者の大半から土地の売買契約書や印鑑証明を入手しており、それを使って予定地の転売を計画していた。しかし、地権者の世話役だった佐賀県鳥栖《とす》市の不動産会社社長（同59歳）が邪魔になり、殺害を決意。6月8日23時半頃、同市で開かれた地権者との会合後、以前から2人に借金を申し込んでいた社長に「現金を用意している」と声をかけ福岡県嘉穂《かほ》郡庄内町の作業所に呼び出し、首を絞めるなどして窒息死させ、遺体を同町内の空き地に埋めた。

11月19日には、巨額で架空の建設計画で騙して呼び寄せた嘉穂郡穂波町の建設会社社長（同54歳）を庄内町のアパートで殺害。社長の経営する会社振り出しの約束手形二通（額面総額4千100万円）と現金900万円を奪い、遺体を同町内の造成地に埋めた。

菅は11月21日に詐欺容疑で、

手柴は翌1997年2月21日に暴力行為容疑で逮捕された後、4月24日に不動産会社社長の遺体が発見されたことで、福岡県警は殺人、死体遺棄罪で両容疑者を再逮捕した。

1997年10月1日の初公判で菅被告は不動産会社社長の死体遺棄は認めたが、2人の殺害などについては無罪を主張。手柴被告は第2回公判の罪状認否で「2件の殺人、死体遺棄は菅被告に強要された」と主張した。対し、検察側は「借金返済を目的に一獲千金を狙った利欲的な犯行で、矯正の可能性はない」と死刑を求刑する。果たして、一審の判決は菅被告が死刑、手柴被告が無期懲役。裁判長は、2社長殺害などの共謀共同正犯を認定したが、主従関係や全容解明に寄与した手柴被告の自供内容などを重視し、「同被告には素朴、人間的な心情がなお残っており、極刑にはためらいを覚える」

私利私欲で2人の社長を殺害した不動産ブローカー

と判決理由を述べた。

しかし、続く福岡高裁は菅被告の控訴を棄却する一方、手柴被告に対し自白が事件解明に貢献したことを認めたうえで「犯行は菅被告の発案だが、利益にありつくため、2人は互いに利用しあった」「菅被告の計画に従い、共同で殺害を実行しており、量刑に差をつけるほどのものではない」と述べ、対等な共犯関係と認定、手柴被告の一審判決を破棄し、死刑を言い渡す。最高裁も「経済的利欲のための犯行で計画性が高く、落ち度のない2人の命を奪った結果は重大」と指摘。さらに「菅被告は犯行を主導し、反省もない。手柴被告は菅被告に誘われて加担したが、果たした役割も大きく、相応の分け前を得た」として、両被告の上告を退け、死刑が確定した。その後、手柴死刑囚は2010年4月14日、福岡拘置所内で病死（享年66）。菅死刑囚は2023年10月現在も同拘置所に収監中である。

2022年6月時点で、49人の確定死刑囚が収容されている東京拘置所

刑確定から執行までの一部始終

死刑判決が確定した者は「被告」から「死刑確定者」に立場を変え、札幌拘置支所、仙台拘置支所、東京拘置所、名古屋拘置所、大阪拘置所、広島拘置所、福岡拘置所のいずれかに収監される（大半は未決のうちから前記拘置所に収容され、死刑確定を迎える）。単純に考えれば、刑が確定する前は拘置所、確定後は刑務所と思いがちだが、後者に収容されるのは懲役刑を受けた受刑者のみ。死刑囚は自らの死

をもって罪を償うことが刑であるため、収容先は拘置所となる。ちなみに、共犯死刑囚が3人以上の場合は拘置先が分散されるのが原則で、2004年に起きた大牟田4人殺害事件の死刑囚の親子4人は、死刑確定時には全員が福岡拘置所に収容されていたが、後に父親は広島拘置所、長男が大阪拘置所に移送されている（母親と次男は福岡拘置所）。同様に1994年発生の大阪・愛知・岐阜連続リンチ殺人事件の3死刑囚のうち2人は名古屋拘置所で1人は大阪拘置所に収容されている。これは共犯関係にある死刑囚は同日に死刑執行されるのが原則で、同日に同じ刑場で3人以上の死刑を執行するのは困難なためとされている。

日常生活における自由と制約

2023年10月時点で前記の7拘置所に収監されている確定死刑囚（未執行者）は全部で107人。内訳は収容人数の多い順に東京50人、大阪20人、福岡15人、名古屋11人、広島5人、仙台4人、札幌2人。このうち7人が女性死刑囚である。

▼24時間、監視カメラが行動を把握

確定死刑囚の半数弱を収容する東京拘置所（東京都足立区小菅）は、約3千人が収容可能な日本最大の刑事施設だ。構造は地上12階、地下2階、高さ50メートル、中央管理棟と南北に両V字形に伸びる北収容棟、南収容棟がつながり、延床面積は8万239平方メートルを有する。

この巨大施設のどこに死刑囚は入れられているのか。死刑囚専用のブロックや特別フロアが存在してもおかしくなさそうだが、実際には扇形の枠のようになっている4つの収容棟（A～D棟）全てに一般の収容者と交ざるかたちで収容されている。中でも数が多いのがC棟とD棟の11階で、それぞれのフロアには66の房（部屋）があり、確定死刑囚は一房ずつ間を空けて、必ず奇数番号の「単独室」と呼ばれる独居房に入るそうだ。広さは約7・5平方メートル。室内の壁は明るい白で、薄緑色の畳が3枚敷かれ、奥には洋式トイレと洗面所が設置されている。基本的に刑務所の独房と変わらないが、決定的に異なるのは自殺防止に特化している点だ。窓は航空機にも使用されるハンマーで叩

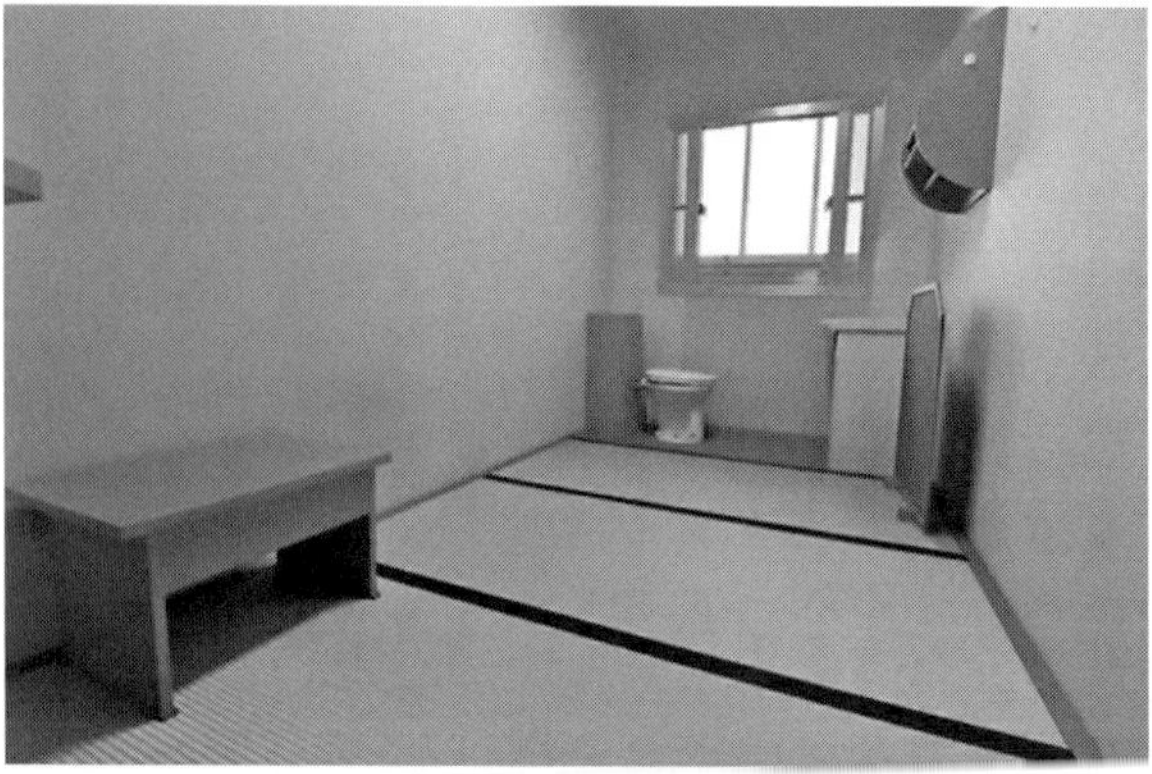
東京拘置所の死刑囚の独房。居住スペースは畳3つ分

いてもガラスが割れない特殊仕様であるうえ、曇りガラスで窓から下の近隣住民の様子をうかがい知ることはできず、空がわずかに見えるだけの構造となっている。洗面所の蛇口は突起物をなくすべくボタン式で、鏡は割れにくいフィルム式。壁のフックも一定の重さがかかれば外れる仕組みになっている。極めつけは、24時間監視カメラで行動を見張られていること。もし死刑囚が自殺を企てようものなら拘置所にとっては一大事で、そのため室内は夜中も薄明るい状態が維持されている。

また、死刑囚は年に1回「転房」が義務づけられている。表向きは同じ部屋に居続けることによるストレスの緩和を目的としているが真の狙いは脱走防止。執行までの時間が長いため、壁を削ったり窓を割って脱走を試みるものがいないとも限らない。それゆえ強制的に房を変えることで不正を未然に防いでいるのだ。

室内に持ち込める私物は、許可されたものを約120リットル分まで。この他、1個当たり55リットルのコンテナ（プラスチック製ケース）を3個まで「領置品倉庫」に預けることも可能だ。

▼バランスの取れた食事で、嗜好品の購入も可

死刑囚に限らず、拘置所に収容された者には「称呼番号」という名前代わりの固有の番号が与えられる。ただし、死刑囚の番号は「4」や「9」などの忌み数字が避けられる傾向にある。例えば「594（獄死）」「42（死人）」など。いわゆる縁起かつぎだが、死刑囚に付きまとう

死のイメージを少しでも軽減させ、心を安定させるための拘置所側の配慮である。

確定死刑囚の１日は、基本的に未決者と変わらない。午前７時に起床し、７時25分に朝食。11時50分の昼食と、16時20分の夕食を経て、17時の仮就寝（照明を暗くはしないが寝ることは可能）、21時の就寝とスケジュールが決められている。

食事は居室内の小型テーブルで１人で摂り、主食のご飯は１日１千２００キロカロリーで米と麦の比率が７対３、副食のおかずは１日１千20キロカロリーが基準だ。メニューの一例を挙げると

朝：漬物・海苔の佃煮・油揚げとワカメの味噌汁・麦飯
昼：鶏のピカタ・カレービーフン・野菜スープ・麦飯
夜：もつ煮込み・メンマとキャベツとニンジンとひき肉の和え物・桜でんぶ・麦飯・コーヒー牛乳

食べ物の内容はバラエティかつバランス良く構成されており、決められたリストの中から嗜好品を購入することも可能で、いつ食べても自由。さらにバレンタインやひな祭りにはお菓子が出て、クリスマスにはケーキ、正月にはおせち料理も振る

東京拘置所で出された昼食。麦入りご飯、豚肉のスタミナ焼き、切り干し大根、中華ナメコ汁（２０１３年１月14日、毎日新聞「特集 死刑囚の生活空間公開」より）

舞われる。一般の未決囚に比べかなり待遇は良いが、これは死刑囚に食事面でストレスを与えないということもさることながら、一番は「死刑執行まで健康でいること」を目的としている。ただ、食事の際は自殺の可能性がありそうな曲がりにくい紙製のスプーンが与えられ、箸は使用できなくなっているようだ。

▼入浴も運動も1人きり

服装や髪型は自由。風呂は夏には週3回、冬は週2回で、1人だけで入浴する。浴室は小さな浴槽とシャワーがついたユニットバスのような形になっており、外部から監視する際に一部が死角となるため、入り口外側の壁に半球形の鏡が取りつけられている。入浴時間は着替えも含め1回につき男性が15分間、女性が20分間だ。

運動は屋上に設置された運動場が使われ、縄跳びや体操などで時間を過ごす（爪切りも運動時間内で）。時間は1日30分。東京拘置所には10人ほどの被収容者を集めて運動できる場所もあるが、確定死刑囚の場合、左右が壁で奥によろい戸が、頭上に金網が張り巡らさせた1人用の運動場で行うのが通例で、常に刑務官が監視している。

1日2回の点検、食事、入浴、運動以外は基本的に余暇時間だ。労働の義務はないが、「請願労働」という袋詰などの内職をして報酬を得ることも可能で、金銭は拘置所側が管理し、一定の範囲内で指定業者から食品や日用品を購入できる。

室内では、ラジオが聴取でき、聞きたい場合はスイッチを入れると室内に音声が流れる（ニュースは録音したものが半日遅れで放送）。テレビの視聴はできないが、拘置所側が作成したリストから選んで、定期的にビデオを見ることも可能。書籍の自費購入は1週間に3冊まで許されている。

▼教誨師《きょうかいし》が唯一の話し相手

このように比較的自由が与えられる一方、制約も多い。24時間の監視はもちろんだが、大きいのは外部との接触が著しく制限されることだ。刑が確定するまでの被告段階では、希望者がいて本人と拘置所が許諾すれば誰にでも面会でき、手紙のやり取りも自由だ。が、いったん死刑が確定すると、ごく限られた親族や再審手続きなどを行う弁護士以外との交流は本人の「心情の安定」のためといった理由で面会や文通が禁じられてしまう。実際、家族と疎遠になっている場合などには、何年間も誰とも面会できない死刑囚も少なくない。

結果、死刑囚は孤独と監視の中で時間を過ごすことになるのだが、例外的に彼らと面談できるのが教誨師だ。教誨師とは刑務所や拘置所で宗教活動を行う僧侶、牧師、神主のことで、活動は主に収容者の心のケアである。東京拘置所の場合は仏教とキリスト教の2つの教誨室が用意されており、室内には祭壇や宗教関係の本などが置かれている。希望する死刑囚は月に1、2回、1時間程度、教誨師との面談が許され、そこで個人的な悩みや犯した罪への懺悔を告白したり、法話を聞いたり、キリスト教では賛美歌を合唱することもできる。実際、教誨師と会い話すことで、心を落ち着かせたり処刑を受け入れたり、中にはクリスチャンの洗礼を受ける死刑囚もいる。

ちなみに、教誨には刑務官も立ち会うが、そこで交わされた内容は門外不出。仮に死刑囚が、他の殺人を告白したとしても、教誨師は守秘義務によって、それを外部に漏らすことは許されない。逆に言えば、絶対に裏切らない相手だからこそ死刑囚は彼らに心を開くと言ってもいいだろう。

死刑確定＝執行確定ではない

刑事訴訟法第475条第2項には、死刑の執行の命令は判決確定の日から6ヶ月以内にしなければならない旨が規定されている。が、これは、一般に、訓示規定であると解されており、法務省は6ヶ月以内に死刑の執行の命令がなされなくても、裁判の執行とはいえ、人の生命を絶つ極めて重大な刑罰の執行に関することであるため、その執行に慎重を期していることによるものであって、違法であるとは考えていないと説明。実際に確定から6ヶ月以内に刑が執行された例はなく、事実上、この規定は有名無実化していると言えよう。

▼処刑までの拘置期間は平均7・9年

では、現実には刑確定から執行まで、どれほどの期間を要するのだろう。1990年代以降2022年6月時点まで、死刑が執行された者は、全部で133人（直近では、2021年12月21日に執行された群馬パチンコ店員連続殺人事件の高根沢智明と小野川光紀の両元死刑囚と加古川7人殺害事件の藤城康孝元死刑囚の3人）。刑確定から執行までの平均期間は7・9年で、最短が2001年6月8日に附属池田小で児童8人を殺害した宅間守元死刑囚の11ヶ月（2003年9月26日確定、2004年9月14日執行）、最長は1986年3月6日に山梨県に住む妻の伯母を窒息死させ、その5日後に茨城県で男性会社員を殺害した藤島光雄元死刑囚の18年6ヶ月（1995年6月8日確定、2013年12月22日執行）。ちなみに、宅間元死刑囚は控訴取り下げ後、主任弁護士への手紙に「6ヶ月以内、できれば3ヶ月以内の死刑執行を望みます」と記し、刑法の規定どおり6ヶ月以内に死刑を執行されなかった場合、「精神的に苦痛を受けた」として国家賠償請求訴訟を起こす準備も行っていたという。

▼再審請求中か否かは執行とは実質無関係

一方、死刑が確定しながら、長年執行されない者もいる。闘病中や再審を請求しているケースだ。

1974年に発生したピアノ騒音殺人事件の大濱松三《おおはままつぞう》死刑囚（本書14ページ参照）は1977年に刑が確定して以降、45年もの間、東京拘置所に収監されている。この事件では、騒音被害者らによる大濱死刑囚への助命嘆願活動が起こったこともさることながら、同死刑囚が長年の勾留により拘禁症か精神病を患っているため執行が停止されているとされる。また、1996年から1997年にかけて宮崎県で2人の女性を金銭目的で殺害した石川恵子《いしかわけいこ》死刑囚（本書92ページ参照）も刑確定後から「むずむず脚症候群」なる病を発症し現在も闘病中だという。

死刑執行を行うためには、執行が理解できる、執行に耐えることが可能な身心状態であることが前提となるのだ。

再審請求中の死刑囚も執行を猶予される傾向にあり、1966年に福岡・マルヨ無線強盗殺人放火事件を起こした尾田信夫死刑囚（本書12ページ参

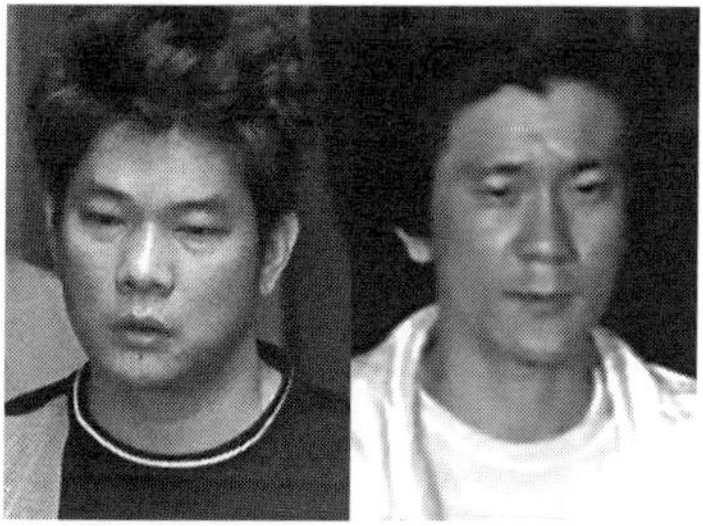

刑確定からわずか11ヶ月で執行された付属池田小事件の宅間守元死刑囚（左）と、執行まで18年6ヶ月を要した藤島光雄元死刑囚

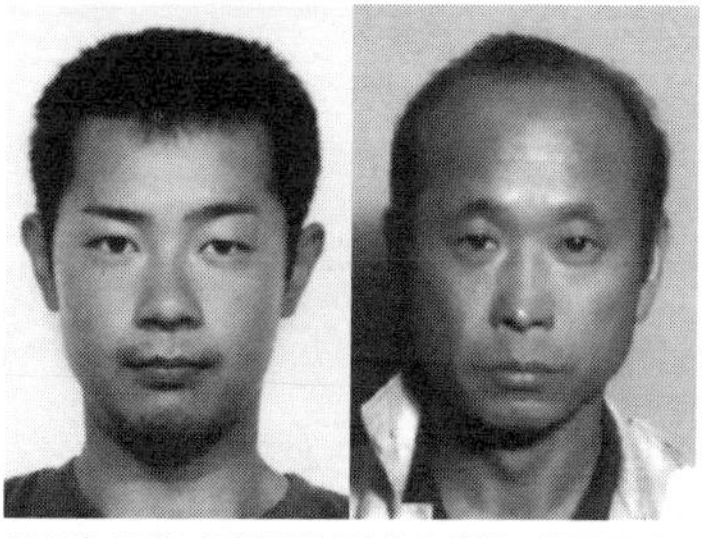

2015年12月に死刑が執行された若林一行元死刑囚（左）と、2017年12月に執行された松井喜代司元死刑囚。2人とも再審請求中だった

照）は2013年までに6度の再審を請求。いずれも棄却されているが、1970年に刑が確定してから半世紀以上経った現在も未施行である。再審請求者の中でも、特に執行に慎重となるのが犯行自体を否定、冤罪を主張しているケースだ。1974年に千葉県市原市で両親を殺害した佐々木哲也《ささきてつや》死刑囚（本書24ページ参照）は初公判から一貫して「父親を殺したのは母親で、母親は自分の知っている第三者に殺された」と述べ、現在も獄中から無罪を主張。また、1998年に和歌山毒物カレー事件で4人を無差別に殺害したとされる林眞須美死刑囚（本書118ページ参照）も警察の取り調べ段階から無罪を主張。万が一にも、無罪の人間が死刑に処されることは許されないため、両死刑囚ともに刑の執行を猶予されているものと思われる。

もっとも、死刑執行を引き延ばす目的だけで再審請求を繰り返している者もおり、2021年12月時点で再審請求している者は実に59人。法務省は「再審請求を行っているから死刑執行はしないという考え方はとっていない」との見解を示しており、実際、再審請求中だったにもかかわらず、2006年に起きた岩手県洋野町母娘強盗殺人事件の若林一行元死刑囚を2015年12月に、1994年に群馬県安中市で交際女性とその両親を殺害した松井喜代司元死刑囚の処刑を2017年12月に執行している。

その他、組織犯罪の死刑囚では共犯が逃亡していたり公判が終了していないため執行が行われていない例があり、具体的には1971年から1972年にかけて起きた連合赤軍事件の坂口弘死刑囚（本書26ページ参照）や1974年の三菱重工爆破事件の片岡利明《かたおかとしあき》死刑囚（本書16

ページ参照)、2009年に2人の男性を残虐非道に殺害し死体をバラバラにして横浜沖に遺棄した池田容之《いけだひろゆき》死刑囚(本書172ページ参照)らが該当するものと推測される。

▼法務大臣が「死刑執行命令書」に捺印するまで

このように何らかの事情がある場合を除き、死刑が確定した者は順次執行されることになっている。では、その執行は具体的にどのように決められるのか。法務省の見解は「法務大臣において、関係記録の内容を十分に精査させたうえで、刑の執行停止、再審または非常上告の事由の有無、恩赦を相当とする情状の有無等について慎重に検討し、これらの事由等がないと認めた場合に死刑執行の命令が発せられる」というもの。つまりは時の法務大臣が十分に慎重に検討したうえで執行の判断をしているとの説明で、死刑執行の順番や時期を決める基準は明らかにされていない。

執行までの手続きは以下のとおりだ。死刑判決が確定すると、検察は「上申書」(主に判決謄本や公判記録がまとめられた書類)を法務大臣宛に送付する。上申書が法務省に届くと、「裁判の確定記録」を検察から法務省に移動。万が一、この確定記録を紛失した場合、重大な情報漏えいとなるため、移動に際しては一般の業者に任せず、必ず法務省の職員が自ら運搬することになっている。

法務省に資料が届くと「死刑執行起案書」の作成の準備に入る。まず刑事局総務課が資料の

~~秘文書~~
平成30年7月6日解除

法務省刑総秘第1号

東京高等検察庁検事長　稲　田　伸　夫

平成19年3月13日上申に係る麻原彰晃こと松本智津夫に対する死刑執行の件は，裁判言渡しのとおり執行せよ。

平成30年7月3日

法　務　大　臣　上　川　陽　子

2018年7月3日、法務大臣から
検察庁検事長に送られた麻原彰晃こと
松本智津夫元死刑囚に対する「死刑執行命令書」（執行は2018年7月6日）

漏れがないかをチェック。完全に資料が揃ったところで、刑事局付きの検事1人が選ばれて審査を行い、前記したような健康状態に問題があったり、冤罪の可能性があるなど執行に障害のある死刑囚が排除されていく。結果、死刑執行に問題がないと判断されると、いよいよ起案書が作成され、刑事局、矯正局、保護局の決裁を受け、最終的に刑事局長が「死刑執行命令書」と改題し法務省大臣官房へ送付する。

大臣は改めてその犯罪に関する資料を全て読み込まなければならない。最後まで冤罪の可能性がないかを疑うのだ。ここで死刑確定となれば、法務大臣は命令書に捺印し、検察庁検事長宛に書類を送付。これを受けた検察庁は拘置所宛に、執行の日付、死刑囚の氏名、裁判の概要などが記された「死刑執行指揮書」を発行する。この書類の移動に際しても紛失と情報漏えい防止のため公用車を使用。拘置所では、この指揮書に従って死刑の準備を進めることになる。

執行する側とされる側の当日

死刑執行指揮書が届くと、拘置所は5日以内に執行しなければならない。ただし、法の規定により日曜日、土曜日、祝祭日、12月29日から1月3日までの間は原則、行われないことになっており、多いのは木曜と金曜。執行場所は死刑囚が収監されている前記7つの拘置所内にある刑場（仙台拘置支所は併設する宮城刑務所、札幌拘置支所は札幌刑務所で執行）で、死刑執行手段は刑法11条で絞首刑と定められている。

▼「お迎え」が来るのは朝食の後

執行される死刑囚には、当日の朝、その旨が告げられる。1970年代半ばまでは心の整理をさせるため前日に告知されていたようだが、1975年10月3日、福岡拘置所で死刑執行当日の朝に、前日死刑執行を通知されていた死刑囚が左手首をカミソリで切りつけ自殺する事件が発生したため、それ以降、通知は当日の朝に統一されたようだ。

「お迎え」が来るのは午前7時25分の朝食の後。そのため独居房の死刑囚は平日の朝、常時緊張にさらされることになる。廊下を歩く看守の足音がいつもより多くないか、普段と違う動きがないか。いつ執行の時を迎えてもおかしくない彼らは〝死のサイン〟に敏感で、朝食後、部屋のドアが開けられ、そこに担当看守とは違う拘置所職員が立っていれば、自ずとその意味を悟るという。このとき、実際に対象死刑囚の房に向かうのは教育課長ら幹部に加え「警備隊」と呼ばれる警備専門の刑務官たち。執行を知った死刑囚が取り乱したり暴れるなどした際は、彼らが制圧し、有無を言わせず刑場に連行していく。

刑場の位置は保安上の理由から明らかにされておらず、執行を担当する刑務官も当日まで知らないことも多いというが、東京拘置所の場合、房から出された死刑囚は、まず1階までエレベーターで移動する。同じフロアの死刑囚たちに別れの挨拶をするような行為は映画や小説の世界の話で、実際は臨時に設けられたパーテーションで作られた通路を刑務官たちと歩き、エレベーターを降りた後も臨時の道を通って、盛り塩と香炉が置かれた刑場の扉にたどり着く。

▼執行担当刑務官に選ばれるのは1千に1人

死刑囚同様、執行担当の刑務官も当日の朝に任務（執行ボタンを押す仕事）を知らされる。事前に知らせると仮病で休まれたり外部に死刑の情報が漏れる危険性があるからだ。執行担当に選ばれる刑務官は1回の死刑につき通常3人（5人の場合も）。2021年時点で全国に約1万8千人の刑務官がおり、ここ数年の1年あたりの死刑執行回数が6〜8件であることを照らし合わせると、執行担当に選ばれる確率はおよそ1千に1人。退職まで死刑にかかわらず終わる刑務官が大半である。

合法とはいえ人を死に至らしめる行為は、言うまでもなく重い心理負担がかかる。ために、執行を担う刑務官の選別には、以下6つの基準があるとされる。

●**死刑設備のある拘置所に勤務していること**

●**階級が看守部長以上**（ノンキャリアで10年以上勤務している者。看守部長は名誉職で部下はいない）

●**精神的に安定していること**（「職務」として、ためらわず執行ボタンが押せる者）

●**本人が妊婦、もしくは配偶者などに妊婦がいない、新婚、喪中・忌中ではない、家族に病気に罹患していない**（身内に不測の事態が生じた場合、「自分が死刑に関わったからではないか」と刑務官に思わせないため）
●**特定の思想や宗教を持っていないこと**
●**勤務態度が良いこと**（職務上のミスや失態で厳重注意や降格処分を受けたことがない。年に数回行われる小論文形式のテストで優秀な成績を収めている者など）

こうして選抜された執行担当の刑務官は、当日の朝に出勤すると、内門の前で待っている配属主任から執行参加を告げられる。命令ゆえ、逆らうことは不可能。その日は通常業務に就くことなく、朝から刑場に入り執行ボタンを押す時刻（午前10時頃が多い）を待つことになる（彼らには死刑執行後「特別手当」として2万円が支給されるが、その金は全て使い切るのが暗黙のルールになっているらしい）。

この他、死刑執行に関わることになった刑務官は朝から刑場の掃除や死刑囚の首にかけるロープの確認などに追われる。ちなみに、ロープは死刑囚の身長や体重から計算して、執行時に床から30センチほどの地点に足先が来るよう調整されたものが事前に準備されているそうだ。

▼「教誨室」で心を落ち着かせ、「前室」で別れの儀式

刑務官に両脇を抱えられ刑場に入った死刑囚は、まず教誨室に通される。待っているのは、

普段から面会を重ねてきた教誨師。壁に仏壇（宗教によっては祭壇）、部屋に線香が焚かれるなか、教誨師は死刑囚の心を楽にするため、対面で最後の説教・説法を行う。仏教であれば「仏は皆を救うのだから○○さんも極楽浄土に行けますよ」といったもので、時間は15分程度だ。

教誨を終えると、入ってきたところとは別のドアから出て10メートルほどの廊下を歩き「前室」に通される。縦5・8メートル、横4・2メートル、天井までの高さは3・8メートル。壁には金色の仏像がはめ込まれている。ここで死刑囚は、正式に死刑執行を告げられる（拘置所長が死刑執行指揮書を読み上げる）。そして、所長や刑務官らと別れの挨拶を終えると、被害者や遺族への謝罪や祈り、飲食、拘置所によっては喫煙が許される。食べ物は祭壇に供えられた生菓子や果物で、首席矯正処遇官（教育担当）が勧めるのが一般的だが、実際に手をつける者は少ないようだ。

最後に拘置所長が死刑確定者に言い残したいことはないか尋ねる。むろん、何を話さなくとも構わないし、言葉にできなければ遺書を書くことも可能。ただ、時間は5分程度に限られており、現実には前もって担当刑務官や教誨師に遺言を委ねている場合が多いようだ。

▼踏み板を外すのは1つのボタンだけ

一連の儀式が終わると、いよいよ執行の時となる。教誨師の読経が響き渡るなか（仏教の場合）、死刑囚はガーゼで目隠しをし、後ろ手に手錠をかけられる。同時に、前室の横にあった

2010年8月、法務省が報道機関に公開した東京拘置所内の刑場。上から、普段対面していた教誨師と最後の会話を交わす「教誨室」、所長や刑務官らとの別れの挨拶や最後の食事、遺書を残す「前室」、執行室（中央の囲まれたスペースの下に踏み板があり、執行と同時に外れ死刑囚の体が落ちる）、「ボタン室」から見た執行室。3つのボタンのうち1つだけが踏み板と連動している

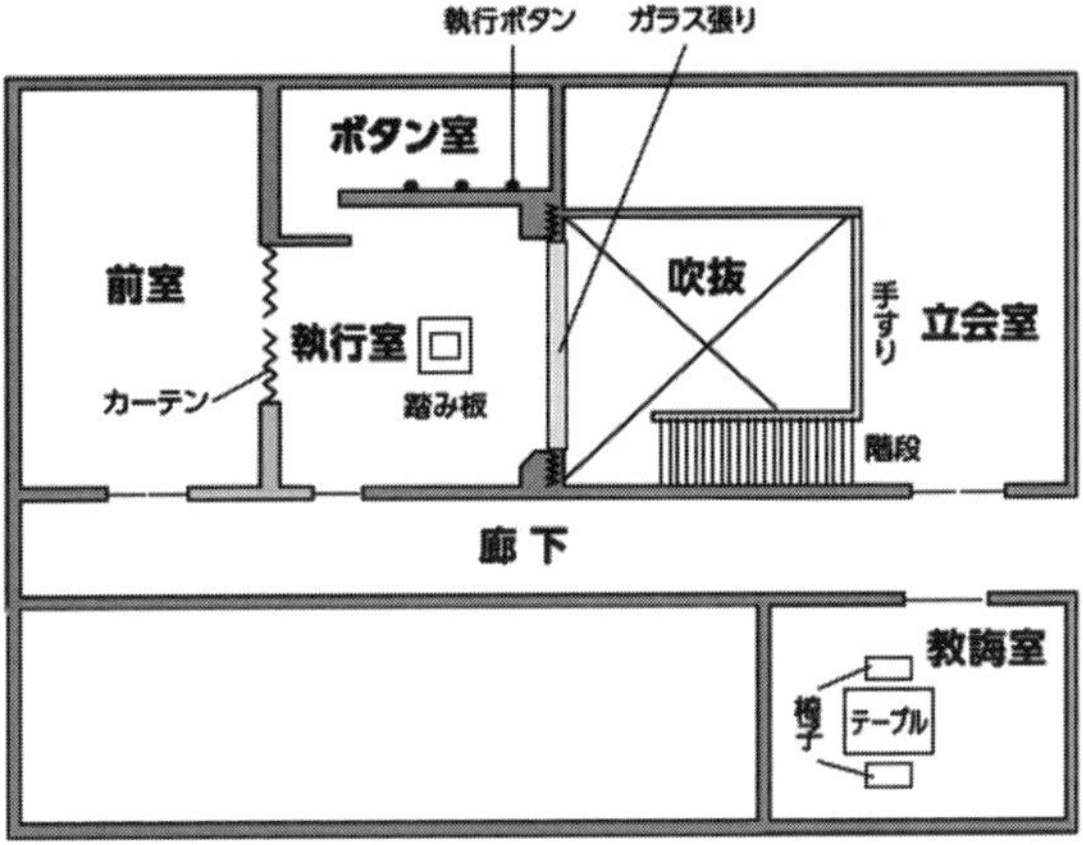

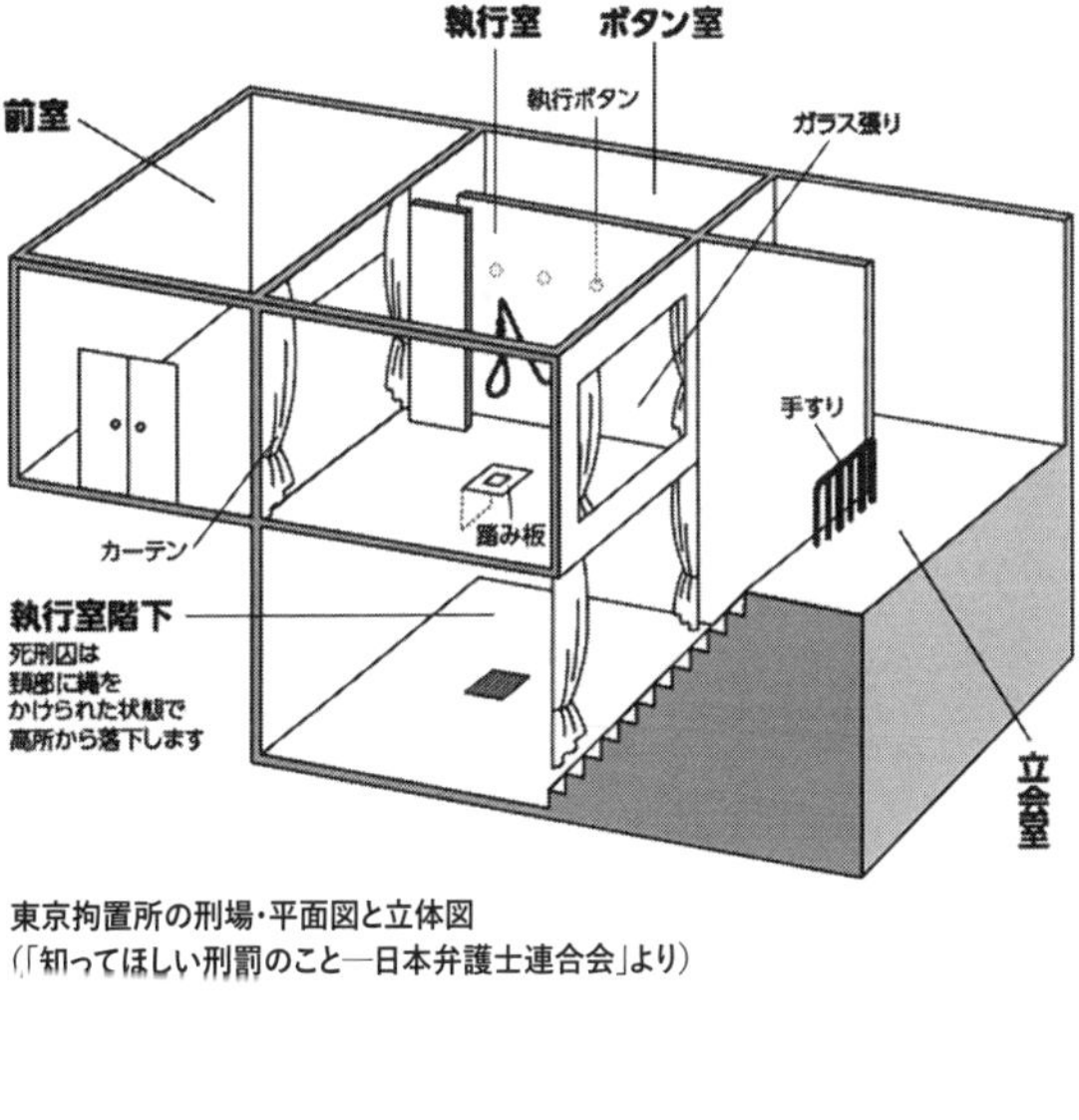

東京拘置所の刑場・平面図と立体図
（「知ってほしい刑罰のこと―日本弁護士連合会」より）

カーテンが開かれ、天井の滑車からロープが垂れ下がった「執行室」が現れる。大きさは前室と同じ程度で、中央には110センチ四方の赤枠、その中には90センチ程度の「踏み板」がある、むろん、目隠しした死刑囚が、その光景を見ることはない。

執行室には刑務官3人と保安課長が死刑囚とともに入室。保安課長は執行室の奥にある「ボタン室」の前に進み、中にいる執行担当者3人から見える位置に立つ。死刑囚を赤枠の中に立たせ両足をヒモで縛り首にロープをかけ（ロープの頚に当たる部分は革で覆われている）、長さを調整すると準備完了。保安課長の指示により、執行担当の刑務官が一斉にボタンを押すと、踏み板が外れ死刑囚の体が宙吊りになる。ただし、実際に踏み板と連動しているのは1つのボタンだけ。これは、執行担当の3人の精神的負担を考慮し、自分のボタン操作で死刑囚の命を奪ったと思わせないようにするためだ。なお、拘置所にはボタンの故障などで操作できなかった場合に備え、別途、床板を操作できる非常用のハンドルがあるそうだ。

踏み板が外れ、死刑囚が執行室の下に落とされると同時に、地下に控えていた2人の刑務官が死刑囚の体を受け止める。これは落下の衝撃で体に余計な傷が付いたり体液が飛び散って刑場が汚れないようする他、抱きかかえることで、死刑囚の体がロープのねじれで体がぐるぐる巻になるのを防ぐためだ。この担当は、ボタンを押す刑務官より肉体的にも精神的にも過酷で、上司から指名を受けた者の中には泣きながら拒否する刑務官もいるらしい。が、当然ながら命令には逆らえない。

▼執行のニュースは当日の午後、拘置所にも届く

絞首された死刑囚は自分の体重により左右頸動脈と両椎骨動脈を完全に圧塞されることで、最低でも5～8秒、長ければ2、3分苦痛を感じ、その後、脳虚血から脳死を起こし、最終的に心臓が停止し死に至る（懸垂時に脊椎骨が骨折すれば、延髄の損傷によって身体機能が停止し、同様に脳死から心停止がもたらされる）。痙攣などの動きが止まると、医務官が死亡を確認するが、規定により死亡確認後5分間は遺体はそのままの状態で置かれることになっている。

この一部始終を「立会室」で見守っているのが、拘置所長や裁判で死刑を求刑した担当の検察官だ。以前はカーテン越しの立ち会いで執行する際の音が聞こえるだけだったが、2007年にカーテンが撤去され全てが見える状態での立ち会いに変更。これは、死刑の現実をしっかり見せることで、死への責任を重くする目的らしい。なお、検察官は執行のみならず医務官と一緒に死亡確認することも義務づけられているが、中には立ち会いを拒否する検察官もおり、その場合は検察事務官（検察官の補佐役）が代理を務めることになっており、その一部にはPTSD（心的外傷後ストレス障害）を発症する者もいるという。

死亡確認が終わり規定の時間が過ぎると、死刑囚の首からロープが外され、遺体に湯灌《ゆかん》（納棺）が施され棺桶に納められる。そして、立ち会いの検察官（もしくは検察事務官）と拘置所長が「死刑執行始末書」にサインと捺印し、一連の手続きは終了する。この後、通常であれば

午前11時頃に、法務大臣が記者会見を行い、死刑を執行した旨と執行された死刑囚の名前を公表。執行の事実は当日の午後、拘置所内でもラジオニュースでも流され、それは執行の時を待つ確定死刑囚の耳にも届けられる。

また、死刑囚の遺体は、あらかじめ決めてあった引き受け先に渡され葬儀をすることも可能だが、実際は家族に縁を切られるなどで引き取られた例は少なく、大半は死刑を執行した拘置所長の責任下で葬儀・火葬・埋葬が行われているようだ。

日本の確定死刑囚

第3章

2010年代以降確定

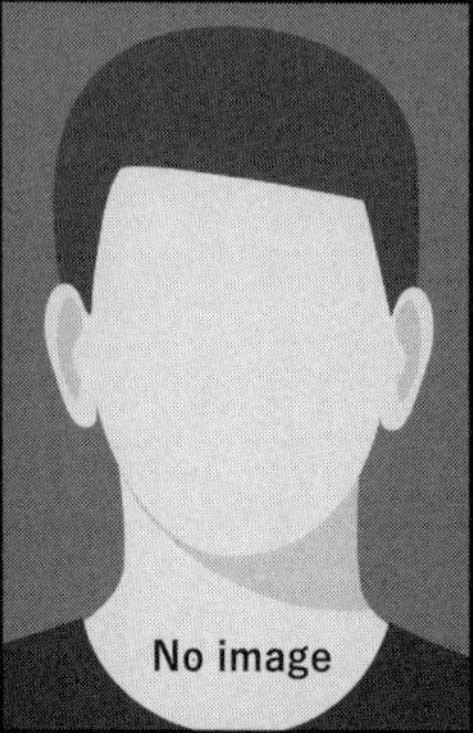

大阪・岐阜連続女性強盗殺人事件

大橋健治

おおはし けんじ……1941年生

一審	2006年11月2日　大阪地裁　死刑判決
控訴審	2007年4月27日　大阪高裁　控訴棄却　死刑判決支持
上告審	2010年1月29日　最高裁第二小法廷　上告棄却　死刑確定
収監先	大阪拘置所

２００５年４月27日、新聞勧誘員の大橋健治（当時64歳）はパチスロなどで作った借金返済のめどが立たず、強盗を計画。岐阜県揖斐川《いびがわ》町のパート従業員の女性（同57歳）宅に侵入して現金１万５千円を奪い、女性の首を絞めて窒息死させた。

その後、大阪に移り、ビジネスホテルなどを転々とした後、５月11日15時20分頃、大阪市旭区のマンションに強盗に入ろうと新聞勧誘員を装いインターホンを押したが、出てきた相手が妊婦だったため犯行を中止。１時間後の16時20分頃、同区の別のマンションに住む主婦（同45歳）の自宅を同じく新聞勧誘員を装って訪問し、玄関で女性に果物ナイフを突きつけて「金を出せ」と脅したところ、主婦が抵抗したため女性の胸などを６ヶ所を刺して殺害した。

大橋は事件直後に京都府南部などで8～9件の空き巣を重ね、逃走資金を稼いでいたが、現場近くに残された血液のＤＮＡ鑑定より、ＤＮＡデータベースにあった大橋が浮上。大阪府警が殺人容疑で指名手配し、２００５年８月４

日午後、潜伏先の大阪市天王寺区のウィークリーマンションに帰ったところを、張り込んでいた同府警旭署の捜査員が逮捕した。その後の取り調べで、岐阜の事件についても犯行を自供したことで、9月22日に再逮捕された。

２００５年10月31日の初公判で、大橋被告と弁護側は大阪の事件、12月22日の第2回公判で岐阜の事件に関する起訴事実を全て認めたうえで、「殺人に至ったのは偶発的で、真摯に反省している」など死刑回避を求めた。

対し大阪地裁は判決公判で、同被告がパチスロなどによる借金のため、１ヶ月に5件の強盗殺人・窃盗事件を起こしたことを指弾。殺害はいずれも被害者に抵抗された末のもので計画性はないことや、金品の被害が少額であることに触れながらも「規範意識が乏しく、同種犯行を起こしやすい傾向がある」「身勝手な動機から落ち度もない女性を殺害しており、残忍で冷酷な犯行。極刑をもって臨むほかない」と死刑を言い渡した。

続く大阪高裁も「借金のために犯行に及んだ。自業自得で酌量すべき事情はない」と指摘したうえで「生命を奪われた被害者の無念さは想像に難くなく、いずれの遺族も極刑を望んでいる。殺害自体は計画的でないが、執拗・冷酷な犯行で、死刑はやむをえない」と控訴を棄却、審判決を支持した。ちなみに判決当日、大橋被告は急病のため出廷していない。

２００９年12月7日の最高裁弁論で、弁護側は「最初から強盗殺人を計画していたわけではなく、反省もしている」と改めて死刑回避を求めたが、最高裁は「経緯や動機に酌量の余地はなく、残虐で冷酷。刑事責任は極めて重大」と上告を棄却、死刑が確定した。２０２３年10月現在、大橋死刑囚は82歳の高齢で大阪拘置所に収監中の身にある。

パチスロで作った借金返済のため2女性を殺した64歳

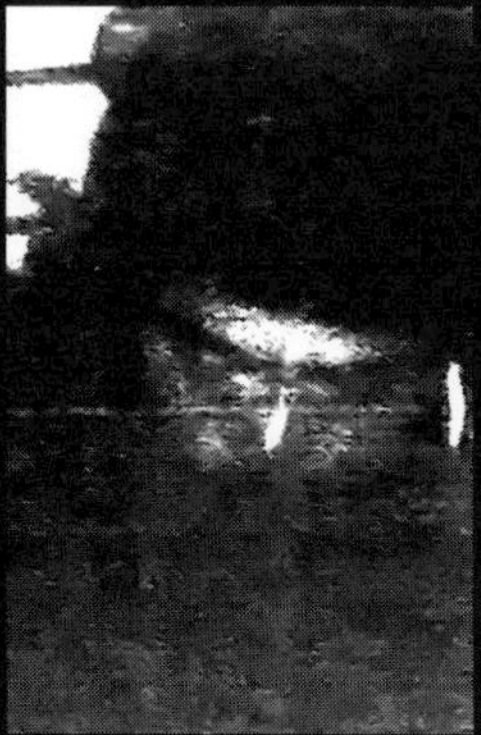

館山市一家4人放火殺人事件

高尾康司

たかお こうじ

1963年生

一審	2005年2月21日 千葉地裁　死刑判決
控訴審	2006年9月28日　東京高裁　控訴棄却　死刑判決支持
上告審	2010年9月16日　最高裁第一小法廷　上告棄却　死刑確定
収監先	東京拘置所

2003年12月18日午前3時15分頃、千葉県館山市八幡地区の住宅街から火が出て計7棟が全焼。その後、3時25分頃にホテルの大浴場、3時45分頃にスーパーマーケットの出入り口付近、4時10分頃に民家の車庫と、立て続けに火災が発生した。

通報を受けすぐに現場に向かった警察と消防が、全焼した7棟のうちの1軒から、この家に住む男性（当時56歳）、男性の妻（同52歳）、長男（同27歳）、二男（同25歳）の焼死体を発見。千葉県警は、一連の火災がいずれも出火時間が近く、現場付近に火の気がなかったことから連続放火事件と断定し、捜査を開始した。

夜が明けた午前6時頃、館山市船形付近の市道で左右にふらつきながら走るトラックが発見される。館山署員が車を停めドライバーの土木作業員・高尾康司（同40歳）にアルコール検査を実施したところ、呼気から酒気帯び相当量のアルコールが検出されたため酒気帯び運転で現行犯逮捕した。このとき、高尾のセーターやズボンに燃えた跡とみられる穴が開いているなど不審な点がみられた他、体からも「火災現場特有の焦げ臭い臭」が漂っていたため、署員が「放火していないか?」と確認したところ、高尾は「ダンボールなどに放火した」と供述した。

その後、館山署に連行された高尾容疑者を追及した結果、「ストレスがありイライラしていた。帰宅途中に所持していた使い捨てライターで放火した」との供述が得られたうえ、一家4人焼死火災を含む一連の不審火への関与も認めたため、裏付け捜査を行い、2004年1月10日、同容疑者を殺人・現住建造物等放火容疑で再逮捕するに至る。さらに、その後の調べで、高尾容疑者が以前から放火の常習犯で、1998年2月11日午前4時40分頃、館山市のキャバレー近くにあった新聞紙にライターで放火し、同店などを半焼させていたこと（同店の2階で寝ていた当時65歳の男性従業員が一酸化炭素中毒で死亡）、2003年9月18日午前2時半頃、同市の飲食店の勝手口付近にあった足ふきマットに放火し、隣接する店舗兼住宅を含む約635平方メートルを全焼させていたことも判明した。

仕事のストレスを晴らすため、無差別に放火を繰り返した挙げ句の惨劇

2004年4月22日の初公判で、高尾被告は「火を付けたのは間違いないが、人がいるのを確かめていない」と殺意を否認したが、検察側は「1998年の飲食店への放火でも死者を出しており、新聞紙の火が家に燃え移り死者が出る可能性を認識していた」と主張。判決公判で裁判長は「仕事上の不満などのストレスを晴らすため、酒を飲んでは無差別に放火を繰り返した。更生の余地を見出せない」として死刑を宣告した。その後、控訴審、上告審も一審判決を支持し死刑確定。東京拘置所に収監された高尾死刑囚は2013年時点で再審請求中と伝えられているが、その後の情報は出ていない。

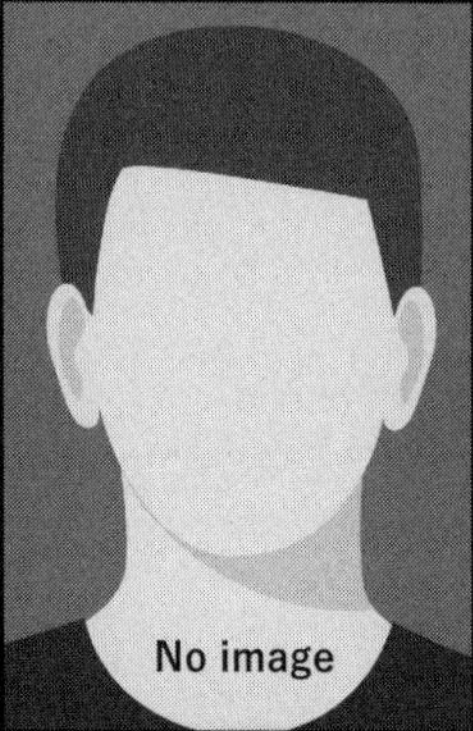

1961年生

鉾田町独居高齢者連続強盗殺人事件

藤崎宗司《ふじさき そうじ》

一審	2005年12月22日　水戸地裁　死刑判決
控訴審	2006年12月21日　東京高裁　控訴棄却　死刑判決支持
上告審	2010年10月14日　最高裁第一小法廷　上告棄却　死刑確定
収監先	東京拘置所

2005年1月18日午前1時頃、茨城県鉾田《ほこた》町（現・鉾田市）在住の漬物工場従業員・藤崎宗司（当時43歳）が、近くに住む顔見知りの無職女性（同75歳）の家に侵入、女性の首を両手で絞めて窒息死させ、仏壇棚などから現金7万6千700円を奪い逃走した。犯行の際、女性に乱暴しようとしたが未遂に終わった。さらに28日午前2時半頃、鉾田町に住む無職女性（同79歳）方に窓ガラスを割って侵入し、女性の首をタオルで絞めて窒息死させた。このとき金銭は奪えず、強姦も未遂だった。

逮捕はその4日後。警察の取り調べに対し藤崎容疑者は「お気に入りの女性がいるスナックに連日通うようになったが、ツケが多くなり出入り禁止となったため、何としても金を工面したくて独り暮らしの高齢者を狙った。第3、第4の犯行もやるつもりだった」と供述した。

強盗殺人、強盗強姦未遂などで起訴された藤崎被告は起訴事実を全面的に認め、弁護側は「（藤崎被告は）適切な教育や規範意識が欠如しており、衝動的、短絡的な犯行に過ぎない。生育歴や知能程度を考慮すべき」と主張し減刑を求めた。

対し、水戸地裁は判決公判で「顔見知りの被害者に通報されることを恐れ、あらかじめ殺害したうえで金品を奪うことを企図した計画的で強固な殺意に基づく犯行」と指摘したうえで、「好意を抱いた女性が勤めるスナックで飲食したいというだけの欲望を満たすために犯行を計画し、経緯、動機に酌量の余地は全くない」と断罪。また窃盗事件を繰り返していた藤崎被告が成人後の大半を刑務所で過ごしたことに触れ「十分な矯正教育を受けたにもかかわらず、規範意識は著しく鈍く、犯罪性向はより深化している。犯行後に着衣を洗うなど証拠隠滅を図っている点などから合理的に行動していることが明らか」と死刑を宣告した。

控訴審で、弁護側は改めて「被告は知能が著しく低く、犯行当時は心神耗弱だった」として死刑回避を求めたが、東京高裁は「幼少時から十分なしつけや教育を受けたとは言い難い」としながらも「金品獲得のため破綻を来すことのない行動に及んだ」「冷静に証拠隠滅をした」と認定、「まことに身勝手で、酌量の余地はいささかもない」「わずか10日のうちに2人を殺害した凶悪事件で、死刑が重すぎて不当とは言えない」と一審判決を支持し、被告側の控訴を棄却した。

好意を抱いた女性が勤めるスナックの飲食代欲しさの犯行

２０１０年9月9日の最高裁弁論で、弁護側は「被告は完全責任能力がなく、精神鑑定せずに死刑とすれば正義に反する」と主張。死刑判決の破棄を求めた。対し検察側は「責任能力があったのは明らか」と反論。果たして、最高裁の判断は上告棄却。死刑が確定した藤崎死刑囚は東京拘置所に送られ、２０２３年10月現在も収監中の身にある。

大分替え玉保険金殺人事件

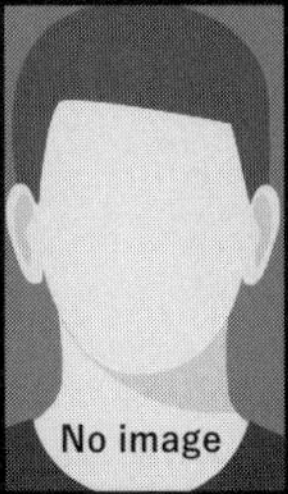

尾崎正芳
原 正志

上……おざき まさよし 1974年生
下……はら まさし 1957年生

一審	2005年5月16日	福岡地裁小倉支部	死刑判決	
控訴審	2007年1月16日	福岡高裁	控訴棄却	死刑判決支持
上告審	2010年11月8日	最高裁第二小法廷	上告棄却	死刑確定
収監先	福岡拘置所			

2001年11月、尾崎正芳（当時27歳）は北九州市でスナックを経営し、原正志（同44歳）はその手伝いをしていた。経営は火の車。資金繰りに困った尾崎は替え玉保険金殺人を思いつき、原に計5千400万円の保険金をかけ、身代わりとなる人物の物色を始める。

大分市出身の尾崎はもともと市役所に勤めていたが、遊興費や事故賠償金の借金を重ねたことから職場を辞め、1999年4月にリフォーム会社の営業に転職。1年後に入社してきたのが17歳上の原で、当時課長だった尾崎は何かにつけ原の面倒をみて、原が顧客とのトラブルで解雇になった後も、個人的に営業の部下として彼を使っていた。

その後、尾崎が始めたスナックが経営難に陥り、替え玉保険金殺人の計画を打ち明けられた際も原は断れなかった。2002年1月16日、替え玉となるホームレスの男性を見つけた原は男性に酒を飲ませ風呂で溺れたように見せかけたり、睡眠薬を飲ませて川で溺れさせようとしたが、いずれも失敗。男性が怪しんで逃げ出した後、身代わりがいないのならお前が死ねと尾崎に脅された原は新たに北九州市出身の男性（同62歳）に狙いを定め、1月31日19時頃、尾崎の指示により、男性に睡眠薬を飲ませた後、20時20分頃に大分県安心院《あじむ》町の河川敷の水路で男性の顔を水に押しつけて窒息死させた。

殺害後の21時半頃、原は死亡診断を受けられる深夜に開いている病院を聞くために119番に電話をかける。が、消防署は事故とみて警察に通報。すぐに警察官が現場に到着した。殺害された男性の服には偽装のため原の健康保険証が入れられており、原は警察官に適当な名前を名乗った。が、被害男性の身長は原より30センチ低く、人相も似ていない。警察はすぐにウソを見破り、2月1日に原を逮捕し、彼の供述より2月9日、尾崎を逮捕。その後の取り調べで、同年1月8日、北九州市八幡東区の民家で男性が殺害・放火された事件も、2人が以前関わっていたリフォーム会社の工事代金をめぐるトラブルで、尾崎の指示のもと原が実行したことが判明した。

27歳が殺人を計画・指示し、44歳が実行

公判で検察は「事件の首謀者は尾崎被告」と指摘する一方、「原被告も尾崎被告から遊興費などの恩恵にあずかろうと強盗殺人などを敢行しており、その身勝手さは尾崎被告に勝るとも劣らない」と主張した。対し、原被告側は「尾崎被告から脅され、やむをえず指示に従った」と刑の軽減を求め、尾崎被告側は「殺害の指示はしてない」と主張した。下った判決は両被告とも死刑。裁判長は原被告に対し「自分の利益のため、実行役として不可欠な役割を平然と果たした」と認定、尾崎被告には「殺害と放火の指示を認めた、捜査段階の自白は信用性が高い」と同被告の主張を退けた。続く控訴審、上告審も一審判決を支持し死刑確定。両死刑囚とも2023年10月現在、福岡拘置所に収監中である。

大阪・愛知・岐阜連続リンチ殺人事件

1994年9月28日午前3時頃、暴力団員としての「義兄弟関係」を結んでいた小林正人（当時19歳）、黒澤（旧姓・小森）淳（同19歳）、芳我（旧姓・河渕）匡由（同18歳）とUの4人が縄張りとしていた大阪市中央区道頓堀一丁目の路上で、通りがかった無職の男性Aさん（同26歳）とトラブルになり、Aさんを自分たちの溜まり場である同区のビルの個室に連行。激しい暴行を加え、首に巻き付けたベルトの両端を力一杯引き合うなどして頸部を絞め付けて殺害し、死体を高知県内の山中に運んで遺棄した。

左……こばやし まさと 1975年生
小林正人

中……くろさわ あつし 1975年生
黒澤 淳

右……はが まさよし 1976年生
芳我匡由

一審	2001年7月9日　名古屋地裁　小林被告＝死刑判決、黒澤被告・芳我被告＝無期懲役判決
控訴審	2005年10月14日　名古屋高裁　川原誠裁判長　一審破棄　3被告＝死刑判決
上告審	2011年3月10日　最高裁第一小法廷　上告棄却　死刑確定
収監先	名古屋拘置所（後に小林死刑囚は東京拘置所へ移送）

犯行後、小林、黒澤、芳賀の3人は愛知県内に逃走。他の不良仲間を交えてシンナー遊びなどに興じた後、同年10月6日夜、同県稲沢《いなざわ》市の仲間宅を訪れた同市の型枠解体工の男性Bさん（同22歳）とトラブルとなり、3人や不良仲間の共犯者6人とビール瓶などでBさんを殴打し瀕死の重傷を負わせる。さらに翌7日未明、同県尾西市の木曽川堤防に連れ出し暴行を加え、河川敷に放置し殺害した。

同7日夜、主犯3人と仲間3人の計6人は稲沢市のボウリング場

少年犯罪史上、前代未聞の凶悪事件

に出向く。そこにたまたま遊びに来ていたのが尾西市の中学校の同級生のアルバイターCさん（同19歳）、会社員Dさん（同20歳）、大学生Eさん（同20歳）である。21時45分頃、小林と黒澤がボウリングを終えて同店出入口に向かったところ、そこですれ違ったCさんとDさんが自分たちの方を見て笑ったと感じ激怒、因縁をつける。小林ら3人は、Eさんも含めた同級生3人を車で連れ回し殴るけるの暴行を加えたうえ、彼らから金品を強奪し、翌8日未明、DさんとCさんを岐阜県輪之内《わのうち》町の長良川《ながらがわ》河川敷で金属パイプで殴り殺した。後にEさんは大阪市内で解放されたが、重傷を負っている。

Eさんの供述、複数の目撃証言、監視カメラの映像などから岐阜県警は10月14日までに主犯の3人を含む8人を逮捕。取り調べで大阪や木曽川での事件も彼らの犯行と判明した。

公判で検察側は「少年犯罪史上、前代未聞の凶悪事件」と位置づけ、暴行の残虐性や執ようさを主張し「暴行や強盗の隠ぺいのためという殺害動機に酌量の余地はなく、矯正の可能性はない」と指弾。対し弁護側は小林、黒澤、芳賀の3被告は不遇な環境で育ち、人格的に未成熟だったと指摘したうえで「反省を深めており、更生は可能」と少年法の保護育成の精神に基づいて死刑を避けるよう主張した。判決は、グループの中心的な立場で集団の方向性を決定づけていたとして小林被告に死刑、黒澤と芳賀の両被告に無期懲役が言い渡される。

しかし、控訴審では「3被告の果たした役割に大きな差はない」として一審判決を棄却し、3人全員に死刑判決が下る。最高裁も上告を退け死刑確定（他に起訴された5被告は懲役1年〜8年で確定）。死刑囚となった3人は2016年時点で再審請求中と伝えられている。

事件は、大阪の東大阪大学のサッカーサークルを舞台に些細な一件をきっかけに起きた。

2006年6月15日、同サークルに所属するT（当時21歳）が、サークル仲間F（同21歳）の彼女に好意を持ちメールを3通送ったところ、怒ったFがTに殴りかかってきた。が、逆に返り討ちにされたTは、怒りが収まらないまま友人のI（同21歳）に相談する。高校を卒業後、

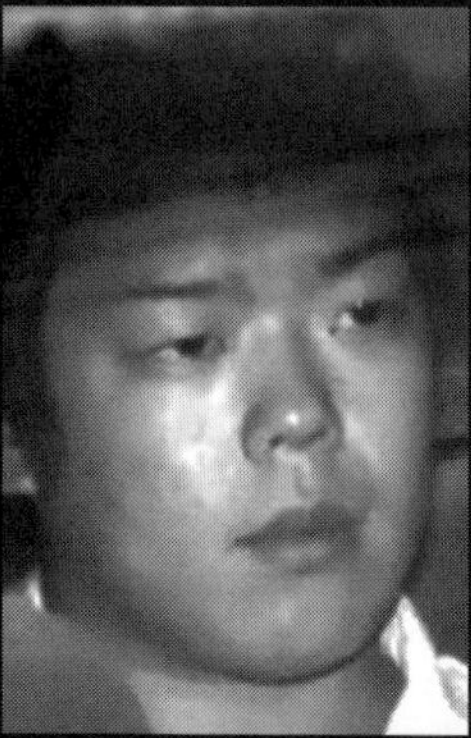

1985年生

東大阪集団リンチ殺人事件

小林竜司《こばやしりゅうじ》

一審　2007年5月22日　大阪地裁　死刑判決

控訴審　2008年5月20日　大阪高裁　控訴棄却　死刑判決支持

上告審　2011年3月25日　最高裁第二小法廷　上告棄却　死刑確定

収監先　大阪拘置所

ゴト師として生計を立てていたIは翌日、会社員M（同21歳）など3人の知人と共に、Tと、彼の相談相手だったサークル仲間のS（同21歳）を公園で暴行。Iはバックに暴力団員がいることを匂わせ、2人に慰謝料50万円を支払うことを約束させる。

一方、Sは故郷・岡山の中学の同級生である小林竜司（当時21歳）に相談。小林は同じ中学時代の仲間で大阪府立大に通っていた広畑智規（同21歳）に声をかけ、仕返しの計画を立てる。

6月18日午前3時、Tから50万を調達できる知人がいるという連絡を受けたFとIが、Mの運転する車で山陽自動車道の岡山インターに向か

う。車内にはTとSも同乗していた。車が到着するや、待ち構えていた小林、広畑、小林のバイト仲間の16歳少年ら4人が、F、I、Mに殴る蹴るの暴行を働き、さらにインターから50キロ南の公園に連行しゴルフクラブや金属バットで3人をめった打ちにした。

午前4時半、小林が以前勤務していた建設会社の資材置き場がある山中に3人を連行し、16歳少年がユンボで穴を掘り始める。この間も暴行は続き、小林はFを穴の前に立たせると、Mに「助かりたかったら石をぶつけてトドメをさせ」と強要。石が当たりFが穴に落ちると16歳少年が土砂を被せ生き埋めにした。

この後、Mは「警察に言ったら家族皆殺しにする」と脅されながらも解放されるが、Iは粘着テープでグルグル巻きにされ、小林の自宅マンションへ運ばれる。暴力団に憧れていた小林は、Iが組の名前を騙ったのが許せなかった。そこで知り合いの暴力団員に電話をかけ、Iの処分を相談する。組員は、Iがすでに瀕死状態と知ると「処分しちまえ」と一言。結局、小林は、再び少年たちを使いIを資材置き場に生き埋めにして殺害した。

事件はMの通報で発覚。またたく間に小林や広畑ら犯行に加担した計9人が大阪府警・岡山県警の合同捜査本部に逮捕され、ほどなくFとIの遺体も見つかった。

凄惨なリンチのうえ2人を生き埋めに

公判で検察側は、小林被告が事件を主導したとし「人間の所業とは思えない。更生の可能性は乏しく、年齢は若いが極刑で臨むほかない」と主張。被害者2人の両親ら遺族も意見陳述し「(加害者)全員を死刑にしてほしい」などと述べた。果たして、大阪地裁の出した判決は小林被告が死刑、参謀格と言うべき広畑被告が無期懲役(他に起訴された5被告は11年~17年の懲役刑)。控訴審、上告審ともに一審判決を支持し刑が確定した。

2004年9月16日、静岡県焼津《やいづ》市の生協職員・大倉（旧姓・滝）修（当時35歳）は、ワゴン車内で同僚の男性Aさん（同37歳）と口論になり、包丁で腹や胸を刺してAさんを殺害。死体を静岡市内の茶畑に遺棄した。

言い争いになった原因は大倉の不倫である。大倉は結婚して1年も経たない2003年春頃から同じ職場で働く年上のパート女性と交際、男女の関係になる。大倉は彼女に異常なほどの恋愛感情を抱いていたが、そのことを知った女性の上司で大倉の同僚でもあるAさんに関係を叱責され激怒、犯行に及んだ。

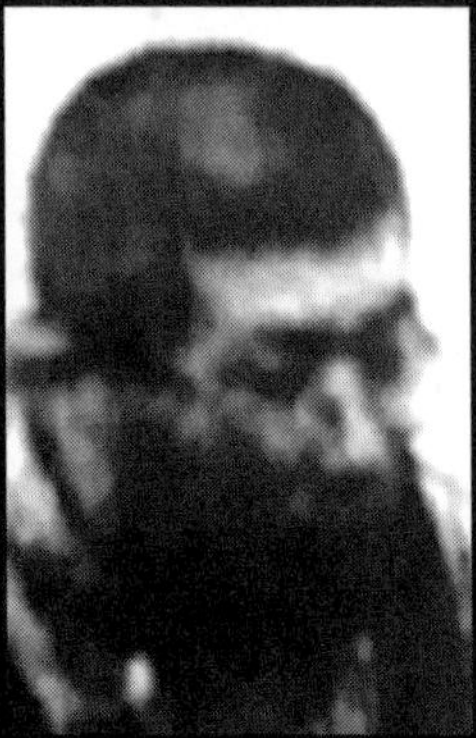

1969年生

同僚・妻連続殺人事件

大倉《おおくら》 修《おさむ》

一審	2007年2月26日　静岡地裁　死刑判決
控訴審	2008年3月25日　東京高裁　控訴棄却　死刑判決支持
上告審	2011年4月11日　最高裁第二小法廷　上告棄却　死刑確定
収監先	東京拘置所

Aさん殺害の翌日も、大倉は遺体をトランクに隠したまま交際女性とデートを楽しんだ。女性からAさん失踪を告げられると大げさに驚いてみせ、遺体が発見された後には「通夜に行ったら、子供がAさんに似ていて可哀想でたまらなかった」と話したという。

その後も何食わぬ顔で不倫相手の女性と交際を続けていた大倉だが、翌年になって、不倫していることを妻（同36歳）に知られてしまう。妻は離婚を迫り、離婚届まで書かされた。対し、大倉は不倫相手と別れるどころか妻に憎悪を抱き、2005年9月9日、自宅にてネクタイで妻を絞殺。翌日、自宅浴室で死体を電気丸のこで切断し、同県由比町の山林など3箇所に遺棄した。さらに、9月18日には焼津署に「勤務先の研修から11日に帰ったら、妻がいなくなっていた」と捜索願まで出していた。

しかし、県警が自宅に残っていた指紋を照合した結果、発見された遺体の身元が26日に判明。同日夕方から大倉に事情を聞いたところ、容疑を認めたため、9月27日、殺人、死体遺棄容疑で逮捕されるに至る。

2005年12月22日の初公判で、大倉被告は起訴事実を認めたが、弁護側は「犯行当時被告は心神喪失または心神耗弱だった」と主張した。その後、検察が大倉被告の乗用車を再度鑑定したところ、助手席から同僚男性Aさんを殺害した際

不倫を叱責した会社の同僚と、離婚を迫った妻を殺害

に付着したとみられる血液が検出されたことから、2006年5月、大倉被告は死体遺棄容疑で再逮捕される。10月26日の公判で、同被告はAさん殺害の起訴事実を認めたが、弁護側は改めて、当時被告が心神喪失・耗弱状態にあったとして責任能力を争う構えを見せた。

検察から死刑を求刑され、最後に発言を許されると、同被告は「裁判所には、私は存在してはならないとお伝えしたい」と自ら極刑を求め「申し訳ありませんでした」と傍聴席に土下座し、そのまま1分ほど動かなかった。

下った判決は本人の望みどおりの死刑。同被告は死刑自体は「率直に受け入れる」としたが、妻殺害の動機を「不倫相手との関係を維持するため」とした判決について「真実を知ってもらうためにも是正しなければ」と控訴。しかし高裁はこれを棄却し、最高裁も上告を退け死刑が確定した。

1969年生

宮崎・口封じ連続殺人事件

渕上幸春《ふちがみ ゆきはる》

一審　2003年5月26日　宮崎地裁　死刑＋懲役10月（1993年の詐欺事件）判決
控訴審　2007年1月23日　福岡高裁宮崎支部　控訴棄却　死刑+懲役10月 判決支持
上告審　2011年4月19日　最高裁第二小法廷　上告棄却　死刑＋懲役10月確定
収監先　福岡拘置所

1999年3月15日、宮崎市の産業廃棄物処分会社の統括営業部長だった渕上幸春（当時30歳）は社員3人、他2人と共謀し、宮崎市内で故意に追突事故を起こし、保険会社2社などから総額約1千440万円を受け取った。しかし、分け前を巡るトラブルから、追突した車を運転していた土木作業員のY（同47歳）が「警察に全てを打ち明ける」と言ったため殺害を計画。Yに睡眠導入剤の入った酒を飲ませ、昏睡状態に陥ったところで絞殺した。その後、車のトランクに遺体を隠したうえで事情を知らない会社の部下に「この車を埋めておいてくれ」と頼み、宮崎県西都《さいと》市の山中にある産業廃棄物最終処分場で実行させた。

さらに9月18日、詐欺事件の事情を知っていた同社監査役の税理士（同47歳）を口封じと保険金詐取目的で殺害を計画。同社営業主任に指示し車で轢くなどして殺害し、西都市の産廃処分場に死体を遺棄した。

渕上は1993年に偽装交通事故による保険金詐欺（逮捕まで未発覚）、1995年2月15日に恐喝未遂、横領、詐欺の罪により懲役3年10月に処せられた他、それ以前にも窃盗や詐欺で二度懲役刑を受けていた。

公判で弁護側は、絞殺された土木作業員の事件については「殺意はなく、首も絞めていない」「(渕上被告は)筋ジストロフィーにかかり、人の首を絞める力はなかった」などと事実関係の誤りを指摘し無罪を主張したが、宮崎地裁は検察側が提出した検査結果などを採用し「人の首を圧迫する筋力があった」と退け、死刑(+１９９３年に保険金詐欺に対し懲役10月)を宣告する。

控訴審でも弁護側は土木作業員の事件について「被告は筋ジストロフィーで、絞殺できる体力があるとは思えない」などとして殺害を否定し、量刑不当を主張した。が、高裁は「人命軽視の態度は甚だしく、改善更生は望めない。一審判決に事実誤認はない」と控訴を棄却。最高裁も「偽装交通事故による保険金詐欺の口封じを図った動機や経緯に酌量の余地はない。車で轢いたうえ、ごみ収集車の積み込み装置に入れて殺害するなど犯行の態様も残忍、冷酷で2人の命を奪った結果も重大」と指摘。筋ジストロフィーを患う被告の病状を考慮しても死刑はやむをえない」として上告を棄却、一審、二審の判断を支持し、死刑が確定した。

福岡拘置所に収監された渕上死刑囚は、刑確定以前の２０００年11月から２００７年10月までの計２千３３６通の手紙を刑務所に検査され、内容を記録されたことで精神的苦痛を受けたとして２０１０年6月、国を提訴。２０１２年11月、東京地裁は国に55万円の賠償を命じる判決を言い渡した。さらに、２０１４年4月の東京高裁は地裁判決を支持したうえで、損害賠償金を一審より多い88万円に増額した。

保険金詐欺の発覚を恐れ関係者2人を殺害

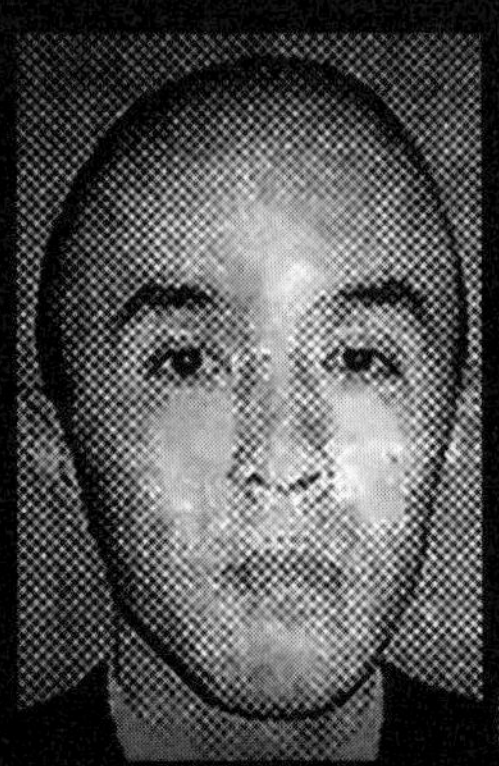

1961年生

広島連続保険金殺人事件

大山清隆

おおやま きよたか

一審	2005年4月27日　広島地裁　死刑判決
控訴審	2007年10月16日　広島高裁　控訴棄却　死刑判決支持
上告審	2011年6月7日　最高裁第三小法廷　上告棄却　死刑確定
収監先	広島拘置所

1998年10月11日21時頃、元生コン商社役員・大山清隆（当時37歳）は、広島市佐伯《さえき》区内の駐車場で養父（同66歳）を鈍器で頭を強打した後、車の助手席に乗せて壁に衝突させ、交通事故を装い意識不明の重体にさせた。養父は3ヶ月後の1999年1月20日に死亡。大山は、自分が受取人になっていた死亡保険金約7千万円を騙し取ったが、警察には業務上過失致傷容疑で書類送検されただけだった。

大山は養父の甥で、中学生のとき養子になった。犯行前は、養父に数千万円の借金があったほか、会社名義でも数億円の負債を抱えており、会社は経営破綻。精算方針で養父と対立していた。

事件から1年後の2000年3月1日23時40分頃、養父殺害や保険金を得たことについて妻（同38歳）にウソをつき通せなくなり、同区内の自宅で睡眠導入剤入りの茶を飲ませた後、浴槽につけて殺害。翌日、南区宇品海岸の岸壁から海中に死体を遺棄し、事故死と偽って死亡保険金299万円を詐取した。

広島県警は2002年1月、市内の給油所からガソリンを詐取し、さらに他人のクレジットカードを使ってゲーム機9台（30万5千円相当）を購入した詐欺容疑で大山を逮捕。その後も県警は捜査を進め、同年7月8日までに、養父殺人と死体遺棄容疑で再逮捕し、さらに10月22日、妻の殺人と死体遺棄容疑で再逮捕、追起訴した。

公判で大山被告と弁護側は「養父殺害は保険金目的ではなく、妻殺害も完全犯罪とは言いえない」と無期懲役を求めたが、広島地裁は「養父殺害の1週間後に保険金請求手続きをしており殺害動機の一つだ」として同被告の主張を否定。さらに「実の親同様の養父と最愛の妻を殺した犯行の社会的影響は大きい。2人の命を奪う冷酷な犯行で、慎重に検討しても死刑は回避できない」と死刑判決を言い渡した。

控訴審で被告弁護側は「養父の殺害に関しては、養父が大山被告の最愛の養母を殺したかもしれないという疑惑が影響している。また大山被告の息子も死刑を望んでいない」として改めて懲役刑を主張。対し、高裁は「被告の供述は信用できない」と退け、また、大山被告の長男が「大山被告が社会復帰した後は共に支え合いたい」と話しているなどとして情状酌量を求めていた点については「他の遺族の気持ちを代弁しているわけではない」としたうえ「養父殺害の動機に関して、借金返済のための保険金目的、妻殺害は養父殺害が露見するのを恐れたため」と認定し控訴を棄却。最高裁も「利欲性の高い悪質、身勝手な動機に酌量すべき点はない。事故死に見せかけて計画性も高く、犯行態様も冷酷、非道」と指摘し上告を棄却、死刑が確定した。2023年10月現在、大山死刑囚の処刑は執行されておらず、広島拘置所に収監中の身にある。

殺された妻の長男が死刑回避を求めるも聞き入れられず

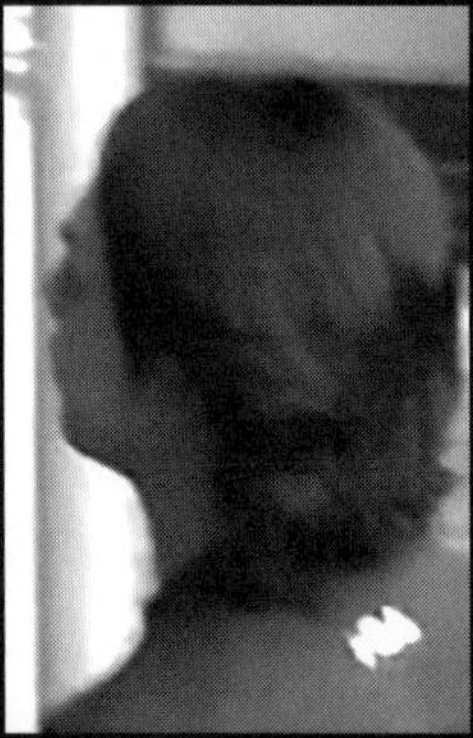

1978年生

横浜沖バラバラ強殺事件

池田容之

いけだ ひろゆき

一審　2010年11月16日　横浜地裁　死刑判決

控訴審　2011年6月16日　本人控訴取り下げ、確定

収監先　東京拘置所

2009年6月24日、横浜市金沢区の岸壁で、男性の遺体の下半身部分が見つかり、翌日、新たに男性とみられる頭部や複数の手足などが発見された。神奈川県警は少なくとも成人男性2人の遺体が切断、遺棄されたとみて捜査を開始。ほどなく遺体の身元は同県大和市の会社員Tさん（当時36歳）と東京都世田谷区の麻雀店経営・Mさん（同28歳）と判明し、その後死体遺棄・損壊や強盗殺人などの容疑で、関係者ら8人が逮捕。このうち2人の殺害行為を担った主犯格とされたのが横浜市出身の無職・池田容之（同31歳）である。

事の発端は、池田も所属していた覚せい剤の密輸グループのリーダーで元早大生の近藤剛郎（事件当時26歳）と、Mさん・Iさんが同年3月頃から東京・歌舞伎町の麻雀店をめぐって金銭トラブルになっていたことにある。池田は近藤から2人の殺害の指示を受け、6月18日から19日にかけて彼らを千葉県船橋市内のホテルに呼び出して監禁。まず、Mさんの自宅から約1千340万円を奪った後、犯行に及んだ。後の共犯者の証言によれば、殺害時、池田は

「風呂場はやめてください。密室は怖いです」「電動のこぎりは殺してからにしてください」「せめて母親と妻に一言だけ電話させてください」といった被害者の命乞いを一切無視し、チェーンソーで2人を生きたまま切断。バラバラになった遺体を淡々とごみ袋に入れ、共犯者に「人形みたいでしょ」と口にしたそうだ。

2010年11月4日に行われた横浜地裁での被告人質問で池田被告は「被害者の命乞いを聞く気もなかったし、躊躇する気にもなれなかった」と当時の心境を振り返り、面識もなかった2人をこれほどまでに残忍な手口で殺害した動機は「近藤に自分が〝人を殺せる人間〟であることをアピールすれば、覚せい剤密輸の利権が手に入ると考えたから」だったと冷淡な供述を繰り返す一方、被害者遺族の意見陳述では涙を見せ、翌日の弁護士との接見で号泣したという。

被害者の命乞いを無視し、生きたままチェーンソーで殺害

同月16日の判決で、横浜地裁は池田被告に「極めて猟奇性が高い。想像しうる殺害方法の中で最も残虐で苦痛は想像に絶する。最後の望みを聞き入れなかったことは冷酷このうえない」として死刑判決を言い渡す。裁判員裁判開始から1年6ヶ月、全国初の死刑判決だった。最後に、裁判長は「あなたは法廷ではいかなる刑にも服すると述べているが、重大な結論ですから、裁判所としては控訴することを勧めます」と付け加え、これを受け弁護側は控訴の手続きを取ったが、その後、被告本人が控訴を取り下げ、死刑が確定した。

なお、殺害や死体遺棄、覚醒剤密輸に関わった犯行グループ7人は懲役2年〜13年で確定。一連の事件の首謀者である近藤容疑者は事件後に海外へ逃亡し、2023年10月現在も国際指名手配されている。

大牟田4人連続殺害事件

北村實雄・真美 孝・孝紘

写真上から……きたむら じつお 1944年生／まみ 1959年生 たかし 1980年生／たかひろ 1984年生

實雄&孝被告

一審	2007年2月27日	福岡地裁久留米支部　死刑判決
控訴審	2008年3月27日	福岡高裁　控訴棄却　死刑判決支持
上告審	2011年10月17日	最高裁第一小法廷　上告棄却　死刑確定
収監先	實雄死刑囚▶広島拘置所　孝死刑囚▶大阪拘置所	

真美&孝紘被告

一審	2006年10月17日	福岡地裁久留米支部　死刑判決
控訴審	2007年12月25日	福岡高裁　控訴棄却　死刑判決支持
上告審	2011年10月3日	最高裁第二小法廷　上告棄却　死刑確定
収監先	福岡拘置所	

2004年9月、福岡県大牟田市の構成員10人足らずの暴力団・道仁会系北村組組長の北村實雄（当時60歳）、妻の真美（同45歳）、元力士の長男・孝（同23歳。實雄の前妻の連れ子）、同じく元力士の次男・孝紘（同20歳）の北村家は、6千600万円以上の借金を抱え、さらに暴力団上部団体への上納金を収めねばならず、生活費にさえ困窮していた。

そこで實雄と真美は手っ取り早く金を得るため、知人で貸金業を営む女性Tさん（同58歳）に偽の土地売買話を持ちかけて現金を用意させ殺害することを計画。傷害致死の前科がある長男・孝を実行犯にしようと目論んだ。が、同年9月16日、なぜか孝は両親を出し抜こうと弟の孝紘を誘い、Tさん宅で留守番をしていたTさんの次男（同15歳）を絞殺して金庫を奪取。死体を川に遺棄する。ただ、金庫には貴金属のみ入っており、換金しても10万円程度にしかならなかった。

翌17日夜、真美がTさん殺害を実行に移すと宣言。Tさんに睡眠薬入りの食事を渡して寝込んだところを孝紘が絞殺、現金約400万円を奪う。さらにTさんと真美が行動を共にしていたのを知っているTさんの長男（同18歳）まで殺害することにし、たまたま一緒にいた友人男性（同17歳）と共に車に押し込め、埋め立て地に連行。孝紘が実行役となり、長男と友人男性を銃殺した。

その後、殺害した3人を車ごと川に沈め、全て片が付いたかに思われた。が、T家から大金は見つからず、行き当たりばったりの殺人もあっさり発覚。全員が逮捕されてしまう。

2005年3月15日の初公判で實雄被告は単独犯を主張、真美被告と孝紘被告は起訴事実を全て認め、孝被告は福岡地検久留米支部からの逃走以外の罪を全面否認。4被告は2回目以降「真美・孝紘」「實雄・孝」の組に分かれた分離公判で審理されることとなった。

真美・孝紘被告の判決で裁判長は、

加害者家族4人全員が死刑判決

真美被告を「動機面の中心的存在」、孝紘被告を「4人全員の殺害を実行した」と役割を認定。真美被告に対し、被害者殺害を考えながら自ら踏み切れずに息子2人を引き入れた点を指摘し「反省が深いことを考慮しても刑事責任はあまりに重い」と述べ、孝紘被告についても「人命軽視の価値観が強く、当時20歳3ヶ月と若かったことなどを考慮しても極刑はやむをえない」と2人に死刑を宣告した。

一方、實雄・孝の両被告の判決公判では實雄被告を「犯行の中心的存在」、孝被告を「殺害の計画や実行に積極的に関与した」と認定したうえで、實雄被告が逮捕前に拳銃自殺を図ったことを挙げ「自らの死で真相を隠そうとしたのは、暴力団特有の価値観。真美、孝紘両被告の供述や関係証拠から、単独犯行はありえない」と退け、2被告ともに死刑を宣告。その後、4被告とも控訴、上告したがいずれも棄却され、一家全員の死刑が確定した。

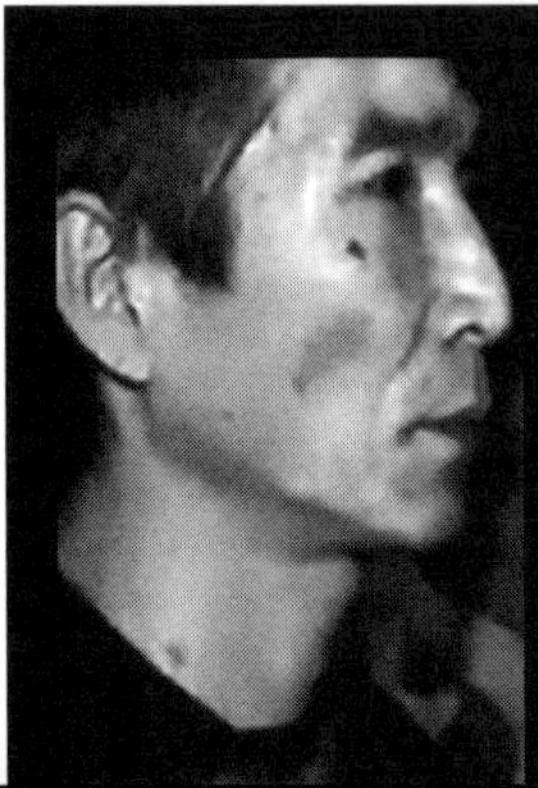

マブチモーター社長宅殺人放火事件 他

守田克実

もりた かつみ
1950年生

一審	2006年12月19日　千葉地裁　死刑判決
控訴審	2008年3月3日　東京高裁　控訴棄却　死刑判決支持
上告審	2011年11月22日　最高裁第三小法廷　上告棄却　死刑確定
収監先	東京拘置所

2002年8月5日15時頃、無職・小田島（後に畠山に改姓）鐵男（当時59歳）と無職・守田克実（同54歳）の2人が、千葉県松戸市にある小型モーターの世界的トップメーカー・マブチモーター社長方に宅配業者を装い訪問。社長の妻（同66歳）と長女（同40歳）を絞殺し現金数十万円と高級腕時計や指輪など966万円相当を奪ったうえ、2部屋に混合ガソリンをまいて放火、逃走した。

1ヶ月後の同年9月24日、2人は東京都目黒区に住む歯科医師の男性（同71歳）宅に侵入し、自宅1階居間で男性を電気コードで縛ったうえ、ナイフで胸部や腹部などを突き刺し、タオルなどで首を絞めて殺害し現金約35万円や指輪を強奪。さらに同年11月21日、千葉県我孫子市の金券ショップ社長（同69歳）方に警官を装って押し入り、社長の妻（同64歳）を殺害し、現金100円を奪った。

貧困家庭で生まれ育った小田島は中学時代から万引きなどを繰り返し、1989年3月までの間に、窃盗・詐欺などの罪で合計6回にわたり服役。1990

年6月には刑務所で知り合った男と東京都練馬区の建設会社社長宅に押し入り3億円を強奪した容疑で逮捕され、懲役12年の判決を受け宮城刑務所に収監された。そこで知り合ったのが、交際中の女性の知り合いの女性を殺害し懲役12年に処せられていた守田である。2人は刑務所の同じ印刷工場の同じ班に配属されたことに加え、1995年12月に同房になり親しい関係に。やがて「出所後に金持ちの社長の家を襲い、億単位の金を奪う。証拠を残さないよう、家人を皆殺しにし、家に火をつける」ことを計画していた小田島が守田を誘い、2002年5月の小田島の仮出所（守田は2000年5月に仮出所）を待って計画を実行に移した。

歯科医師殺害後、2人は新聞のお悔やみ記事を見て、通夜・葬式で留守の会社役員や医師などの家を調べ、数百件の空き巣を繰り返して合計約数千万円を盗んでいたが、2005年1月、夫の葬儀に出かけていた群馬県前橋市の高齢者女性宅に侵入し7千300万円を奪った事件で足がつき、翌日、同県警によって逮捕。後の捜査で、3件の殺人に関与していることが判明し、警察庁は同年12月、一連の事件を警察庁広域重要指定124号事件に指定した

ムショ仲間と共謀、金欲しさに3ヶ月間で4人を殺害

公判は両被告を分離する形で行われ、まず守田被告に対して千葉地裁は「具体的な計画を立てたのは小田島被告だが、守田被告は大金の魅力に惹かれ、積極的に小田島被告に働きかけるなど、互いに利用し合う関係が成立していた」として死刑を宣告。控訴審、上告審もこれを支持し死刑が確定した。一方、小田島被告は2007年3月22日、千葉地裁で死刑判決を受け、同年11月1日、本人が控訴取り下げたため刑が確定。10年後の2017年9月16日、食道がんのため東京拘置所内で死亡した（享年74）。

1999年8月15日、回転すしの外食チェーン店職員の兼岩幸男（当時41歳）が、愛知県蟹江町のアパートに住んでいる交際中の女性Aさん（同43歳）の部屋で、彼女の首を手で絞めて殺害した。その後、部屋の浴室で死体をカッターナイフなどで切断。ポリ袋に入れて頭部を愛知県小牧市の焼却炉に、胴体と両脚を名古屋市中川区の河川敷近くの草むらに遺棄した（両手首は同市中川区のアパート

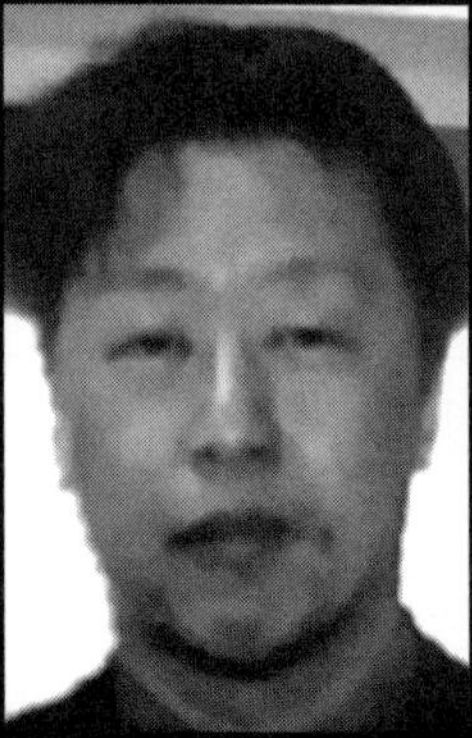

1958年生

愛知交際2女性殺害事件

兼岩幸男《かねいわ ゆきお》

一審	2007年2月23日　岐阜地裁　死刑判決
控訴審	2008年9月12日　名古屋高裁　控訴棄却　死刑判決支持
上告審	2011年11月29日　最高裁第三小法廷　上告棄却　死刑確定
収監先	名古屋拘置所

のごみ捨て場に捨てたというが未発見）。

2人が知り合ったのは事件12年前の1987年頃。当時、兼岩は損害保険会社の代理店に勤務しており、その研修で夫と子がいるAさんと出会い、ほどなく不倫関係となった。1989年頃、兼岩はAさんに手伝ってもらい結婚仲介業を始め、翌年にはその業務を行う株式会社を設立。Aさんとの結婚を真剣に考えていたが、本人から「子供もいるし、夫が別れてくれない」と言われて断念し、1992年7月に別の女性と結婚する。が、その後も不倫関係は続いた。

1994年9月に双子の子供が誕生。一方、11月には会

社が倒産し、債権者の取り立てから身を隠すため、自宅を出て妻とも連絡を取らず、夫と別居したAさんと生活を共にする。しかし、やがてパチンコなどで金を浪費し、Aさんから借金するように。事件当日は、彼女のクレジットカードを使っていたことをなじられ激怒、犯行に及んだ。

事件が明るみに出ないまま2年5ヶ月が過ぎた2002年3月、兼岩は名古屋市の焼肉チェーン店の開発本部長の職に就き、異業種交流会で知り合った女性Bさんと交際していた。9月には一宮市にて共同で清掃管理会社を設立。Bさんが社長となり、兼岩が実質的に経営していたが、彼女から結婚を迫られたため疎ましくなり、やがて殺意を覚え始める。犯行に及んだのは2003年5月25日午前1時30分頃。Bさん（同49歳）方で彼女の首を手で絞めて窒息死させ、その後、浴室で、工作用カッターナイフを使って女性の遺体を切断。さらに黒いごみ袋に入れ、26日未明に岐阜県柳津町の境川に捨てた。逮捕されたのは2ヶ月後の7月16日のことだった。

不倫関係にあった愛人2人を殺し遺体をバラバラに

2003年10月の初公判で、兼岩被告はBさん殺人事件の起訴事実を全面的に認め、さらにAさん殺害も自供した。が、2004年11月8日の公判でAさん殺人に関し否認に転じ、死体遺棄は認めたものの、Aさんは自殺していたと主張。さらに「警察官による自白の強要など黙秘権の侵害があった」と訴えた。

対して、岐阜地裁は「短絡的、自己中心的で身勝手な犯行で、情状酌量の余地はない」としたうえで、被告側の自殺主張に対しては、「遺体を切断して遺棄し、誰にも言わないことが、自らの行為を隠ぺいするためであるのは社会通念上明らか」と主張を退け、死刑を宣告。控訴審、上告審も一審判決を支持し死刑が確定した。

２００２年３月６日早朝、当時17歳の女性Ａさんが助けを求め祖父の家を訪れた。なんでも小学校時代から福岡県北九州市小倉のマンションで男女２人に監禁・虐待されており、父親は遥か昔に彼らに殺害されたという。驚愕の発言に祖父は警察に通報。翌日、松永太（当時41歳）と緒方純子（同40歳）が監禁致傷罪で逮捕され、その後の捜査で７件もの猟奇殺人が発覚する。

1961年生

北九州監禁殺人事件

松永《まつなが》 太《ふとし》

一審	2005年9月28日	福岡地裁小倉支部　死刑判決
控訴審	2007年9月26日	福岡高裁　控訴棄却　死刑判決支持
上告審	2011年12月12日	最高裁第一小法廷　上告棄却　死刑確定
収監先	福岡拘置所	

高校の同級生だった松永と緒方が交際を始めるのは互いに20歳だった１９８２年頃。妻帯者でありながら容姿と話術に長けた松永は当時幼稚園の教諭だった緒方を虜にし、洗脳、虐待しながら支配下に置く。

それから10年、結婚詐欺、粗悪な布団を高額で売る悪徳商法、脅迫などを繰り返していた松永は１９９２年７月に指名手配を受け、緒方と逃亡。北九州市のマンションに隠れ住む。ここから松永の鬼畜の所業から始まる。

１９９４年10月、知人の不動産会社の男性とその娘（Ａさん）をマンションに同居させ、２年後の１９９６年２月、逃げ出そうとした男性を風呂

日本犯罪史上最悪のシリアルキラー

場に何日も閉じ込めた後、体に電気を通し殺害。ノコギリやミキサーで死体を解体し、公衆便所や海に遺棄した。

　1997年頃からは、緒方の父、母、妹、義弟、甥、姪の6人をマンションに呼び寄せ、拷問と虐待によってマインドコントロール下に置く。さらに、お互いの不満をぶつけさせることにより相互不信を起こして逆らえなくしたうえで、被害者同士で通電させたり、首を絞めるなどさせて殺害。遺体も被害者に切断させ、海などに捨てさせた。なお、一連の犯行には緒方も積極的に加担していた。

　遺体などの物的証拠は見つかっていないため、検察側は緒方や監禁されていた少女の証言をもとに松永と緒方を殺人罪で起訴。松永被告を「善悪のたがが外れた首謀者」、緒方被告を「愚直な実行者」と位置づけたうえで、一連の事件は被害者に虐待や生活制限を加えて支配し、金づるとしての利用価値がなくなると口封じのため殺害を繰り返した計画的犯行と指摘。緒方被告が「松永被告の指示がなければ殺さなかった」と供述している点については「2人は車の両輪のような関係。松永被告の指示に忠実でなければ、これほどの大量殺人を遂行しえたかは疑問。刑事責任は松永被告に劣らず重い」として両被告に死刑を求刑。裁判長もこの主張を認め、2人に死刑判決を宣告した。

　しかし、控訴審で裁判長は緒方被告に対し「DVの被害者特有の心理状態に陥っていたことは否定できない。殺害の実行行為の中心だったが立場は従属的だった」と一審判決を破棄し、無期懲役を下す。一方、松永被告には「犯罪史上稀に見る冷酷、残忍な事件であり、刑事責任は極めて重大で、死刑の選択は当然だ」として控訴を棄却。最高裁も上告を棄却し死刑が確定した。

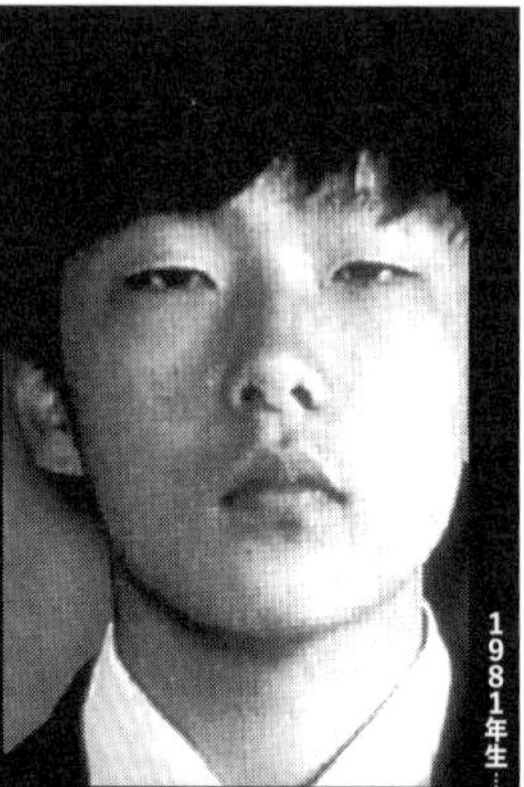

1981年生

光市母子殺人事件

大月孝之

おおつき たかゆき

一審	2000年3月22日	山口地裁　無期懲役判決
控訴審	2002年3月14日	広島高裁　検察側控訴棄却　無期懲役判決支持
上告審	2006年5月20日	最高裁第三小法廷　二審判決破棄　高裁差し戻し
差戻二審	2008年4月22日	広島高裁　一審判決破棄　死刑判決
上告審	2012年2月20日	最高裁第一小法廷　上告棄却　死刑確定
収監先	広島拘置所	

1999年4月14日14時半頃、山口県光市のアパートに住む会社員男性方に、当時18歳1ヶ月の配管工・大月（旧姓・福田）孝之が排水管の検査を装い強姦目的で侵入。家にいた男性の妻（同23歳）に襲いかかったが、強く抵抗されたため、首を両手で絞めて殺害後、姦淫した。さらに、そばで泣いていた長女（同11ヶ月）を床にたたき付けた後、持ってきたヒモで首を絞めて殺害。その後、事件発覚を恐れ2人の遺体を押し入れに隠し、妻の財布を奪い逃走した。

被害女性の夫が帰宅して遺体を発見、110番通報したことで事件発覚。大月が殺人容疑で逮捕されたのは4日後の4月18日のことだった。

1999年8月11日の初公判で、大月被告は起訴事実を認め、被告弁護側は「幼少期から実母とともに実父から暴力を受け、中学時代に実母が自殺し、父親が再婚したことで心の支えを失った。少年の内面の未熟は顕著で、18歳未満を死刑にしないという少年法の精神が適用されるべきだ」と主張した。対し、検察側は「母親の自殺と犯行は関係なく、殺人が許されないのは小学生でもわかる。自己の欲望と感情のおもむくまま、幸福な家庭を築いていた主婦と乳児を殺害した冷酷かつ残虐極まりない非人間的犯行。少年犯罪の凶悪化を考慮して刑罰で知らせる必要があり、事件の重大性を考えると極刑をもって臨むほかはない」として死刑を求刑した。果たして、下った判決は無期懲役。裁判長は判決理由を「犯行は身勝手、自己中心的で酌量の余地はないが、犯行当時18歳になったばかりの少年であり、矯正教育により更生の可能性がないとはいいがたい」と述べた。

一審判決後、大月被告は拘置所から知人に向け「無期はほぼキマリ、7年そこそこに地上に芽を出す」などと記した手紙を複数出す。量刑不当として控訴した検察側は、この手紙を「不謹慎な内容で反省がみられない」と証拠品として提出。2001年12月26日には被害女性の夫が

18歳1ヶ月での犯行から13年後に死刑確定

意見陳述し「被告人が犯した罪は万死に値します」と死刑を強く求めたが、広島高裁は検察側の訴えを退け、改めて無期懲役を言い渡した。

しかし、上告審で最高裁は「計画性のなさや少年だったことを理由に死刑を回避した二審判決の量刑は甚だしく不当で、破棄しなければ著しく正義に反する」として審理を高裁に差し戻す決定を下す。迎えた差戻二審。広島高裁は「殺意はなく傷害致死にとどめるべき」などといった弁護側の主張を退け死刑を宣告。上告審もこれを支持し死刑が確定した。

その後、大月死刑囚および弁護団は再審を請求し特別抗告審まで争ったが、最高裁は2020年12月、これを棄却。第二次再審請求も2022年3月31日付で広島高裁に退けられた。同高裁が2023年3月29日に異議申し立ても棄却したことに対し、弁護側は同年4月3日、最高裁に特別抗告を申し立てた。

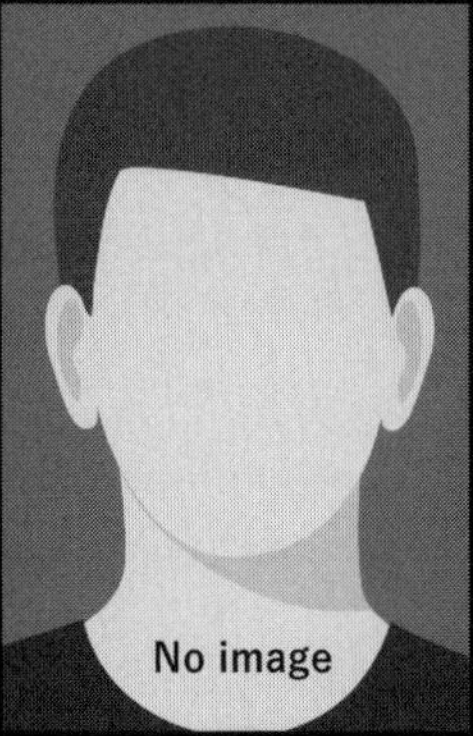

品川製麺所夫婦強殺事件

謝依悌

1977年生……シェ・イーディ

一審	2006年10月2日　東京地裁　死刑判決
控訴審	2008年9月26日　東京高裁　控訴棄却　死刑判決支持
上告審	2012年10月19日　最高裁第二小法廷　上告棄却　死刑確定
収監先	東京拘置所

2002年8月31日、中国籍の謝依悌（当時24歳）が、住んでいたアパートの大家だった夫婦の製麺所兼自宅に侵入。持っていたナイフで男性（同64歳）と妻（同57歳）を刺殺し、現金約4万7千円、指輪やネックレスなど計52点（約7万円相当）を奪った。

謝は1999年2月頃、船で名古屋港に密入国。入国時に背負った借金を抱えたまま飲食店の皿洗いや解体工など職を転々とし、2002年春頃から、殺害された夫婦が所有する製麺所裏の月1万8千円の賃貸アパートに居住。家賃は滞納しがちで、先月分の家賃も支払っておらず、事件時は無職だった。

犯行後、謝は現場から逃走したが、途中で怖くなり午前6時頃、JR池袋駅近くの公衆電話から「ボクチン」と名乗って夫婦が店内で血だらけで死んでいる旨を110番通報。警察の調べで、アパートから姿を消した中国人がいることがわかり、14日17時過ぎ、池袋駅近くの知人宅にいるところを発見され、入管難民法違反（旅券不携帯）の現行犯で逮捕された後、取り調べで夫婦殺害を自供したため、9

月19日、強盗殺人容疑で再逮捕された。

公判で謝被告は「盗みをするつもりだった。誤って刺した」と強盗目的や殺意を否認した。が、東京地裁は「鋭利なナイフを使用できる状態で所持しており、むしろ計画的な犯行」と指摘したうえで「ナイフで息の根を止めるまで執拗に突き刺し、強固な殺意に基づく犯行。金銭的欲望を満たすため、何ら落ち度のない2人の命を奪った。前途がある年齢で反省も示しているが死刑を回避する事情とまでは認められない」として死刑判決を下した。

控訴審でも、謝被告は「殺意はなかった、一審が重すぎる」と主張したものの、判決公判で裁判長は、謝被告が犯行後もディスコで頻繁に遊ぶなどしていた点を指摘。また「ストッキングをかぶって侵入し、直後にナイフを抜き身にした」ことから「(2人殺害は)強固な殺意のもとに行われた。落ち度のない被害者の生命を相次いで踏みにじった冷酷で残虐な犯行。非人間的で、極刑をもって臨むほかない」と述べ、被告側の主張を退けた。

2012年9月10日の最高裁弁論で弁護側は「心から謝罪し、反省を深めている」と死刑回避を求め、また押収したナイフ1本を東京高裁が保管中に紛失した件について「ナイフを調べずに殺意は認定できない。重要な証拠を調べておらず、殺意を認めた二審判決は破棄されるべきだ」などと主張した。しかし、最高裁は「紛失したナイフは凶器そのものではなく同種品。撮影、計測した報告書もあり、他の証拠から殺意を十分認定できる」と弁護側の訴えを退け、「生活費や遊興費に窮しての犯行で、動機に酌むべき点はない」として上告を棄却した。

東京拘置所に収監された謝死刑囚は2014年時点で再審請求中と伝えられたが、その後の情報は聞こえてこない。

家賃を滞納し、大家夫婦をナイフで刺殺

架空請求詐欺グループ仲間割れ殺人事件

清水大志(上)
渡辺純一／伊藤玲雄

写真上から………
しみず たいし 1979年生／わたなべ じゅんいち 1976年生／いとう れお 1974年生

２００４年、コンサルタント会社社長の清水大志（10月の事件当時25歳）は無職・渡辺純一（同28歳）、会社役員・伊藤玲雄（同30歳）、芸能事務所経営の阿多真也らと架空請求詐欺グループを結成。実在しない法務省の関連団体を詐称し〝電子消費料金〟の請求はがきを不特定多数に郵送、電話をしてきた被害者から現金を銀行口座に振り込ませる手口で、26人から約4千750万円を騙し取った。

しかし、伊藤の部下であった千葉県船橋市の飲食店員の男性A（同25歳）は、幹部らに比べて極端に分け前が少ないことに不満を募らせ、同じメンバーの男性B（同22歳）、C（同31歳）、D（同34歳）と共謀、中国人マフィアを利用して清水ら幹部を拉致し現金を強奪する計画を企てる。が、彼らが東京都新宿区内の詐欺グループの拠点事務所に姿を見せなくなったことを不審に思った清水らはBを問い詰め、計画を掌握。２００４年10月13日、4人を事務所に呼び出し、他メンバーらと金属バットで殴り、熱湯をかけた

清水大志被告

一審	2007年8月7日　千葉地裁　死刑判決
控訴審	2009年5月12日　東京高裁　控訴棄却　死刑判決支持
上告審	2013年1月29日　最高裁第三小法廷　上告棄却　死刑確定
収監先	東京拘置所

渡辺純一被告

一審	2007年8月7日　千葉地裁　無期懲役
控訴審	2009年3月19日　東京高裁　一審破棄　死刑判決
上告審	2013年1月29日　最高裁第三小法廷　上告棄却　死刑確定
収監先	東京拘置所

伊藤玲雄被告

一審	2007年5月21日　千葉地裁　死刑判決
控訴審	2009年8月28日　東京高裁　控訴棄却　死刑判決支持
上告審	2013年2月28日　最高裁第一小法廷　上告棄却　死刑確定
収監先	東京拘置所

り覚せい剤を注射するなどして殺害した。
死体の始末に困った清水らは同月20日、知り合いの暴力団幹部に1億円を支払い、茨城県小川町（現小美玉《おみたま》市）の空き地に穴を掘って遺棄。その後も架空請求詐欺を続けていたが、2005年2月22日、阿多が詐欺容疑で逮捕されると事件の全容が明らかになり、清水らも逮捕されるに至った。

2006年9月1日の初公判で、清水と渡辺の両被告は「殺人の実行行為も共謀もしていない」と主張。伊藤被告の初公判は半年前の同年3月29日に開かれ、同被告はDを除く3人の殺人、傷害致死について全面的に認めた。判決公判で千葉地裁は清水、渡辺両被告の主張を退け「人命を無視した冷酷非道な犯行で、更生は困難」と断罪。清水被告に対して「直接的な殺害指示があったとまでは認められないが、首謀者としての罪責はあまりに重大で極刑をもって臨むほかない」として死刑を宣告。渡辺被告については「被害者の処遇を自ら決定するような首謀者でなく、当初は清水被告に事の成り行きを任せていた」と述べ無期懲役を。伊藤被告には「主導的に殺害行為をした」として死刑を言い渡した。

暴力団幹部に1億円を支払い 4人の殺害遺体を処理

3被告ともに量刑を不服として控訴した結果、東京高裁は清水と伊藤の両被告の訴えを棄却。渡辺被告に対し「4人を監禁した後、『殺すしかない』と積極的に発言し、グループでの影響力も大きかった。反省の念が乏しく、改善・更生が著しく困難。犯行は執ようで残忍。刑事責任は極めて重大」として一審の無期懲役を破棄し、死刑判決を言い渡した。続く最高裁も上告を棄却。3被告の死刑が確定した。ちなみに、一連の事件では殺人や傷害致死、死体遺棄や監禁などの罪で18人が起訴され、このうち11人に懲役17年～1年1月の実刑判決が出ている。

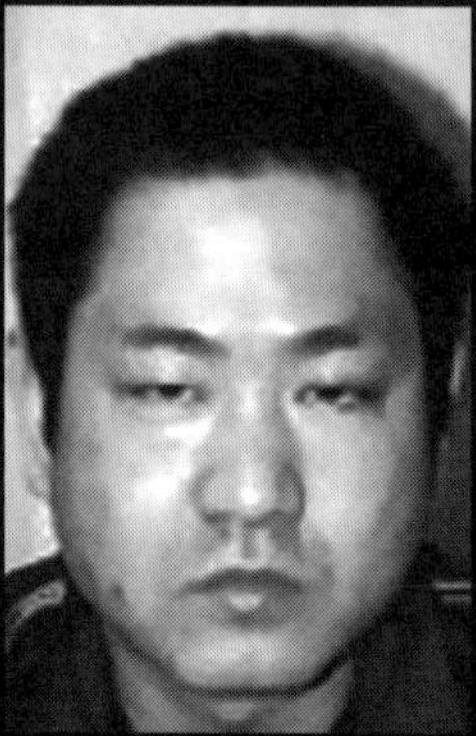

1965年生

姫路2女性バラバラ殺人事件

高柳和也

たかやなぎ かずや

一審	2009年3月17日　神戸地裁姫路支部　死刑判決
控訴審	2010年10月15日　大阪高裁　控訴棄却　死刑判決支持
上告審	2013年11月25日　最高裁第一小法廷　上告棄却　死刑確定
収監先	大阪拘置所

２００５年１月９日、過去に交通事故で主婦とその娘を死亡させて実刑判決に処された前科を持つ無職・高柳和也（当時38歳）は兵庫県相生《あいおい》市の自宅和室で、姫路市に住む会社員の女性Ａさん（同23歳）と購入を約束していたバッグの資金などを巡って口論になり、ハンマーで頭を殴って殺害した。さらに、騒ぎに気づいて別室から出てきた、女性の高校時代の同級生で大阪市に住む専門学校生徒の女性Ｂさん（同23歳）も殺害。その後、ノコギリで２人の死体をバラバラにし、１月11日から16日の間に姫路市の飾磨港や上郡町の山中などに遺棄した。

高柳は被害女性２人がアルバイトで勤めていた風俗店の客だった。Ａさんとは２００４年12月に知り合い、自分が資産家であると偽り高額な買物を餌に交際する間柄に。ＢさんはＡさんから「仕事を紹介する」と言われ１月初めから店に勤務していた。

この事件では姫路警察署の対応が大きく問題視された。１月20日、Ａさんの両親が捜索願を出したところ、担当の刑事は「年間１千２

00人もの捜索願が出ているので、相手できない」と捜査を拒否。両親は、知人のつてを頼り、定年間近の兵庫県警警察官・飛松五男巡査部長と接触、娘が失踪前に「ウエダ」と名乗る男性を彼氏として連れてきたことを知らせる。

1月29日、飛松の働きかけで姫路署職員2人と両親がウエダの家を訪ねる。家の中にはAさんとは違う意識朦朧の女性が1人おり、ただならぬ異臭が漂い、スタンガンなどの拘束器具や薬物が散乱していた。が、警察は異常なしと判断し、その場を立ち去ってしまう。納得のいかない両親から改めて応援を求められた飛松巡査部長は、目撃されていた「ウエダ」の車のナンバーからが持ち主が高柳和也であると掌握。1月30日、高柳の自宅前で本人に尋問したところ、覚せい剤を打っているような反応を示したため相生署に連絡し、同署員が高柳宅に駆けつけ覚せい剤取締法違反で逮捕する。その後の取り調べや、発見された遺体のDNA鑑定などにより、5月20日、高柳容疑者は殺人容疑で再逮捕された。

資産家であるとのウソの発覚を恐れた身勝手な犯行

公判で高柳被告は姫路市の女性殺害について「かみそりを持ってきた女性ともみ合いになり、とっさにハンマーで殴ったが殺意はなかった。そこを目撃した女性には殺意を持ったが、殴ったのは一度だけ」と主張。弁護側も「犯行は計画性がなく偶発的だった。死刑は回避すべき」などと訴えた。が、裁判長は「自分が資産家であるとのウソが発覚すれば報復されると恐れていたところ、女性から髪をつかまれたことで激高し、犯行に及んだ」と認定したうえで「動機は極めて自己中心的。2人の尊い命が奪われ、結果は重大。罪を軽減しようと供述を二転三転させるなど、罪を償う意識が乏しい」として死刑を宣告。高裁、最高裁も一審判決を支持し死刑が確定した。

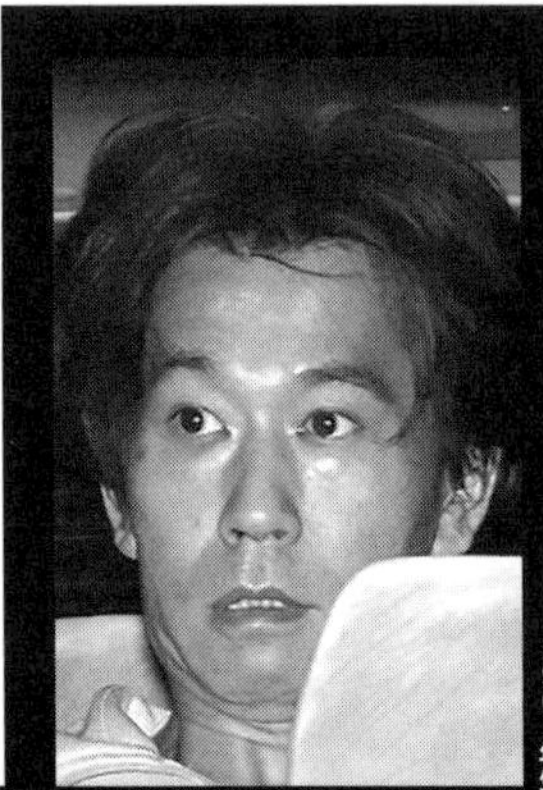

1961年生……おがわ かずひろ

大阪個室ビデオ店放火事件
小川和弘

一審	2009年12月2日　大阪地裁　死刑判決
控訴審	2011年7月26日　大阪高裁　控訴棄却　死刑判決支持
上告審	2014年3月6日　最高裁第一小法廷　上告棄却　死刑確定
収監先	大阪拘置所

2008年10月1日午前3時頃、大阪市浪速区難波中3丁目の7階建て雑居ビル1階の個室ビデオ店「試写室キャッツなんば店」から出火した。同店には32室の個室があり、出火当時26人の客と3人の店員がいたが、この火事で16人が一酸化炭素中毒で死亡し（うち1人は搬送先の病院で10月14日に死亡）、10人が重軽傷を負った。

当初はタバコによる失火とも見られていたが、同日午後になって火元の個室を使用していた東大阪市在住の無職・小川和弘（当時46歳）が立ち会った警察官に「すみません」「死にたかった」「自殺未遂したことがある」「自分の部屋が燃えた」などと犯行をほのめかす供述をしたため、現住建造物等放火などの容疑で逮捕される。

取り調べに対し、小川容疑者は素直に犯行を自供した。3日前に知り合った占い師の男性に連れられて、1日午前1時半頃に来店。部屋が狭いと感じたこと、トイレで大便をきばる声が聞こえたこと、他の部屋から男性の悶え声が聞こえてきたことをきっかけに「こんなやつらと同類か」「自分の人生とは何なのか」と思うようになり、生きていくのが嫌になった。その結果、他人を巻き込んでも構わないと思いつつライターで店内のティッシュペーパーに火を付け、持ってきたキャリーバッグの荷物（占い師の男性のもので新聞紙や衣服が入っていた）などに燃え移らせたと供述した。

同容疑者は、高校卒業後トラック配達助手を経て松下電器産業（現・パナソニック）にライン工として入社。妻子がいたものの離婚し、早期希望退職者の募集に応じた後、タクシードライバーなどに就いていたが、逮捕時は無職で定職もなく、２００８年春頃から月12万円ほどの生活保護を受けていた。

公判で、小川被告は「放火はしていない。やっているなら認めて死刑になる。自分だけ助かろうとは思っていない。言い逃れしているわけではない」と無罪を主張。弁護側も「殺意を持ったことはなく、放火行為もない」などと述べた。対し、判決公判で裁判長は「火元は被告がいた部屋で、失火は考えられない」と小川被告の放火を認定。「狭くて避難しにくい店舗の構造や、他に客がいたことを理解しており、放火すれば死者が出ると認識していた」と殺意も認めたうえで「自殺目的の動機は身勝手極まりなく、何の落ち度もない16人を殺害した残虐な犯行だ。放火を否認するなど、結果に真摯に向き合う態度に欠けている。最大限の非難に値し、生命をもって罪を償うべきだ」と死刑を宣告した。

その後、控訴も上告も棄却され死刑確定。拘置所に収監された小川死刑囚は再審を請求するも棄却。２０１９年11月、第２次再審請求が行われ、２０２１年１月12日までに弁護団が、火元が異なる可能性を示す燃焼実験の結果を大阪地裁に提出したと伝えられている。

「生きていくのが嫌になった」と火をつけ、16人が犠牲に

1962年生

元厚生事務次官宅連続襲撃事件

小泉 毅

こいずみ たけし

一審	2010年3月30日　さいたま地裁　死刑判決
控訴審	2011年12月26日　東京高裁　控訴棄却　死刑判決支持
上告審	2014年6月13日　最高裁第二小法廷　上告棄却　死刑確定
収監先	東京拘置所

2008年11月17日19時頃、さいたま市南区に住む元厚生事務次官の山口剛彦（当時66歳）方を宅配業者を装った男が訪れ、元次官と妻（同61歳）を包丁（刃渡り約20センチ）で刺殺。翌日18日18時半頃には東京都中野区の元厚生事務次官の吉原健二（同76歳）方に同じく宅配業者を装った男が訪問。印鑑を持った元次官の妻（同72歳）の胸などを包丁で刺し、約3ヶ月の重傷を負わせた。

厚生省官僚トップだった2人の自宅が相次いで襲われたことから、警察が厚生行政を狙った連続テロを視野に捜査を開始して5日目の11月22日、警視庁にさいたま市在住の小泉毅（当時46歳）がレンタカーで出頭してきた。警察は、車にあったバッグの中に血の付いた包丁など刃物10本が見つかったため、小泉を銃刀法違反容疑で逮捕。さらに12月4日、2件の殺人と殺人未遂容疑で再逮捕した

小泉容疑者は事件の2年ほど前に東京都内のコンピュータ関連会社を解雇された後、インターネットを使った株取引で生計を立てていたが、事件当時は無職で、

数百万円の借金があった。ただ、犯行動機は金銭目的ではなく「34年前に保健所で殺された飼い犬の仇討ちであり、私怨から」と供述。さらに「元次官ら厚生官僚トップとその家族10人前後を殺害する計画だったが、警備が厳しくなって断念した」とも述べた。同容疑者は元厚生次官らの住所を、国会図書館にある職員録より取得していた。

さいたま地検は小泉容疑者の動機に「不可解さは残る」としながらも、精神鑑定でも刑事責任能力を認める結果を得ているとして殺人罪などの容疑で起訴。2009年11月26日の初公判で、小泉被告は起訴内容を大筋で認めたうえで、「あくまで無罪を主張する。私が殺したのは人間ではなく、心の中の邪悪な魔物。邪悪な魔物が作った狂犬病予防法という法律が毎日たくさんの罪のない犬を殺している」などと声を荒らげた。

「愛犬を保健所に殺処分にされた仇討ち」という不可解な犯行動機

対し、検察側は冒頭陳述で、小泉被告が飼っていた犬を保健所に殺処分されたと考えたことや、数十万匹の犬や猫が毎年殺処分されていることなどを知り「厚生省が保健所を所管していると思い、恨むようになった」と指摘。「多数の厚生事務次官経験者を殺害して死刑になって人生を終わらせ、動物の命を粗末にすれば自分に返ってくることを思い知らせようとした」と動機を説明した。

下った判決は死刑。裁判長は「計画は周到かつ綿密で、違法性を十分認識したうえで合理的に行動した」「愛犬をどれだけ可愛がっていたにせよ、重大事件を起こす事を正当化できない」「自首も止当性を訴えるため当初から計画されていた」と判決理由を説明した。その後、高裁、最高裁も一審判決を支持し死刑が確定。2023年10月現在、小泉死刑囚の処刑は執行されておらず、東京拘置所に収監中の身にある。

長野市一家3人殺人事件

松原智浩 辻野和史

上……まつばら ともひろ 1970年生
下……つじの かずふみ 1979年生

松原智浩被告

一審	2011年3月25日	長野地裁　死刑判決
控訴審	2012年3月22日	東京高裁　控訴棄却　死刑判決支持
上告審	2014年9月2日	最高裁第三小法廷　上告棄却　死刑確定

辻野和史被告

一審	2011年12月27日	長野地裁　死刑判決
控訴審	2014年2月20日	東京高裁　控訴棄却　死刑判決支持
上告審	2016年4月26日	最高裁第三小法廷　上告棄却　死刑確定
収監先	どちらも東京拘置所	

2010年3月24日未明、長野県長野市の建設会社社従業員の松原智浩（当時39歳）は、同社従業員の池田薫（同34歳）、リフォーム会社従業員の辻野和史（旧姓・伊藤。同31歳）、と共謀し、3人が勤務する会社のオーナーで長野市に住む韓国籍の男性K（同62歳）宅に侵入。K、長男のR（同30歳）、Rの内妻Y（同26歳）の首を絞めて殺害。現金約416万円を奪った後、Kと取引のあった愛知県西尾市の廃プラスチック販売業・斎田秀樹（同51歳）の協力を得て3人の死体をトラックで運搬、同市内の資材置場の土中に遺棄した。

動機は金銭ではなく怨恨である。松原は工業高校卒業後、真面目な配管工として働いていたが、2004年頃、独立しようと考え金融機関から融資を受ける。これを勝手に返済したのが金融会社も営んでいたKだ。松原は内装工事を頼まれたことをきっかけにKと知り合ったのだが、結果的にKに借金を返すことになり、さらに友人が資金を持ち逃げしたため、Kの建設会社に住み込みで働かされるようになる。果たして、その暮らしは始終監視カメラで見張られ自由は皆無。１ヶ月フルで働いても、ほぼ無給。睡眠時間も３〜４時間しか与えられない奴隷のようなものだった。

一方、辻野は専修学校を中退後、インド料理店に勤務するも、ヘルニアを理由に退職。ゴミ回収員や風俗店従業員として働き、22歳のときに結婚し子供も授かった。ところが、２００５年７月に元暴力団員のＭと知り合ったことで生活が一変する。Ｍに暴行を受けたり借金を強要された挙げ句、妻子と引き離され、Ｍの後輩分だったＫの長男Ｒの紹介でＫのリフォーム会社で働くことに。生活は松原同様に地獄だった。そして３年後の２００８年７月、決定的な出来事が起きる。Ｍとの関係がこじれ憎悪を抱いていたＲがＭを射殺し、遺体遺棄を手伝わされたのだ。遺体は、長野市若宮の貸倉庫内に車ごと放置されるが、この殺人の一部始終を知る辻野は、ＲやＫに対する恐怖を一層強めていく。

奴隷生活を強いた親子と内妻を絞殺

次第に正常な思考もできなくなった松原と辻野は、同じような暮らしを強いられていた池田を仲間に引き入れＫ親子の殺害を計画・実行。１ヶ月後の４月10日、Ｍの遺体が発見されたことで、一連の事件が明るみに出る。

判決公判で裁判長は、犯行動機と遺族への謝罪に理解を示しつつも「いかなる理由でも３人の尊い命を奪ったことは容認できない」と指弾し、十数分間も首を絞め続けた行為は「冷酷かつ鬼気迫るものがある」と非難。特に内妻殺害は「巻き添えとなったもので、理不尽な凶行の犠牲者である」として主犯格の松原、辻野被告に死刑、池田被告に無期懲役を言い渡す（斎田被告はほう助罪にとどまると判断され懲役18年）。控訴、上告も棄却され刑が確定した。２０２３年10月現在、松原死刑囚は第３次再審請求中。辻野死刑囚の再審請求情報は伝えられていない。

1988年生

宮崎家族3人殺害事件

奥本章寛《おくもと あきひろ》

一審	2010年12月7日　宮崎地裁　死刑判決
控訴審	2012年3月22日　福岡高裁宮崎支部　控訴棄却　死刑判決支持
上告審	2014年10月16日　最高裁第一小法廷　上告棄却　死刑確定
収監先	福岡拘置所

2010年3月1日夜、宮崎県宮崎市の建設会社社員・奥本章寛（当時22歳）から、自宅で妻（同24歳）と義母（同50歳）が死んでいるとの110番通報があった。宮崎県警の捜査員が駆けつけると、通報どおり頭から血を流し死亡している宮崎の妻と義母の遺体が発見され、生後5ヶ月の長男も行方不明になっていることが判明した。

警察が宮崎に事情聴取を聞いたところ、同日午前5時頃、長男の首を絞め溺れさせて殺害した後、自宅から約600メートル離れた、事件当時に宮崎が働いていた会社の資材置き場に死体を遺棄したことを自供。その後、妻の首を包丁で刺したうえ頭部もハンマーで数回殴って殺害、義母の頭部をハンマーで数回殴り殺したことを認めたため、殺人罪・死体遺棄罪で逮捕した。

宮崎は出産費用、車のローンなどを抱え、生活費の一部を義母に出してもらっていたが、出会い系サイトで知り合った女性とメールをするなど家庭を顧みず、2月23日、妻から「いつでも離婚してあげる」とメールを送られ、事件2日前には義母から「部落に帰れ。これだから部落の人間は」「離婚したければ離婚しなさい。慰謝料がっつり取ってやる」などと激しく罵られながら両手で頭を数回叩かれていた。この義母の叱責が、犯行を決意・実行する直接の動機だった。

2010年11月17日の初公判で奥本被告は起訴内容を全面的に認めたうえで、弁護側が「被告は明るく真面目な人だが、日ごろから義母に怒鳴られるなどして家に居場所がなかった」「離婚も考えたが、義母から高額な慰謝料を請求すると言われ、自由になるには3人を殺害しなければいけないと考えるようになった」などと主張した。対し、宮崎地裁は判決公判で被告の動機を認めたうえで、首を絞め浴槽に沈めた長男の殺害状況や、土中に埋めた証拠隠滅について「生後5ヶ月の我が子への情愛は感じられない。無慈悲

義母に生活態度を罵られ、妻子もろとも殺害

で悪質」と述べ、反省についても「表面的な言葉にとどまり、内省の深まりは乏しい」と言及。そして「更生の可能性は否定できない」としながらも「強い自己中心性や人命軽視の態度に照らせば、量刑で過大に評価できない」と死刑を宣告した。

その後、控訴が棄却され、奥本被告は最高裁に上告。一審で死刑を求めた義弟（妻の弟）が上告審を前に同被告と面会し「母の言動にも問題があった」などの理由から最高裁に死刑を回避し情状酌量するよう求める上申書を提出したが、最高裁は「結果は重大で、別の遺族が厳しい処罰感情を示している」として上告を棄却、死刑が確定した。

拘置所に収監された奥本死刑囚は2015年12月に恩赦を出願。2017年3月には宮崎地裁に再審を請求したものの同年9月に棄却。即時抗告も2018年3月、福岡高裁宮崎支部が退けた。

1966年生

静岡2女性殺害事件

桑田一也《くわた かずや》

一審	2011年6月21日	静岡地裁沼津支部	死刑判決
控訴審	2012年7月10日	東京高裁　控訴棄却	死刑判決支持
上告審	2014年12月2日	最高裁第三小法廷　上告棄却	死刑確定
収監先	東京拘置所		

2005年10月26日、静岡県清水町のリフォーム業・桑田一也（当時39歳）は飲食店で働く不倫相手の女性Aさん（同22歳）から借金約990万円を返済するよう迫られたため、同県沼津市内の当時の自宅寝室で馬乗りになって首を絞めて殺害。翌日、御殿場市のATMで女性名義のキャッシュカードから現金355万2千円を引き出し、さらにAさんの委任状を偽造、同年11月7日から2006年2月1日にわたり、彼女の口座から合計2千358万円も騙し取った。この間、Aさんの遺体はシートにくるんで台所に放置し、同年1月頃、ドラム缶に遺体を入れ、友人が所有する沼津市内の空き地に捨てた。

被害者Aさんの母親は2005年末から娘との連絡が途絶えたことから、2006年になり御殿場警察署に捜索願を出していたが、手がかりは全くつかめず、桑田の犯行も露呈しなかった。

その後、桑田は一方的に妻と別れ、新たにBさんと入籍したものの、生活費などをめぐって口論になり、2010年2月23日、清水町の自宅アパートでBさん（当時25歳）

の首を絞めて殺害。3月2日に死体を、前妻と子供が住む御殿場市の家の物置に遺棄した。3日後の同月5日、桑田は東京地検の職員を騙り、沼津市の女性（同67歳）から保険料の名目で現金約92万円を騙し取った詐欺容疑で4月12日に逮捕されるが、時を同じくして前妻が転居し、5月5日、物置を清掃していた作業員がBさんの遺体を発見。死体遺棄容疑、その後、殺人容疑で再逮捕された。

この報道で桑田のことを知ったAさんの母親が、娘が桑田と交際していたことを警察に相談。8月12日、沼津市の空き地で、ドラム缶に入ったAさんの遺体が見つかり、翌日、桑田容疑者は殺人容疑で再逮捕された。

公判で検察側はAさん殺害について「女性を殺せば返済も迫られない」と考え犯行に及んだと指摘したうえで、女性の母親から送られてくるメールに返事を送るなどして生きているように装ったと悪質性を強調。Bさん殺害は「御殿場市に住む桑田被告の元妻に金を出してもらうと言い出したことから、妻がいなければ元妻宅の家族を傷つけずに済むと考え犯行に及んだ」と主張した。対し、弁護側はAさん殺害は「警察に相談に行かせたくない」という一心から。Bさん殺害は「妻が桑田被告の元妻宅に無言電話をかけるなどの嫌がらせをしたため、追いつめられた末の犯行だった」と反論。最終意見陳述で桑田被告は「どういう処罰で償ったことになるのかわからないが、死ぬことでそれが叶うなら、それが自分にふさわしいと思う」と述べ、傍聴席の遺族に向かい「本当に申し訳ありませんでした」と頭を下げた。

果たして、裁判所が下した判決は死刑。高裁、最高裁ともに一審判決を支持し死刑が確定した。

邪魔になった愛人と再婚相手を殺し、死体を前妻の自宅の物置に遺棄

1969年生

横浜・深谷連続殺人事件

新井竜太《あらい りゅうた》

一審	2012年2月24日	さいたま地裁　死刑判決
控訴審	2013年6月27日	東京高裁　控訴棄却　死刑判決支持
上告審	2015年12月4日	最高裁第二小法廷　上告棄却　死刑確定
収監先	東京拘置所	

　2008年3月13日午前10時頃、横浜市に住む内装工の新井竜太（当時38歳）は、従兄弟で埼玉県富士見市の無職・高橋隆宏（同37歳）と共謀。新井の実家の内装会社で、住み込み従業員の女性Yさん（同46歳）に睡眠薬を飲ませたうえ浴槽に沈めて殺害した。高橋とYさんは2006年11月、出会い系サイトで知り合い、高橋に惚れ込んだYさんが言われるがまま夫と離婚。新井と高橋の金づるとして借金や売春を強要され、財産相続のため高橋と養子縁組までさせられていた。

　通報を受け駆けつけた警察官は、Yさんが前日深夜まで大量に飲酒していたこと、普段からアルコール依存症的なところがあったとの新井の説明を鵜呑みにし事故として処理。その後、新井は保険会社に「事故による溺死」と虚偽の申告を行い、死亡保険金約3千600万を詐取した

　1年後の2009年8月7日午前5時50分頃、新井はかねてより金銭トラブルが生じていた埼玉県深谷市に住む叔父Kさん（同64歳）の殺害を計画。高橋に指示し、自宅で酒を飲んで眠り込んだKさんの胸を包丁で刺し殺害した。

2日後の9日午後、Kさんの家の洗濯物が干されたままになっているのを不審に思った友人が通報し、警察官が室内で刃物が胸から背中にかけて貫通している遺体を発見。埼玉県警は当初、遺体に争った形跡がなく、室内も荒らされていなかったことから自殺とみていたが、遺書もなかったため他殺の可能性も視野に入れ捜査を開始した。

10ヶ月後の2010年6月、新井と高橋は交通事故を偽装し保険会社から約85万円を騙し取った容疑で逮捕される。一方、Kさんの事件を捜査していた埼玉県警は、新井とKさんの間で金銭トラブルが生じていたことを突き止めた。そんななか、6月20日に高橋がYさん殺害について上申書を作成し自首。その後、容疑が強まったとしてKさん、およびYさん殺害容疑で、両容疑者を再逮捕した。

2012年1月17日の初公判で新井被告は、Yさん殺害について「事故で亡くなったと思っていた」と供述。死亡保険金3千600万円の詐取についても「事故で亡くなったので詐欺ではない」と主張し、叔父の殺害に関しても「殺していません」と否認した。

私欲にまみれた従兄弟同士の犯行で、首謀者が極刑に

しかし、検察側は「（Yさんが）思ったより稼げなくなったと高橋被告に相談され、事故に見せかけて殺すように指示した」と指摘。叔父殺害も、金銭トラブルで邪魔になった被害者を高橋被告に命じて殺させたと主張。さいたま地裁は検察側の言い分を全面的に認め「騙し取った保険金の約8割が新井被告の分け前となったことなどから、被告が首謀者であることは明らか。命を多額の金銭に換えた、利欲的でおぞましい動機に酌量の余地はない」と新井被告に死刑、高橋被告に無期懲役の判決を下した。高橋被告は控訴せず刑が確定。新井被告は控訴審、上告審まで争ったが、訴えは退けられ、死刑が確定した。

1968年生

高見素直《たかみすなお》

大阪此花区パチンコ店放火殺人事件

一審	2011年10月31日　大阪地裁　死刑判決
控訴審	2013年7月31日　大阪高裁　控訴棄却　死刑判決支持
上告審	2016年2月23日　最高裁第三小法廷　上告棄却　死刑確定
収監先	大阪拘置所

２００９年7月5日16時頃、大阪市此花区の無職・高見素直（当時41歳）が、自宅から徒歩5分のところにある、阪神なんば線千鳥橋駅南側繁華街の雑居ビルに入居していたパチンコ店で、バケツに入れたガソリンをまいてマッチで火を放ち、客の女性2人と男性2人、従業員の女性1人を焼死させ（男性客の1人は後に搬送先の病院で死亡）、19人に重軽傷を負わせた。

店員らの証言から、放火後に逃走した不審な男がいたことがわかり、大阪府警が現住建造物等放火・殺人・殺人未遂容疑で捜査を開始したところ、事件翌日の6日12時40分頃に山口県警岩国警察署に高見が出頭して犯行を自供。同日20時50分、大阪府警が逮捕した。

高見容疑者は高校卒業後、10以上の職を転々とし、２０09年4月に退社後は職に就いておらず、犯行当時、消費者金融などから約２００万円の借金があった。取り調べに対し、同容疑者はその返済ができないことに嫌気がさして犯行に及んだと供述した。

起訴前、大阪地検は高見容疑者について、3ヶ月間の精神鑑定を実施。結果、「統合失調症」と診断されたが、地検は刑事責任能力があると判断し、12月3日に起訴に踏み切った。

公判で検察側は、仕事が見つからず生活苦に陥った同被告が「誰でもいいから殺して、むしゃくしゃを晴らしたいと考えた」と指摘。簡単に多数の人を殺害できるとの理由でパチンコ店を狙ったとした。責任能力の程度と、死刑制度の違憲性の争点については、犯行後に逃走したことや公判前の精神鑑定などを踏まえ「(被告に)違法性の認識はあり、刑事責任能力は完全」と主張。「死刑はこれまでの判例で合憲とされている」と述べた。対し弁護側は、高見被告が覚せい剤使用による精神障害で「マーク」という集団や「みひ」という女性に嫌がらせを受けている妄想にとらわれ、「見て見ぬふりをする世間に攻撃しようとした」と動機を説明し、「善悪の判断能力が著しく損なわれていた」と主張。高見被告自身は直接質問で「当然死刑でいいと思う」と証言、謝罪を求めた遺族に対し「今さら謝る気もない」と述べた。

謝罪を求めた遺族に「今さら謝る気もない」

判決公判で裁判長は、起訴内容どおりの犯罪事実を認定。精神鑑定の結果などから「被告は犯行当時、主体的に判断し、行動できていた」と完全責任能力があったと判断したうえで「大量無差別殺人に向けた計画的で残虐非道な無差別殺人事件だ。まれに見る悲惨な事案で動機も身勝手極まりない。生命をもって償わせるしかない」と死刑を宣告した。

控訴審でも弁護側は「妄想の影響を受け、責任能力は限定的だった」と主張したが、高裁は「犯行時やその前後を通じて特に異常な言動はなく、妄想が直接影響を与えたとまでは言えない」と控訴を棄却。最高裁も上告を退け死刑が確定した。高見死刑囚は2023年10月現在、大阪拘置所に収監中の身にある。

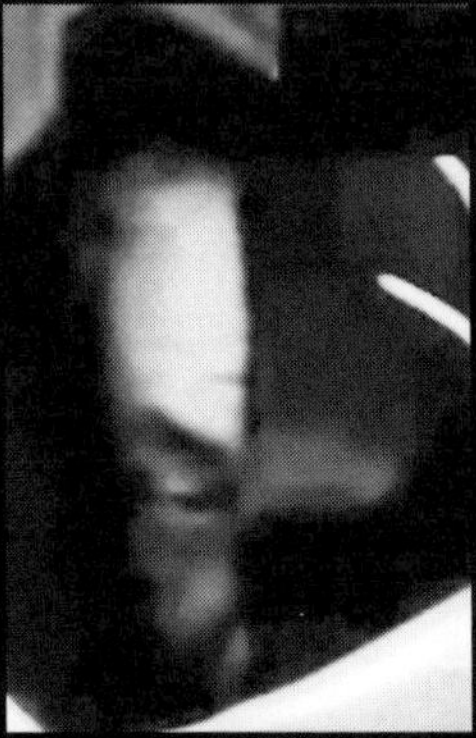

1966年生

福島会津美里夫婦強殺事件

高橋明彦《たかはし あきひこ》

一審	2013年3月14日　福島地裁郡山支部　死刑判決
控訴審	2014年6月3日　仙台高裁　控訴棄却　死刑判決支持
上告審	2016年3月8日　最高裁第三小法廷　上告棄却　死刑確定
収監先	仙台拘置所

　2012年7月26日午前5時20分頃、無職の高橋（旧姓・横倉）明彦（当時45歳）が福島県会津美里町に住む病院職員の男性Eさん（同55歳）方に侵入し、現金1万円が入った財布やキャッシュカードなどを盗んだ。その後起きてきたEさんを持参したペティナイフを突き刺して殺害。さらに、近くにいたEさんの妻Yさん（同56歳）を脅してネックレスなど（約1万円相当）を奪うも、Yさんが119番に通報していたため、彼女を刺殺し現場から逃走した。

　高橋は2011年11月頃、都会の暮らしに疲れ妻と会津若松市に引っ越してきた。仕事は見つからなかったが、高橋は妻に「就職した」とウソをつく。実際は「外国為替オプション取引」で金を稼ごうとしており、元手は妻の衣服やかばんを無断で質入れして得た金だった。もっとも素人が簡単に利益を出せるはずもなく、やがて金に窮し住んでいたアパートを出ていかざるをえなくなる。そして、2012年7月13日頃から、福島県大沼郡の空き家の敷地を無償で借り受け、敷地に駐車した自動車内で生活するように。

そのうち、家の購入を望むようになった妻に高橋は仕事さえしていないのに「勤め先から家の購入資金を借りられる」とウソをつき、結果、強盗で金を得ることを決意するに至った。

事件は、犯行当時草刈りのため外に出ていたEさんの母が悲鳴を聞き、家に戻ったことで発覚。福島県警が目撃証言などをもとに捜査した結果、高橋が浮上し、26日に同町内で発見。任意同行して調べたところ、容疑を認めたため、27日、強盗殺人容疑で逮捕した。

公判で高橋被告と弁護側は「最初は、殺意はなかった。具体的な殺害方法は考えておらず、被害者に抵抗されたため殺害した」と主張。対し、検察側は「自宅の購入資金が必要になり、最初から住民を殺してでも金を得ようと、人目につきにくく、貯金があると考え被害者宅を襲った」と指摘したうえで、119番の録

車上暮らしの男が、住宅資金購入のため凶行を

音記録などをもとに、同被告が、震える声で「お願い」と命乞いを繰り返した妻を殺害し、消防からの折り返しの電話に「大丈夫です」と冷静に応えた行為を「大金強奪のため黙々と事を進めた」と述べた。裁判所が下した結論は死刑。裁判長は「住宅購入用の現金を奪うという動機は利欲的で、更生の余地を考慮しても極刑が相当」と判決理由を述べた。控訴、上告も却下され死刑確定。ちなみに、本事件で裁判員に選任された福島県内の60歳代の女性が、証拠調べで、被害者の遺体や傷口のカラー写真や、被害者が消防署に救助を求める音声などの影響で急性ストレス傷害になったとして国に慰謝料を求める民事訴訟を起こした。結局、訴えは認められなかったが、この一件をきっかけに裁判所は、遺体写真のイラストでの代用を検察に求める、裁判員候補者に衝撃的な証拠が出ることを伝え辞退も認めることなどを決定した。

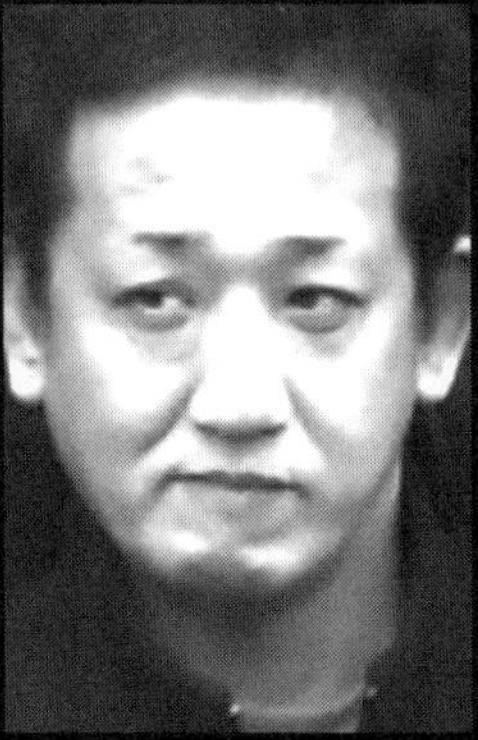

1966年生……あさやま かつみ

山形・東京連続放火殺人事件

浅山克己

一審	2013年6月11日　東京地裁　死刑判決
控訴審	2014年10月1日　東京高裁　控訴棄却　死刑判決支持
上告審	2016年6月13日　最高裁第二小法廷　上告棄却　死刑確定
収監先	東京拘置所

2010年10月2日22時10分頃、名古屋市の無職・浅山克己（当時44歳）は元交際相手である男性Aさんの両親が住む、山形市の木造二階建て一階の書斎の外壁と、近くに置かれていたゴミ袋に灯油をまいたうえ、ライターで火を付けたティッシュを放り投げて放火。住宅を全焼させ、Aさんの父（同71歳）と母（同69歳）を焼死させた。

同性愛者である浅山とAさんは2008年10月、知人の紹介で知り合い、交際を始めた。しかし、浅山の束縛と暴力に悩んだAさんが別れ話を切り出したところ、浅山は職場に暴露すると脅迫。その後も交際は続いたものの、Aさんが2010年5月に実家のある山形市に転居すると、浅山は電話やメールを送り続け、9月には実家まで押しかけ、無理やり名古屋市まで連れ帰った。Aさんは「母親の介助をしなければならない」と再び実家に戻ったが、浅山はその後も大量のメールや電話を続け、事件を起こした。ちなみに、山形県警は浅山のストーカー行為を把握していたものの、出火原因の特定には至らず、失火の可能性が高いとして処理していた。

1年後、浅山はさらなる犯行に及ぶ。2011年11月24日、便宜上結婚していた妻・小夕里（同42歳）と共謀し、元交際相手の男性Bさんの母親（同76歳）が住む東京都江東区の12階建てマンションの9階にベランダから侵入。帰宅してきた母親を縛ったうえ、大きなたらいをかぶせて炭を燃焼させ、一酸化炭素中毒にして殺害。室内に灯油をまき、全焼させた。Bさんは2010年2月以降に計3ヶ月間、浅山夫婦と同居していたが、夫婦からの暴力に耐えかねて逃亡。9月以降、浅山は何度も母親宅を訪れ、男性Bに会わせるように迫っていた。

犯行後、浅山と小夕里はBさんの行方を調べようと区役所で長男を装い住民票の写しを受け取ったりして、2012年1月5日、有印私文書偽造とストーカー規制法違反容疑で逮捕。その後、江東区の事件と山形市の事件への関与も認めたため、殺人、現住建造物等放火などの容疑で再逮捕された。

ゲイの交際相手とヨリを戻すため親族3人を殺害

3月25日、浅山容疑者は警察の留置場で首吊り自殺を図り、意識不明の重体となったが後に意識が回復し、30日に追起訴。2013年5月9日から裁判が始まった。

判決公判で東京地裁は山形の事件について「避難能力の劣る夫婦が死亡する危険性が高いことを認識しながら放火したと推認できる」と認定し、江東区の事件は「命乞いを無視して殺害しており、残忍極まりない」と指摘。「全く落ち度のない被害者が3人も殺害され、社会に与えた衝撃も大きい。交際相手を連れ戻したいという願望を実現するために重大な犯行を繰り返しており、犯情は極めて重い」と死刑を宣告した。控訴審、上告審も一審判決を支持し死刑確定。小夕里被告は一審で懲役18年が下り、控訴せず確定した。

1991年生

石巻3人殺傷事件

千葉祐太郎《ちば ゆうたろう》

一審	2010年11月25日　仙台地裁　鈴木信行裁判長　死刑判決
控訴審	2014年1月31日　仙台高裁　控訴棄却　死刑判決支持
上告審	2016年6月16日　最高裁第一小法廷　上告棄却　死刑確定
収監先	仙台拘置支所

２０１０年２月10日午前６時40分頃、宮城県石巻市に住む解体工の千葉祐太郎被告（当時18歳）は後輩の少年（同17歳）とともに、かつて交際していた東松島市に住む女性Aさん（同18歳）宅に合鍵を使って侵入。Aさんと話をさせるよう姉のBさん（同20歳）に求めたが断られたため、持っていた牛刀（刃渡り約18センチ）でBさんの腹部を刺して殺害した。また、悲鳴を上げて怯えるAさんの知人の女子高校生（同18歳）の肩をつかんで立たせ、腹部を何回も突き刺して殺害。さらに救急車を呼ぼうとした友人男性（同20歳）もナイフで刺し大ケガを負わせた。

その後、千葉らはAさんを連れ出し、約6時間にわたり知人から借りた乗用車2台を使い、石巻市や東松島市などを逃げ回ったが、6時間後の13時過ぎ、石巻市内の知人宅を出たところを拉致と監禁容疑で現行犯逮捕された。

千葉とAさんは２００８年8月頃から交際し、2〜3週間後から暴行が始まったため、Aさんは相談に訪れていた石巻署の紹介で、DVの保護施設に入所した。が、まもなく、同署に「（千葉と）よりを戻した」と連絡が入り、２００９年10月には女児が誕生。しかし、その後も暴力は続き、２０１０年１月以降、警察への相談が再び増加。Ａさんが祖母宅に身を寄せたところ、同年２月４日と５日に千葉が家に押し入り、Ａさんに殴る蹴るの暴行を働き全治１ヶ月の重傷を負わせる。そして、実家に戻った10日に事件発生。被害に遭った女子高生と知人男性は日頃から姉妹の相談を受けており、この日も家に居合わせていた。

２０１０年11月15日の初公判で千葉被告は起訴事実を大筋で認めた。対し検察側は「Ａさんとの仲を引き裂こうとしている姉を深々と牛刀で刺した。強固な殺害があった。被害者遺族の処罰感情はしゅん烈。犯罪性向が根深く、もはや更生の可能性はない」と指摘。一方、弁護側は「Ａさんと話したいと思って自宅を訪れた時に殺意はなかった。深く反省している」と述べ、保護処分が相当で家裁への移送を主張した。また公判には共犯の少年も出廷し、事件直前に千葉被告に「おまえが罪をかぶれ」と言われたと証言。同被告が返り血を浴びることを想定し、少年のダウンジャケットを着て女性宅に入った状況を明らかにし、被告を「卑怯者」と批判した。

「18歳7ヶ月であっても死刑を回避する理由にはならない」

最終陳述で「僕みたいな最低なことをしてしまう人が現れないように、今後のためにも、厳しく処罰してください」と頭を下げた千葉被告に対し、裁判長は「事件当時18歳7ヶ月だったことは刑を決める上で相応の考慮は払うべきだが、死刑を回避する理由にならない」と死刑を宣告（共犯の少年は懲役３年以上6年以下の不定期刑で確定）。高裁、最高裁も一審判決を支持し死刑が確定した。その後、千葉死刑囚は再審を請求したが、２０２１年10月、最高裁は特別抗告を棄却する決定を下した。

1984年生

長崎ストーカー殺人事件
筒井郷太《つついごうた》

一審	2013年6月14日	長崎地裁	死刑判決	
控訴審	2014年6月24日	福岡高裁	控訴棄却	死刑判決支持
上告審	2016年7月21日	最高裁第一小法廷	上告棄却	死刑確定
収監先	福岡拘置所			

2011年12月16日18時頃、三重県桑名市に住む無職・筒井郷太（当時27歳）が、元交際相手の女性Aさん（同23歳）の長崎県西海《さいかい》市にある実家の敷地内に侵入し、祖母（同77歳）と母（同56歳）を包丁で刺殺、財布などを奪った後、2人の遺体を母のワゴン車に押し込んで隠した。

筒井とAさんは2010年9月にインターネットの出会い系サイトで知り合い交際に発展、2011年5月から千葉県習志野市のマンションで同居を始めた。が、支配欲の強い筒井はAさんのメールを先にチェックする、勝手に家族や友人たちと連絡を取らせない、勤務先の出来事について10〜15分おきにメールや電話で報告させるなど、異状なまでに彼女を束縛。同年6月下旬以降、連絡や帰宅が遅れたという理由でAさんの頭や顔を殴る蹴るなどの暴行を働くようになる。

ほどなくAさんの親族はその事実を知り、父親が長崎県警西海署に相談。同署から相談を受けた習志野署員やAさんの会社上司らが筒井の家に赴き、傷害容疑で任意同行するとともに「二度と近づかない」との誓約書を書かせて帰した。同時にAさんの父親は翌31日、娘を西海市の自宅に連れ戻した。

その後、筒井はAさんが戻るように仕向けることを考え、脅迫メールを彼女の友人らに送信。Aさんが習志野署に被害を申告し、筒井は改めて彼女に近づかないよう注意され、三重県の実家に戻った。が、Aさんが親族に実家に連れ戻されたと信じ込んだ筒井の怒りは増幅し、ついに凶行に及ぶ。このとき、Aさんと父親は東京にいて難を逃れた。

事件当日の21時頃、学校から帰宅した次男が、室内が荒らされている状況を知り、ワゴン車の荷台から2人の死体を発見し警察に通報。家族らの説明から筒井が浮上し、捜査員が17日午前9時20分頃、長崎市内のホテルにいた筒井に任意同行を求め、同日、殺人、住居侵入容疑で逮捕した。

公判で、検察側は筒井被告は大学時代から交際相手にストーカーや暴力行為を

元カノを取り戻すため 一家皆殺しを計画・実行

しており、Aさんに対しても冷静な判断ができなくなるほど筒井被告が日常的な暴力で支配していた経緯を指摘。Aさんの家族を皆殺しにして奪い返すと決意し事件の8日前に包丁を購入、手袋を準備するなど計画的な犯行だったと主張した。対し筒井被告は「警察と検察が都合良く証拠を作り変えている。犯人は別にいる」と無罪を主張し、弁護側も「被告はAさんが病気になったときに看病するなど、関係は良好だった」と述べた。長崎地裁が下した判決は死刑。裁判長は「公判では不合理な弁解に終始し、改悛の情は全く見いだせない。何の落ち度もない2人の命を理不尽に奪った責任は重い。犯行は冷酷、残虐で更生の可能性も低い」と理由を説明した。

控訴、上告も棄却され死刑確定。福岡拘置所に収監された筒井死刑囚は2020年3月30日付けで長崎地裁に再審を請求した。

1974年生……きじま かなえ

首都圏連続不審死事件

木嶋佳苗

一審	2012年4月13日	さいたま地裁	死刑判決	
控訴審	2014年3月12日	東京高裁	控訴棄却	死刑判決支持
上告審	2017年4月14日	最高裁第二小法廷	上告棄却	死刑確定
収監先	東京拘置所			

北海道別海《べつかい》町出身の無職・木嶋佳苗は2008年5月から、大学生やヘルパーと偽って自己紹介し、インターネットの婚活サイトを利用して少なくとも20人以上の独身男性と次々と結婚を約束し、「学費」「生活費」などを口実に多額の金を受け取っていた。後の本人の証言によれば「19歳で初めて愛人契約を男性と結び、性の奥義を極めたいと思うに至り、男性から報酬を受け取るのは正当で当然と思うようになった。金銭を騙し取る罪悪感もなかった」らしい。そんな木嶋が犯したとされるのが、以下の事件である。

●2007年8月、千葉県松戸市の自営業の男性（当時70歳）が自宅の風呂場で不審死。木嶋に貢いだ金額は約7千400万円。●2009年1月30日から31日に東京都青梅市の会社員男性（同53歳）が一酸化炭素中毒死。死亡直前に男性の銀行口座から木嶋の銀行口座に計1千700万円が振り込まれていた。●2009年5月15日、千葉県野田市の男性（同80歳）の自宅が出火し、一酸化炭素中毒で男性が死亡。遺体近くの和室に練炭数個が置かれていた。男性の父は著名な画家で、木嶋は絵を盗んで高価な値段で売却していた。●2009年8月

6日、東京都千代田区の会社員男性（同41歳）が埼玉県富士見市の駐車場にとめたレンタカー内で死亡。死因は一酸化炭素中毒死。木嶋は男性に結婚する気があると装い、約470万円を受け取っていた。

その他、2008年9月から2009年9月にかけて7人の男性から約1千100万を詐取し、さらに時期は不明ながら木嶋の周辺で2人の男性が不審死を遂げている。

埼玉県警はこのうち8の事件を捜査中に、木嶋に不自然な金が流れていることを突き止め、2009年9月30日に逮捕（当時34歳）。最終的に2007年の事件を除く殺人3、詐欺・同未遂6、窃盗1の計10件で起訴する。

公判で木嶋被告は詐欺について「支援してもらったのは間違いない。ただ結婚を真剣に考えていた」と主張。殺人について

婚活サイトの男性から金銭を詐取し、煉炭で一酸化炭素中毒死に

いても「殺していない」と断言し、起訴事実を全面否認した。実際、物的証拠は無きに等しかった。

しかし、判決公判で裁判長は3件の殺人事件で現場に残された練炭と、被告が事前に準備した練炭が同じメーカーのものであり、「偶然とは考えにくい」と指摘し、「いずれも被告の犯行と推認できる」と認定。動機についても、被告が3人と金銭目的で交際したとし、「結婚する意思はなく、受け取った金の返済を迫られることを恐れた。ぜいたくで虚飾に満ちた生活を維持するために、受け取った金の返済を免れるための犯行。6ヶ月間で3人の尊い命を奪った結果は深刻で甚大。あまりにも身勝手で利欲的な動機であり、酌量の余地など皆無」と死刑を言い渡した。木嶋被告は控訴審、上告審でも無罪を訴え続けたが、主張は退けられ死刑確定。2023年10月現在、東京拘置所に収監中の身にある。

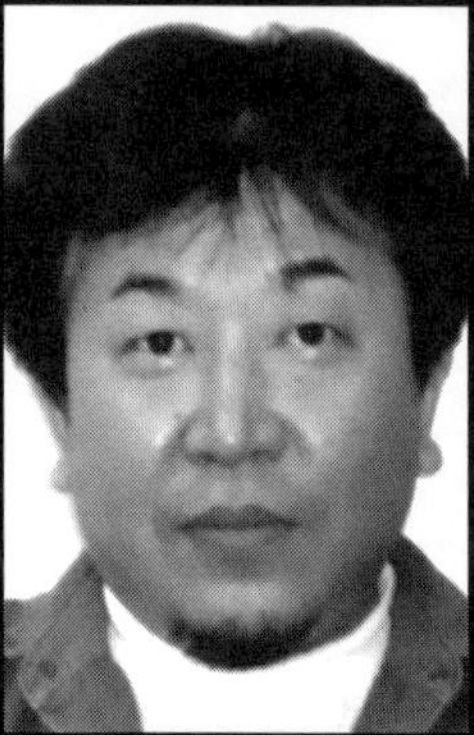

1967年生

大阪ドラム缶遺体事件

鈴木勝明

すずき かつあき

一審	2013年6月26日　大阪地裁堺支部　死刑判決
控訴審	2014年12月19日　大阪高裁　控訴棄却　死刑判決支持
上告審	2017年12月8日　最高裁第三小法廷　上告棄却　死刑確定
収監先	大阪拘置所

２００４年12月３日、大阪府堺市の建設作業員・鈴木勝明（当時37歳）は和泉市の元カーペット製造販売会社社長方で、元社長の男性Aさん（同74）と妻Bさん（同73歳）の頭部を鈍器で殴って殺害し、高級腕時計ロレックス２個や乗用車１台など（計２４０万円相当）を奪った。

遺体を車のトランクに入れたまま４日が過ぎた同月７日、上田は阪南市の貸ガレージを借り、Aさんの携帯電話から「夫婦で金沢の温泉にいる。心配するな」というメールを親族に送信。その後、ホームセンターでドラム缶を購入し、遺体をのこぎりでバラバラにしてドラム缶に詰め、厳重に密閉・放置した。

鈴木は２００３年９月に泉南《せんなん》市の建設会社へ入社。２００４年１〜２月、Aさんの会社事務所の新築工事で力仕事を担当していたが、その後、金銭トラブルを理由に６月に解雇。当時、消費者金融などに数百万の借金があったことから、金持ちと見定めたAさん宅を強盗目的で狙った。

事件後、鈴木は貸しガレージ１ヶ月分の賃料を払った後、シャッターの鍵を返却せずに管理人と連絡を絶ち、その後5年間、ガレージは誰も使っていなかった。しかし、２００９年11月25日、新しい借り主が決まり、管理人がシャッターを開けて遺体を発見。鈴木被告が捜査線上に浮かび、27日、社長宅からロレックスや乗用車を盗んだ窃盗容疑で逮捕された。ただ、鈴木容疑者は殺人の関与を否認し、連絡先を知らないヤミ金の知人の２人の男が殺害したと主張。物的証拠がないことから捜査は難航したものの、大阪府警は状況証拠から鈴木容疑者の単独犯行と断定、12月3日に強盗殺人容疑で同容疑者を再逮捕した。

２０１３年5月20日の強盗殺人における初公判で、鈴木被告は「絶対にしていない。別の２人が殺害したと思う」と、男性２人の名前を挙げ無罪を主張した。しかし、検察側は「被告は遺体が見つかったガレージの借り主で、夫婦が殺害さ

「殺害犯は自分とは違う２人の男」と無罪を主張

れた直後に元社長の腕時計を質屋で換金していた」と指摘。さらに「被告が関与を主張する別人は存在せず、鈴木被告が借金返済のため単独で夫婦を殺害した」と主張した。対し弁護側は「真犯人は２人の男と思われる」と訴え、事件後、府警が採取した血痕などを鑑定せずに紛失し、さらに取り調べ時に警察官が怒鳴るなど違法な捜査があったなどとして、公訴棄却を求めた。そして「直接証拠はなく、疑わしいというだけで犯人と決めつけないでほしい」と裁判員に呼びかけた。

大阪地裁の出した結論は死刑。裁判長は「遺体遺棄の方法は凄惨で犯人でなければしない手口だ。鈴木被告が犯人でないという説明は、もはやできない」と判決理由を説明した。あくまで無罪を主張する鈴木被告はその後、高裁、最高裁に訴えるも棄却。確定死刑囚として大阪拘置所に収監された。

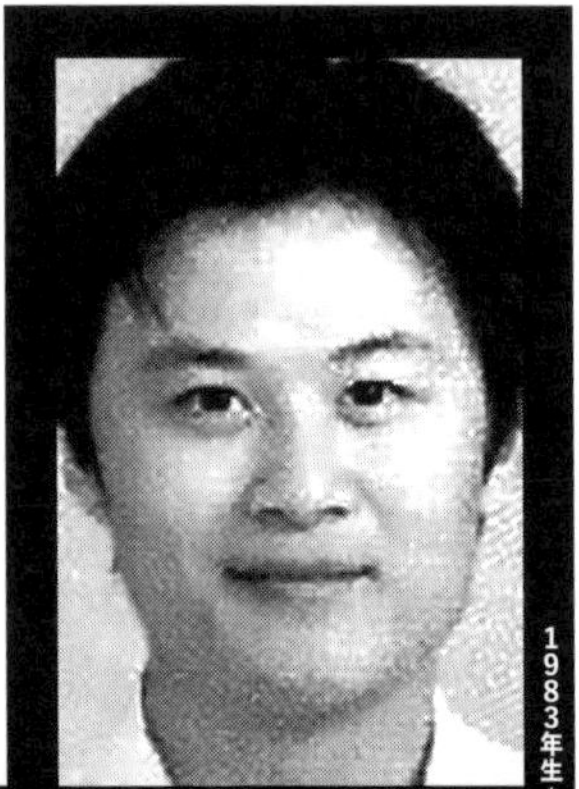

1983年生……リン・ジェンホア

愛知県蟹江町母子3人殺傷事件

林振華

一審	2015年2月20日　名古屋地裁　死刑判決
控訴審	2015年10月14日　名古屋高裁　控訴棄却　死刑判決支持
上告審	2018年9月6日　最高裁第一小法廷　上告棄却　死刑確定
収監先	名古屋拘置所

2009年5月1日22時頃、中国籍の無職・林振華（当時25歳）は愛知県蟹江町に住む女性会社員Yさん（同57歳）方に顔にマスクを着けて侵入。金品を物色していたところ、背後からYさんに「誰や、おまえは」と声をかけられたため、モンキーレンチで頭部を殴り殺害した。その後、帰宅した会社員の次男（同26歳）も包丁で刺殺。さらに、翌日の午前2時半頃に帰宅した三男（同25歳）もクラフトナイフを数回突き刺したが、「殺さないでくれ」と命乞いをされ、顔を見られていなかったことから殺害を思いとどまり、三男の手首と電気コードで縛り上げ、頭をパーカーやガムテープで包んで目隠しをした後、屋内に監続ける。

林は中国・山東省出身で、2003年10月に20歳で来日したが、生活は困窮し、万引きなどを繰り返していた。2006年に三重大学人文学部へ入学。三重県の私費留学生奨学金を申請したものの成績不良などを理由に認められず生活は苦しいまま。さらに事件の前、津市のスーパーで万引きを働き、罰金命令を受ける。林は支払えなければ身柄を拘束され、退学を迫られると思い込み、強盗を計画。最初は電車で名古屋市内を移動しながら犯行の機会を狙ったが、周囲に人が多いことから断念し、再び三重県方面に向かい、下車したのが急行電車で最初に停車する近鉄蟹江駅だった。被害に遭ったYさん宅は、たまたま玄関が空いており林のターゲットになった。

翌日2日正午頃、出社してこない次男の上司が自宅を訪問するも応答なし。不審に思った上司は近くの交番に届け、12時20分頃、蟹江署員が家を訪れ、両手を電気コードで縛られた状態の三男を発見した。このとき、林は玄関近くの廊下にうずくまっていたが、警察は被害者の家族と誤解し、署員が携帯無線で署と連絡を取るために目を離した約2分間に、勝手口から逃走した。

津市の駐車場で乗用車1台などを盗んだ容疑で、三重県警が林を逮捕したのは事件から3年5ヶ月後の2012年10月19日。後のDNA鑑定で、事件で残された遺留物のDNAが林容疑者のものと一致したため、12月7日、強盗殺人及び強盗殺人未遂容疑で再逮捕した。

生活に窮し強盗殺人を犯した中国人留学生

判決公判で裁判長は「強盗や殺人に及ぶことを事前に計画していたわけではないが、包丁が折れ曲がるほど強い力で刺すなど執拗で冷酷な犯行。動機は自己中心的で身勝手だ。反省も真摯なものとは認めがたい」として死刑を宣告。弁護側は、あくまで殺害はなかったと減刑を求め控訴したが、高裁は「犯行の態様は執ようで無慈悲」と訴えを退け、続く最高裁も「殺害を思いとどまる機会があったのに、その都度凶器を手にして犯行に及んだ。強固な殺意に基づく残酷な犯行で、身勝手な動機に酌量の余地はない」と上告を棄却し死刑が確定した。2023年10月現在、林死刑囚は名古屋拘置所に収監中の身にある。

1969年生……わたなべ つよし

銀座資産家夫婦強盗殺人事件

渡邉 剛

一審	2014年9月19日　東京地裁　死刑判決
控訴審	2016年3月16日　東京高裁　控訴棄却　死刑判決支持
上告審	2018年12月21日　最高裁第二小法廷　上告棄却　死刑確定
収監先	東京拘置所

２０１２年12月、スイス在住の投資ファンドマネージャーの資産家男性Tさん（当時51歳）と妻のMさん（同48歳）が行方不明になった。夫婦は同年11月下旬に日本へ帰国。会社の同僚に栃木県日光市で行われるパーティに参加すると伝え、12月7日に東京都中央区銀座のマンションを出たのを最後に連絡が途絶えた。このパーティには歌手の福山雅治も参加するとされていたが、実際のところパーティは実施されておらず、スイスに帰る航空券も自宅に残されていたことから、夫婦はウソの話で何者かに誘い出されたものと見られた。

年が明けた２０１３年１月28日、埼玉県久喜《くき》市の空き地で夫婦の遺体が発見される。２人の遺体には首が絞められた痕があり、警察は殺人事件として捜査を開始。現場に残されていた被害者とは別の血痕から無職の男性K（同41歳）を割り出し、１月29日、逃亡先の沖縄県宮古島市で死体遺棄容疑で逮捕する。これを知ったKの元上司で水産物流通会社社長の渡邉剛（同43歳）が同日16時頃、宮古島市でトイレ用洗剤を飲んで自殺を図ったが宮古島署員に発見され、回復を待って逮捕される。警察は事件の1年ほど前にTさんと知り合い付き合いのあった渡辺が事件に関与していると睨み、その行方を追っていた。

渡辺は2001年、勤務していた東京都江東区の水産加工物販売会社の社長に就任。会社は鯨肉の販売が中心で、2007年頃にはオマーンの複数の大手水産会社から魚介類を輸入するようになったが、鯨肉市場の縮小とともに売り上げが落ち、2009年夏には営業停止状態に。そこで、金銭目的でTさん夫婦を拉致、ワゴン車中で睡眠薬入りの酒を飲ませ眠らせた後、2人の首をロープで絞めて殺害。クレジットカード入りの財布など計8点（29万円相当）を奪った後、死体を遺棄していた。

2014年8月19日から始まった公判で、渡辺被告と弁護側は「現場にいたが2人の首を絞めていない。殺意はなく、金品を取る目的もなかった」と述べ、強盗殺人を否認。死体遺棄罪と詐欺未遂罪は認めたものの、実行犯は別の第三者であると主張した。対し、検察側は被害者Tさんの勧めで購入した株で約180万円の損失があり、Tさんを恨んでいたと指摘。事前に遺体を埋める穴を掘るなど、犯行は計画的だったと述べた。

水産加工物販売会社社長が起こした計画殺人

判決公判で裁判長は、渡辺被告が「自分ではない第三者が殺害した」と主張したことについて「真実味が乏しい」と切り捨てたうえで、「全体として計画性は高く、殺意や財物を奪う目的は優に認定できる。寝ている夫妻の首にロープをかけるのは1人でも可能、殺害および死体の処分も予定した高度に計画的な犯行で、悪質性、重大性は際だって高い」として死刑を宣告した。その後、控訴、上告が棄却され死刑確定。なお、共犯の元部下は一審で懲役2年執行猶予4年に処されている。

1961年生……

堺市連続強盗殺人事件
西口宗宏《にしぐち むねひろ》

一審	2014年3月10日	大阪地裁堺支部　死刑判決
控訴審	2016年9月14日	大阪高裁　控訴棄却　死刑判決支持
上告審	2019年2月12日	最高裁第三小法廷　上告棄却　死刑確定
収監先	大阪拘置所	

2011年11月5日夕方、大阪府堺市北区の無職・西口宗宏（当時50歳）は、同市南区のショッピングセンター駐車場で、買い物帰りの歯科医師の妻（同67歳）が車に乗り込むところを狙い、顔や手足に粘着テープを巻き付けるなどして現金約31万円やキャッシュカードを奪い拉致した。その後、河内長野市の山中に止めた車内で食品用ラップを顔に巻き付けて殺害。6日14時50分頃、ATMで女性の口座から現金5万円を引き出した後、7日から9日にかけ、同市の山中にてドラム缶で遺体を焼いた。

この犯行で成果が少なかったことから、西口は次の強盗殺人を決意。12月1日午前8時10分頃、過去に自宅の向かいに住み幼い頃から付き合いのあった象印マホービン元副社長の男性（同84歳）方に、宅配便の配達員を装って訪問。玄関先で応対した男性にいきなり背後から襲いかかり、顔に粘着テープを貼り付けて両手足を結束バンドで縛り、現金約80万円や商品券、クレジットカード3枚などを強奪。顔にラップを密着させて巻き付け、殺害した。この後、男性宅近くの農協ATMで、奪ったカードで現金を引き出そうとしたが、他の客が後ろに並んだためあきらめている。

西口は1999年頃、母親から現金や不動産など計約1億5千万円相当の遺産を相続したが、3年足らずで浪費。2003年12月、「娘を高校まで卒業させるため金が欲しかった」と保険金約3千600万円目当てに自宅などに放火。逮捕され、懲役8年の実刑判決を受け服役した。以前から交際していた女性が身元引受人となり、職探しを条件に2011年7月に仮釈放。9月下旬、女性に仕事が見つかった、10月末までに135万円が入るなどとウソをつき、追い詰められた挙げ句、10月頃から堺市内で襲う相手を物色していた。

大阪府警南堺署捜査本部は12月6日、女性の現金を引き出した窃盗容疑で西口を逮捕。その後、2人の殺人を自供し河内長野市の滝畑ダム周辺から女性の骨片が発見されたため、強盗殺人、死体遺棄容疑で再逮捕した。

仮釈放後、わずか1ヶ月間で2人を強殺

判決公判で裁判長は、食品用ラップを顔に巻いて窒息させる手口で、わずか1ヶ月間に2人を殺害したことについて「被害者の恐怖や絶望は想像を絶する。死者への畏敬の念はみじんもなく、非人間的だ」と厳しく批判。さらに、西口被告が別の事件で服役中に強盗殺人の計画を練り、刑務官にわからないようノートにメモしていた点に触れ、「社会に復帰後、半年もたたないうちに計画を実行した。法律を守る意識が極めて希薄だ」として死刑を言い渡した。対し、弁護側は「計画性は低かった。無期懲役が相当」と主張、控訴したが、大阪高裁は被告の訴えを退け一審判決を支持。最高裁も上告を棄却し、死刑が確定した。2023年10月現在、西口死刑囚の処刑は執行されておらず、大阪拘置所に収監中の身にある。

周南市連続殺人放火事件
保見光成《ほみこうせい》

1949年生

一審	2015年7月28日　山口地裁　死刑判決
控訴審	2016年9月13日　広島高裁　控訴棄却　死刑判決支持
上告審	2019年7月11日　最高裁第一小法廷　上告棄却　死刑確定
収監先	広島拘置所

2013年7月、山口県周南《しゅうなん》市大字金《み》峰《たけ》で住民5人が殺害、住宅が放火される惨劇が起きた。犯人の名は保見光成（当時63歳）。中学卒業後、長らく関東で左官業に就き、1994年、44歳のとき、認知症を患った父の介護のため故郷に戻ってきた男性だった。

金峰地区は、いわゆる〝限界集落〟である。事件当時、人口は8世帯14人で、65歳以下は保見以外に1人だけ。そんな過疎化、高齢化が進む集落で、保見は住民の集まりに顔を出し、手が空いていれば農作業や近隣の家の修繕などを手伝い、限界集落を何とかしようと村おこしも企画するなど、積極的に村人たちと関わっていた。しかし、長い間都会で暮らしていた保見はしょせん余所者。良かれと思ってやったことを余計なお世話と感じている人もおり、必死に村に溶け込もうとする保見の思いとは逆行するように、住民との間に軋轢が生じ始める。

それを決定づけたのが、母が死んだ翌年、2003年の正月に起きた小さな事件だった。酒の席で集落の住民と口論になり、その住民が牛刀2本を持ち出し「殺してやる」と保見の喉元と胸を刺したのだ。大事には至らなかったものの、傷害事件を起こした住民に下されたのは罰金刑のみ。納得のいかない保見に対し、警察は「小さな集落だから、コトを大きくしちゃいかん」と説得したそうだ。

これを機に保見と村民の対立は深まり、その後、農薬散布や草刈り作業、飼っていた犬の鳴き声などを巡って頻繁にトラブルが発生。さらに保見は自宅に実際は作動しない監視カメラを設置したり、自宅の窓に「つけびして　煙り喜ぶ　田舎者」という川柳を貼るなど奇妙な行動を取る。こうした状況から、少なくとも保見自身が「村八分」の状態にあると思っていたことは間違いない。

2013年7月21日21時頃、保見はまず村民の71歳と72歳の夫婦の住宅に押し入り2人を木の棒で撲殺。家に火を放った後、自宅近くまで戻り隣家の79歳女性を殴り殺し、被害者宅に放火。日をまたいで22日早朝、自宅前を流れる川を挟んだ場所に住む80歳男性と73歳女性を殺害する。この後、多量の睡眠薬とロープを持って自殺を図ったものの死にきれず、5日間にわたり山中に潜伏。26日午前9時頃、山道で裸足、下着姿で座っているところを山口県警機動隊員に見つかり逮捕された。

「村八分」にされた男が住民5人を惨殺

取り調べで、保見容疑者は5人の殺害を認め、被害者・遺族への謝罪の念も述べたが、裁判では供述を一転させ「被害者の頭は殴っておらず、家に火もつけていない」と、起訴事実を否認して無罪を主張。しかし、下った判決は死刑。高裁、最高裁も無罪主張を退け死刑が確定した。広島拘置所に収監された保見死刑囚は、2019年11月に再審を請求。しかし、2021年3月22日、山口地裁はこれを棄却。即時抗告も2022年11月に広島高裁に退けられ、現在は特別抗告の申し立て中である。

碧南市パチンコ店長夫婦殺害事件

堀 慶末

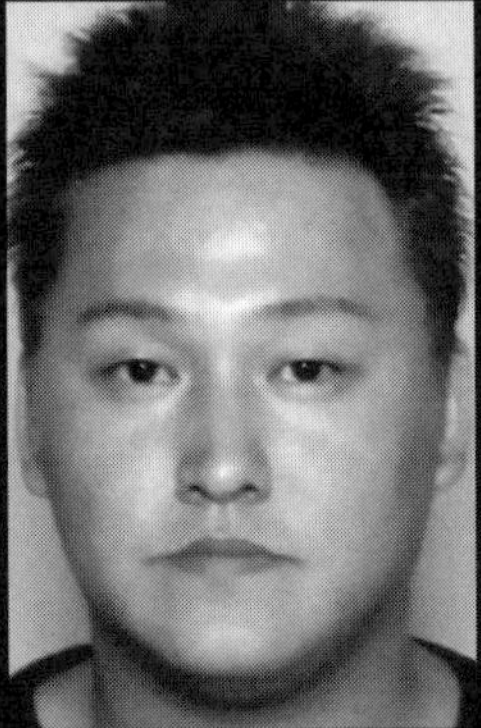

1975年生……ほり よしとも

一審	2015年12月15日　名古屋地裁　死刑判決
控訴審	2016年11月8日　名古屋高裁　被告側控訴棄却　死刑判決支持
上告審	2019年7月19日　最高裁第二小法廷　上告棄却　死刑確定
収監先	名古屋拘置所

1998年6月28日16時半頃、愛知県碧南《へきなん》市に住むパチンコ店運営会社営業部長で、店の責任者である男性（当時45歳）と妻（同36歳）が絞殺された。犯人は外装関係の職に就いていた堀慶末（同23歳）と、仕事仲間のS、Hの3人。堀は当時、車のローン代金の支払いや、消費者金融からの借金返済に追われていたことから強盗を計画。地域でも裕福な家庭で知られる被害男性に狙いをつけたうえで、SとHを誘い殺害を実行した。犯行後、堀らは現金6万円、貴金属、金庫などを奪い、2人の遺体を被害男性の車のトランクに押し込み逃走した。ちなみに、このとき被害者宅には夫婦の長男（同8歳）と次男（同5歳）がいたが、2人とも難を逃れている。

ほどなく事件が発覚したものの、指紋などの証拠が少なく愛知県警の捜査は難航。一方、堀は事件後に18歳のときに結婚した妻と離婚し、かねてから不倫関係にあった10歳年上のスナック店員女性に金を無心したり、自販機荒らし、外壁工事の手伝いなどで生活していたが、暮らしは困窮する一方だった。

2006年7月20日正午過

ぎ、堀はSと共謀し、名古屋市守山区に住む無職女性（同69歳）宅に侵入。粘着テープで縛った後、貴金属（時価約39万円相当）や現金約2万5千円を強奪。去り際に女性の首をヒモで絞めて殺害しようとし、約2ヶ月の重傷を負わせた。

さらに1年後の2007年8月24日、インターネット上の闇サイト「闇の職業安定所」で知り合った男性2人と共謀し、名古屋市千種区内の路上で帰宅途中の会社員女性（同31歳）を車内に押し込んで拉致・監禁。現金6万2千円とキャッシュカードを奪った後、被害者の首を絞めて殺害し、死体を岐阜県瑞浪《みずなみ》市内の山林に遺棄した。犯行後、共犯者の1人が出頭・自供したことから堀が犯行に加担していることが判明、26日に逮捕された。

闇サイト事件の公判で、堀被告は無期懲役を下される（2011年4月12日の最高裁判決で確定。主犯格の男は死刑判

闇サイト事件で無期懲役を受けた男が過去の殺人で死刑に

決を受け、2015年5月に執行。自首した男は無期懲役）。一方で、碧南事件の捜査に行き詰まっていた愛知県警は殺人罪の時効撤廃（2010年4月施行）を受け2011年4月、捜査1課に未解決事件専従捜査班を発足。事件時、現場に残されていた（犯人が被害者の妻に提供させた）酒のつまみの唾液を冷凍保存していたことから、これを当時の科学技術では困難だったDNA鑑定にかけ、堀被告のDNAと同一である可能性を突き止めた。結果、すでに闇サイト事件で服役していた同被告を殺人罪で逮捕。新たに開かれた裁判で、名古屋地裁は「子供らを案じながら、苦しみのうちに突然、人生を絶たれた2人の恐怖や絶望、無念の思いは察するに余りある。被告の人命軽視の態度は甚だしい」と断じ、死刑を宣告した。高裁、最高裁も一審判決を支持し刑が確定。共犯のSとHには無期懲役が下された。

1990年生……うえまつ さとし

相模原障害者施設殺傷事件

植松 聖

一審　2020年3月16日　横浜地裁　死刑判決　同月27日に弁護側が控訴するも、30日に本人控訴取り下げで死刑確定

収監先　東京拘置所

２０１６年7月26日未明、神奈川県相模原市緑区の知的障害者福祉施設「津久井やまゆり園」に大量の刃物を持った男が侵入。入所者19人を刺殺し、入所者・職員計26人に重軽傷を負わせる大事件が起きた。戦後では最多の犠牲者が出た本事件を起こしたのは、当時26歳の無職・植松聖。同施設の元職員だった。

植松は少年期から「優生思想」を持ち、障害者を〝この世に不必要な存在〟と考えていた。小学生時代、校内に知的障害者の児童が2人いたことから低学年時の作文に「障害者はいらない」と記述。中学時代には、自分の同級生に怪我を負わせた1学年下の障害者を殴ったこともあった。

大学卒業後は半グレ集団や右翼関係者とも交友を持つようになる一方、運送会社勤務を経て、２０１２年12月に津久井やまゆり園に就職。本人が忌み嫌っていた障害者の施設になぜ職を求めたのかは定かではないが、働き始めた当初は知人らに対し「障害者はかわいい」「今の仕事は天職」などと話していたという。しかし、次第に入居者への暴行・暴言などが目立ち始め、２０１６年2月16日には衆議院議長公邸を訪れ「私は障害者総勢470名を抹殺することができます」などと書かれた直筆の手紙を職員に手渡す異常行動に出る。さらに2日後の18日、同僚職員に「重度の障害者は安楽死させるべきだ」という趣旨の発言をして、施設側から「ナチス・ドイツの考えと同じだ」と批判されたが、その主張を変えなかったことから同施設が警察に通報。警察は相模原市と相談のうえ、植松の措置入院を決定。同時に、勤めていた施設を「自己都合」により退職。植松を診察した精神保健指定医の1人は他人の権利を侵害することへの罪悪感が薄い「非社会性パーソナリティ障害」、もう1人は「妄想性障害」と診断した。しかし、その後「他人に危害を加える恐れがなくなった」と診断され3月2日に退院。事件を起こすのは、その4ヶ月後のことだ。

2020年1月8日から始まった裁判で植松被告は、「事件当時は大麻使用の影響により心神喪失か心神耗弱状態にあった」として無罪を求める弁護側の主張を自ら否定し、動機について「意思疎通を取れない人間は安楽死させるべき。障害者を殺すことが社会の役に立つことだと思った」と持論を展開。精神障害による強制的な入院時（措置入院）に襲撃を決意したことを明らかにした。

自ら控訴を取り下げたにもかかわらず、再審を請求

計15回の公判を経て横浜地裁が下した結論は死刑。犯行直後に警察署に出頭したことなどから、行動に計画性、合理性があり、違法性の認識もあったと責任能力を認めたうえで、裁判長は19人もの命を奪った結果を「他の事例と比較できないほど甚だしく重大で、酌量の余地は全くない」と判決理由を述べた。

その後、自ら控訴を取り下げ死刑が確定。にもかかわらず、2022年4月に再審を請求。2023年4月、横浜地裁はこれを棄却し、現在は即時抗告中である。

1988年生

前橋連続強盗殺傷事件

土屋和也

つちや かずや

一審	2016年7月20日　前橋地裁　死刑判決
控訴審	2018年2月14日　東京高裁　控訴棄却　死刑判決支持
上告審	2020年9月8日　最高裁第三小法廷　上告棄却　死刑確定
収監先	東京拘置所

2014年11月10日未明、群馬県前橋市の無職・土屋和也（当時25歳）が同市に住む女性（同93歳）宅に侵入、女性をバールで殴って殺害し、現金7千円、リュックサックなどを奪い逃走した。

1ヶ月後の12月16日午前3時30分頃には、同市に住む夫婦宅に出窓を破って侵入し、リンゴ2個を窃盗。その後、トイレに潜伏し、侵入から約8時間20分後、鉢合わせした妻（同80歳）を包丁で刺して重傷を負わせる。妻は逃げ出したが、騒ぎに気づいた夫（同81歳）の胸や首を包丁で刺して殺害した。

12月21日、6月まで働いていた前橋市のラーメン店に侵入しチャーシューとメンマ、ひき肉など（約8千円相当）を盗んだ際、土屋の姿が防犯カメラに映っており、23日に建造物侵入容疑で逮捕。そのときの足跡が夫婦宅に残された足跡とリンゴに付着していたDNAが土屋容疑者と一致したため12月26日に妻への殺人未遂容疑、その後、夫への殺人容疑、女性への強盗殺人容疑で再逮捕された。

同容疑者は幼い頃に両親が離婚し、4歳から中学校卒業まで児童養護施設で暮らし、学校や施設内で激しいいじめを受けた。高校卒業後、職を転々とし２０１４年10月以降は無職。親しい知人や身寄りもない一方で、携帯電話の課金ゲームが原因で消費者金融に約１２０万円の借金があり、11月に未払いのため自室のガス、12月には電気を止められていた。逮捕時の所持金は１００円程度だった。

２０１６年６月30日の初公判で土屋被告は、検察官が起訴状を読み上げるのを、証言台の前に立ってうつむきながら聞いた。裁判長が認否を問うと沈黙。再度認否を尋ねられると、体の芯を失ったかのように崩れ落ちた。

検察側は「土屋被告が課金制ゲームのために借金を重ね、金品を奪う目的で民家に侵入した」と指摘。事前に凶器を準備し侵入方法の練習を重ねていたことなどから、「殺害も想定し強盗を計画した。

2人を殺して奪ったのは現金7千円とリンゴ2個

高齢で小柄な被害者を何度も殴り、刺すなど、一方的に攻撃を加えたことは執拗かつ残虐。何回も首や胸を刺した点などから強固な殺意があった」と主張。一方、弁護側は被告が夫婦宅に侵入後、犯行までに時間を要し、逃げ出すことを考えていた点などを挙げ、「犯行前に殺意はなく逃げようと夢中で、殺意は弱かった」として未必の故意によるものと述べた。

判決で裁判長は「犯した罪を悔い改めることなく人命軽視の強盗殺人を２回行った。厳しい非難は免れない」と指摘したうえで、被告が１５０万円を贖罪寄付したことや、更生の可能性がわずかに残されている点を考慮しても「極刑をもって臨むことがやむをえない」と死刑を宣告。判決言い渡し後、同被告に向かい「悩みに悩んでこの選択をしました」と述べた。その後、控訴、上告が棄却され刑が確定。２０２３年10月現在、土屋死刑囚は東京拘置所に収監中の身にある。

1990年生

座間市アパート9人殺害事件

白石隆浩《しらいし たかひろ》

一審	2020年12月15日　東京地裁立川支部　死刑判決
控訴審	2月18日に弁護側が控訴するも、12月21日に本人控訴取り下げ。検察側控訴せず、2021年1月5日に確定
収監先	東京拘置所

２０１７年８月23日から10月23日までの２ヶ月間で、神奈川県座間《ざま》市の無職・白石隆浩（最初の犯行時26歳）が、ツイッターで自殺願望をほのめかす女性をターゲットに「一緒に死にましょう」などとメッセージを送り、実際に会った女性８人を自宅アパートに招き入れ、強制性交。男性１人を含む９人を、ワンルームのロフトから下げたロープで首を吊って殺害。所持金を奪い、遺体をのこぎりなどで切断して室内のクーラーボックスなどに遺棄するという前代未聞の事件を起こした。

白石は２００９年３月、高校を卒業。スーパーやパチンコ店で働いた後、新宿・歌舞伎町で風俗店のスカウトに。２０１７年２月、女性を売春させると知りながら紹介したとして職業安定法違反容疑で茨城県警に逮捕された。保釈後は実家に戻り、３月頃からツイッターで「死にたい」「首吊り士」などのアカウントを次々と開設。２０１７年８月22日、犯行現場となる座間市のアパートに転居した。

10月24日、最後に行方不明になった女性の兄が高尾署に捜索願を提出するとともに、ツイッターで情報提供を呼びかけたところ、別の女性が「相手の男に心当たりがある。ツイッターで自殺を持ちかける手口などが男と酷似している」と名乗り出た。兄からを連絡を受けた警視庁高尾署の捜査員は30日、この女性の協力を得て男を待ち合わせ場所におびき寄せ、その後の追尾で座間市内のアパートに到着。16時半頃、白石に任意の事情聴取を求め、アパートの室内を捜索すると、クーラーボックスに入った切断遺体が発見された。31日、遺体が9人分であることを確認。同日、警視庁捜査1課は白石を死体遺棄容疑で逮捕し、その後、殺人容疑で再逮捕した。

裁判で、検察は白石被告の犯行手口を、❶自殺願望のある女性をアパートに誘い入れる、❷女性が金づるになるかどうか見極める、❸金づるになりそうになく自殺願望もないと判断すると、いきなり首を絞めて姦淫、❹首を吊って殺害して

裁判長が「犯罪史上稀にみる悪質な犯行」と断罪

金を奪い、証拠隠滅のため、徹底的に損壊・遺棄、と指摘。唯一の男性被害者は、最初の被害女性とつながりがあり、女性殺害の発覚を恐れて殺害したと断定した。対し、弁護側は白石被告には何らかの精神障害で心神喪失状態、または心神耗弱状態で責任能力はないか、限定的にしかなかったと述べたうえで、全ての被害者は殺害されることを承諾しており、承諾殺人であると主張した。

計23回の審理を終え、最終意見陳述で「何もありません」と答えた白石被告に対し、裁判長は「SNS上で自殺願望を表明するなど悩みを抱え、精神的に弱っていそうな女性を狙い、自殺願望があるかのように言葉巧みに騙し殺害した。自己の欲望の充足を目的とし、身勝手で犯罪史上稀にみる悪質な犯行」と断罪し、「酌量の余地は全くない」と死刑を宣告。弁護側は高裁に控訴したが、その後、白石被告本人が控訴を取り下げ、刑が確定した。

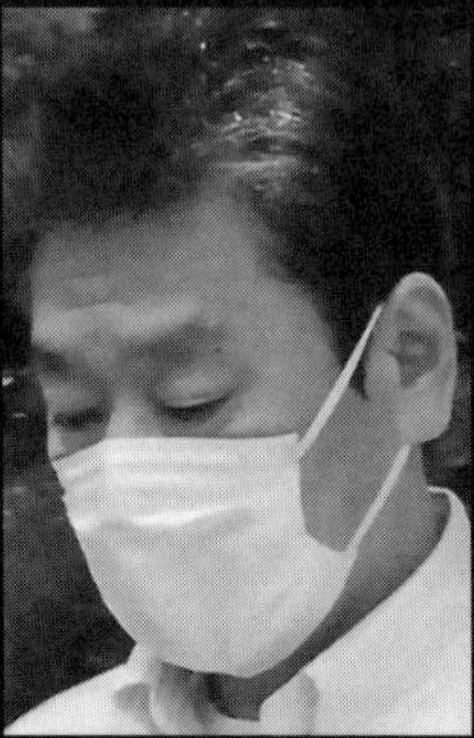

１９５２年生……ひだ きみあき

伊東市干物店強盗殺人事件

肥田公明

一審	2016年11月24日　静岡地裁沼津支部　死刑判決
控訴審	2018年7月30日　東京高裁　控訴棄却　死刑判決支持
上告審	2021年1月28日　最高裁第一小法廷　上告棄却　死刑確定
収監先	東京拘置所

２０１２年12月19日午前8時30分頃、静岡県伊東市八幡野の干物販売店「八八ひものセンター」で、同店社長の女性（当時59歳）と常務の男性（同71歳）が遺体で発見された。朝出勤してきた女性従業員が店内に設置されたプレハブ型業務用冷蔵庫の中で血を流して倒れている被害者を発見したことで事件発覚。冷蔵庫の外側には扉が開かないようにテーブルが置かれていた。２人の死因は刃物のようなもので首を刺されたことによる出血性ショックであること、同店での当日までの売り上げ金約29万円が奪われていたことから、静岡県警は強盗殺人事件として捜査を開始。翌２０１３年６月４日、無職の肥田公明（同60歳）を強盗殺人容疑で逮捕した。

肥田容疑者は２００９年５月～２０１０年10月まで同店に勤務しており、退職後の２０１１年６月、失業手当に関する手続きのため同店を訪れ、殺害された社長に「解雇したことにしてほしい」と迫り口論に発展。警察が駆けつけたこともあった。

２０１６年９月20日から始まった一審公判で、肥田被告は「全て間違いです。金も盗っていないし、殺しもしいていません」と起訴内容を全面否認。弁護側も、同被告が事件当日に店へ行った理由を、ともに殺害された常務が社長に自身の再就職の口利きをしてくれると言われたためと主張。19時頃、店内に入ると、2人が血まみれの状態で冷凍庫の前で座っているのを発見し、怖くなって逃げ出したと説明したうえで「犯人であれば、返り血を浴びているはずだが立証できるような証拠はない。被告の着衣などから検出されたのは、社長のDNAではない」と無罪を主張した。対し、検察側は同店退職をめぐって社長とトラブルがあり動機は現金を奪うためだったし、被告が当日着用していたトレーナーやズボン、運転していた車の背もたれなどに社長のものと矛盾しない血液が付着していたと指摘。さらに、奪われた現金29万円には500円硬貨100枚、100円硬貨500枚が含まれ、事件後に被告が使ったお金と「金の種類も一致しており、犯行により入手したと考えられる」と指摘し「被告が犯人でなければ、合理的な説明が付かない」と主張、「死体を見て怖くなった」という被告の説明は「とうてい信用できない」と切り捨てた。

「金も盗っていないし殺しもしてない」と無罪を主張

判決公判で裁判長は弁護側の主張を退け、「現金を強奪するため、確定的殺意で被害者らの首を刃物で切り裂き、生きたまま冷凍庫に閉じ込めた。極めて残虐で刑事責任は重大」と死刑を宣告。控訴審、上告審も一審判決を支持し死刑が確定した。その後、東京拘置所に収監された肥田死刑囚と弁護側は2021年8月12日付で現場に残されていた「第三者のDNA」や、現場のバリケードなどから単独犯はありえないという「元従業員の証言」を新証拠として静岡地裁沼津支部に提出、裁判のやり直しを請求した。

1983年生

浜名湖連続殺人事件

川崎竜弥《かわさき たつや》

一審	2018年2月23日　静岡地裁　死刑判決
控訴審	2019年3月15日　東京高裁　控訴棄却　死刑判決支持
上告審	2021年2月13日　上告取り下げ　死刑確定
収監先	東京拘置所

　2016年1月29日、静岡県浜松市の宅地建物取引士・川崎竜弥（当時32歳）は同市内に住む元同僚の無職男性Sさん（62歳）のマンションで、Sさんを何らかの方法で殺害。実印やキャッシュカードなどを奪った後、Sさんの軽乗用車、マンション、オートバイ2台それぞれの所有権を自身の名義に変更。2月8～14日、浜松信用金庫のSさんの口座から計454万円を、Sさん名義で不正に開設したじぶん銀行の預金口座に送金し、同銀行のキャッシュカードを使いATMで20万円を引き出した。さらに18日にSさん名義で三井住友銀行に預金口座を開設。3月26日にSさんの老齢厚生年金の受取口座を同口座に変更し、6月15日までの間に振り込まれたSさんの年金16万9千730円を騙し取った。

　同年7月5日頃には、静岡県磐田《いわた》市のアパートで、知人である北海道美唄《びばい》市出身で京都市在住の工員・男性Dさん（同32歳）の腹部を刃物で2回突き刺すなどして殺害し、8日までの間に死体を切断したうえで浜名湖周辺に遺棄。Sさんの死体も、7月14日までの間に焼き浜名湖周辺に遺

棄した
　7月8日、Dさんの右脚、左脚、両手の付いた胴体、頭部が浜名湖で発見された。14日、静岡県警はSさんのキャッシュカードを使って現金20万円を引き出した窃盗容疑と、口座から金を不正に移した詐欺容疑で、川崎を逮捕。8月31日、同区舘山寺町の浜名湖岸でSさんの肋骨や肩甲骨など数本を近所の住民が見つけたことから、同県警は9月16日、Sさんの骨を鑑定。その後の捜査で同容疑者を殺人、死体遺棄・損壊容疑で再逮捕した。
　2018年1月16日から始まった裁判で、川崎被告は一貫して「黙秘」を貫いた。対し、検察側は被告がSさんの生前からインターネットでマンション周辺の状況を調べたり「不正な方法で入手」した合鍵でマンションに出入りしていたことを防犯カメラの映像などから明らかにし、計画的に犯行に及んだと指摘。Dさん殺害に関しては、Sさん殺害をDさんに明かし、その口封じのため命を奪ったものと指摘した。一方、弁護側は「川崎被告は実家に住んでいて資産には困っておらず、被告とSさんの間にトラブルが起きたことはなく、犯行を起こす動機はない」と訴え、Dさん殺害も「動機がない」として無罪を主張した。

公判中、一貫して「黙秘」を貫いたが……

　判決公判で静岡地裁は検察側の主張を全面的に認め「半年以内に2人の命を奪った刑事責任は極めて重大。被害者両名の無念さは察するにあまりある」と批判。また、「遺族が黙秘を続ける被告に峻烈な処罰感情を示すのも理解できる」と被害者遺族の感情を考慮し被告から謝罪や反省の言葉が一切なかったと指摘したうえで「生命軽視の態度が著しく、一連の犯行は冷徹で残忍」と死刑を宣告した。その後、高裁が控訴を棄却、最高裁判決の直前、被告本人が上告を取り下げたため、死刑が確定した。

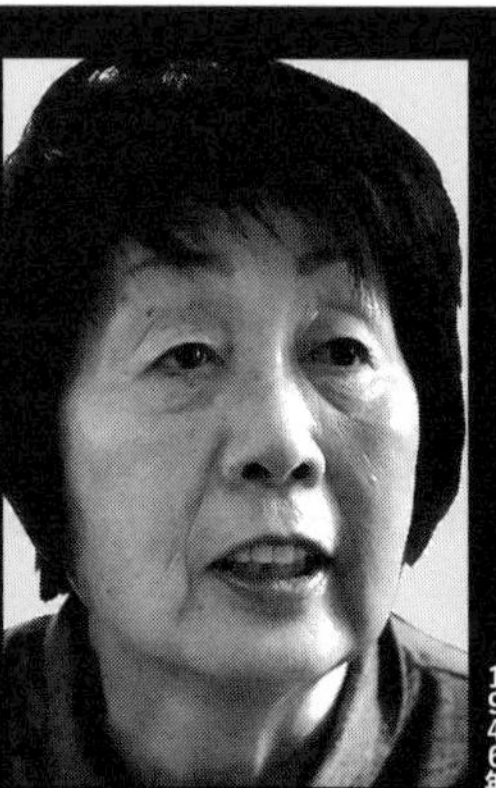

1946年生

関西青酸連続死事件

筧《かけひ》 千佐子《ちさこ》

一審	2017年11月7日　京都地裁　死刑判決
控訴審	2019年5月24日　大阪高裁　控訴棄却　死刑判決支持
上告審	2021年6月29日　最高裁第三小法廷　上告棄却　死刑確定
収監先	大阪拘置所

筧千佐子は福岡の名門県立高校を卒業し、大手銀行に就職。１９６９年に結婚した夫と大阪府貝塚市で暮らし、プリント工場を営んだ。が、経営が傾き、１９９４年に夫が急死。親戚や知人から借金を重ねたが、最終的に数千万円の負債を抱え、２００３年に倒産。以後、金銭詐取目的で結婚相談所に通い始める。

２００５夏、結婚相談所で知り合った神戸市の男性から投資名目で４千万円を受け取り、返済約束日の２００７年12月18日、男性に青酸を飲ませた。結果、１年半後の２００９年５月５日、男性は胃の悪性リンパ腫で79歳で死亡。警察は事件性を疑わず検死を行わなかった。

２０１０年秋、同じく相談所で知り合った大阪府貝塚市の男性と内縁関係となり、「死亡の際には全財産を遺贈する」という公正証書を作成させたうえで、２０１２年３月９日、貝塚市の喫茶店で男性（同71歳）に青酸を飲ませると、男性はその直後泉佐野市の路上でバイク運転中に青酸中毒で倒れて死亡。筧は１千７００万円以上の遺産を取得する。

２０１３年９月20日、兵庫県伊丹市に住む相談所で知り合い内縁関係になった男性（同75歳）に同市のレストランで青酸を飲ませて殺害し、1500万円以上の遺産を取得。さらに2013年12月28日には相談所で知り合い結婚した京都府向日市の男性を自宅で青酸を飲ませ殺害。その後、男性名義の数千万円の預金を引き出そうとしたが、京都市内の信用金庫は、男性の死について捜査が進められていることを理由に支払いを拒否した。

本件をきっかけに一連の犯行が明るみになり、京都府警は2014年11月19日に筧を逮捕（当時67歳）。取り調べで同容疑者は他に4件の殺人を自供したが、京都地検は3件の殺人と1件の殺人未遂罪で京都地裁に起訴した。

公判では主に認知症を抱える筧被告人の責任能力・訴訟能力と、被告人の供述以外の直接証拠が乏しいことが争点となった。検察側は「被告による遺産を狙った犯行であることは明らか」と主張し、弁護側は「事件直前のことも事件のことも記憶はなく、事件当時も物事の善悪を判断し、判断に従って自分をコントロールできない状態であった」と反論。筧被告人本人は最終意見陳述で「全て弁護士に任せてあり、私から言うことはありません」と述べた。

全38回の審理を経て、裁判所が出した結論は死刑。裁判長は「事件では計画的に行動しており、当時は認知症ではなく完全責任能力があった」と弁護側の主張を退けたうえ「被害者らが信頼していたことを利用し、青酸化合物をカプセルに入れて健康食品などと偽って服用させた。金銭欲のために人命を軽視した非常に悪質な犯行で、結果は重大。極刑を選択せざるをえない」と判決理由を述べた。その後、控訴、上告が棄却され死刑確定。2023年10月現在、筧死刑囚は大阪拘置所に収監中の身にある。

結婚相談所で知り合った高齢男性を保険金目的で次々に殺害

1970年生……やまだ こうじ

寝屋川市中1男女殺害事件
山田浩二

一審　2018年12月19日　大阪地裁　死刑判決

控訴審　2019年5月18日　本人控訴取り下げ。その後、弁護人が控訴取り下げの無効を申告。2021年8月25日、最高裁が申し出を棄却し、刑確定

2015年8月12日夜、大阪府寝屋川市に住む中学1年生の男子Aくん（当時12歳）が同級生の女子生徒Bさん（同13歳）に会いに行くと母親に告げ自宅を出た。13日午前5時頃、京阪本線寝屋川市駅前のアーケードを歩く2人の姿が防犯カメラに映っていたが、それを最後に彼らは行方不明になる。

13日23時、Bさんの遺体発見。遺体は粘着テープで縛られ、左半身を中心に30ヶ所以上の切り傷があった。殺人事件として捜査を開始した大阪府警は、被害者2人が失踪した直後の午前5時11分と17分に防犯カメラが捉えた、現場を走行する不審な軽ワゴン車が事件に関与しているとみて、その持ち主である寝屋川市の契約社員・山田（現姓・水海）浩二（当時45歳）をマーク。21日朝、山田の運転する車を発見、追跡を開始し、数分間だけ立ち寄った柏原市の竹林を後ほど捜索したところ、Aくんの白骨遺体が発見された。同日20時20分頃、大阪市城東区の路上で山田を死体遺棄の容疑で逮捕。その後、車内から検出された血液がBさんのDNA型と一致したため、殺人罪で再逮捕した。

山田容疑者は少年期から犯罪を繰り返し窃盗などで7度の逮捕歴があり、2002年には、男子中学生ら7人に対するわいせつ目的の監禁事件を起こし、懲役12年の判決を受けていた。2014年10月に徳島刑務所を出所後は福島第一原子力発電所事故の除染作業員として働いており、2015年夏の盆休みを利用して帰阪、犯行に及んだ。

同年8月13日朝方、同容疑者は被害者2人を車に拉致し監禁し。首を手などで圧迫し、顔に粘着テープを何重にも巻き付けたうえ、鼻と口をふさぐなどして窒息させて殺害。Bさんの死体を高槻市の駐車場に遺棄した後、Aくんの死体は柏原市の竹林に遺棄していた。

2018年11月1日の初公判で、山田被告は「このたびは、経緯はどうであれ、死の結果を招いてしまい、申し訳ありませんでした」と遺族に土下座したが、罪状認否では「殺すつもりはありませんでした」と起訴内容を否認したうえで「気がついたら、私の手が少女の首に触れていました」と主張した。

12年の服役後10ヶ月で犯行に及び「更生は困難」

対し、裁判長は「健康な中学生が突然死するとは考えられない」と指摘。「歯や骨に窒息死の特徴である変色があった」とした法医学者の証言に基づき事件を他殺と断定したうえで、被告が未成年7人に対する逮捕監禁罪などで服役した約10ヶ月後に事件を起こしていたことから「犯罪傾向は深化している」と言及。被告の公判供述を虚偽と断定し「罪に向き合っておらず、更生は困難」と、死刑を宣告した。

山田被告と弁護側は高裁に控訴したが、2019年5月18日付で本人が控訴を取り下げ。弁護人が控訴取り下げの無効を求め最高裁まで争ったものの、訴えは棄却され、控訴審が開かれぬまま死刑が確定した。

1992年生……いまい　はやと

川崎市老人ホーム連続殺害事件
今井隼人

一審	2018年3月22日　横浜地裁　死刑判決
控訴審	2022年3月9日　東京高裁　控訴棄却　死刑判決支持
上告審	2023年5月11日　上告取り下げ　死刑確定
収監先	東京拘置所

２０１４年11月４日から12月31日にかけて神奈川県川崎市幸区の有料老人ホーム「Sアミーユ川崎幸町」にて、要介護３の男性（同87歳）、要介護２の女性（同86歳）、要介護３の女性（同96歳）が相次いで同ホーム４階のベランダから転落死した。神奈川県警幸署は当初、変死として処理していたが、転落死のあった３日間ともに、同ホーム職員の今井隼人（同22歳）の当直日だったことから、今井が意図的に３人を転落死させた疑いも持たれていた。

２０１５年５月、今井が入所者の財布を盗んだとして、窃盗容疑で逮捕される（判決は懲役２年６ヶ月・執行猶予４年）。同年12月、別の元職員３人が入居者に暴行を加えたとして書類送検され、後に１人が在宅起訴、残る２人が不起訴となった。この時点で今井への容疑は固まっていなかったが、２０１６年１月下旬から始まった事情聴取に対し、当初は事件への関与を否定していたものの、２月15日になって「本当のことを言わないといけないと思った」と１件目の殺害を自供したため逮捕。続けて２件目、

3件目ともに供述を得られたことで、横浜地検は今井容疑者を3件の殺人罪で起訴する。

ところが、2018年1月23日の初公判で今井被告は「起訴状記載の時間帯に施設にいたことについては記憶はあるが、何もやっていません」と起訴内容を否認。対し、検察側は「介護の仕事にストレスを感じていた」ことが犯行動機とし、「入居者が自分で飛び降りる力はなく、全事件の時間帯に勤務していた職員は今井被告だけ。今井被告以外の犯行の可能性は極めて低い」と指摘した。一方、弁護側は「警察からの圧迫でウソの自白をした。転落死は（事件ではなく）事故や自殺などの可能性がある」として無罪を主張。被告人質問においても「警察官から言われたヒントをもとに想像したり、推測したりして犯行の様子を話した」と改めて無罪を訴えたが、判決公判で横浜地裁は、被告が3件の発生時にいずれも夜勤をしていたことや、逮捕直前に母親に電話で「自分がやった」と述べていたことなどから「被告が犯人と推認できる」としたうえで「約2ヶ月で入居者3人を物でも投げ捨てるかのように転落させた人間性のかけらもうかがえない冷酷な犯行」と厳しく断罪、死刑を宣告する。

物でも投げ捨てるかのように3人を転落させた冷酷な犯行

控訴審でも今井被告は無罪主張を繰り返したものの、東京高裁はこれを棄却。弁護人が上告していた最中の2023年5月11日付けで、本人が上告を取り下げ死刑が確定した。今井被告はテレビ朝日の取材に対し「長く戦ってきて気持ち的にも限界であると思い上告の取り下げをしようと考えてる」との手紙を送っており、後日、長らく文通を重ねていたジャーナリストに「転落させてしまったことについて、申し訳なく思う。この刑を受け入れたい」と記した手紙を送付していた。

もともと兵庫県姫路市のパチンコ店運営会社の実質経営者だった上村が、韓国籍の男Aに指示を受け別の男3人と共謀、Aとトラブルになっていた同市内に住む元暴力団組員で韓国籍の男性をパチンコ店駐車場で乗用車に押し込んで拉致監禁したのは2010年4月13日のこと。上村らは車を同県三木市まで走らせ、その間、車内で男性の口に粘着テープを張り付けるなどして窒息死させた。

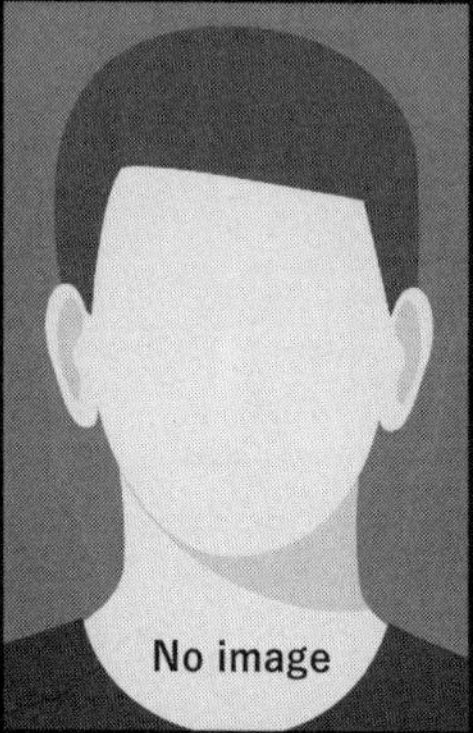

1966年生……うえむら たかし

姫路連続監禁殺人事件

上村 隆

一審	2019年3月15日　神戸地裁姫路支部　死刑判決
控訴審	2021年5月19日　大阪高裁　控訴棄却　死刑判決支持
上告審	2023年6月5日　最高裁第二小法廷　上告棄却　死刑確定
収監先	大阪拘置所

その1年前の2009年4月、やはりAの指示を受けた上村ら4人は、東京都世田谷区の広告会社社長Mさんを会議の席上から連れ出し、姫路市のマンションや事務所に監禁した。MさんはAから10億円の融資を受けており、返済が滞っていたため拉致されたのだが、返済の目処が立たないとわかるや、Aは上村らに殺害を指示。2010年6月中旬、銃殺する。ちなみに、先の元暴力員男性、Mさんともに遺体は見つかっていない。

8ヶ月後の2011年2月10日、上村らはまたもAの指示で姫路市の元暴力団組員の作業員男性を自宅マンション前で拉致、トラックに監禁したうえで、首を絞めて殺害。同市の路上に止めた保冷車に遺棄した。同日18時過ぎ、女性から「『助けて』という男性の声が聞こえた」と110番があり兵庫県警が捜査。11日22時20分頃、作業員男性の遺体が発見された。

同年2月11日、作業員の監禁致傷の容疑で3人が逮捕され警察は上村とAを全国に指名手配、4月28日に上村、12月27日にAが逮捕され、2年後の2013年10月に作業員男性殺害、2014年3月に韓国籍男性の監禁致死容疑で2人を再逮捕する。

裁判では、指示役のA被告に死刑が下されるものと思われた。が、判決は無期懲役。広告会社社長Mさんの殺害容疑については無罪判決が出た。対し、実行犯の上村被告には死刑が宣告される。神戸地裁姫路支部は上村被告が報酬目当てにA被告の指示に従って実行したと指摘したうえで、「上村被告が果たした役割は重要かつ必要不可欠なものだった。3人の人命が犠牲となった結果は重大。不合理な弁解を繰り返し、反省していない。首謀者が他にいることをもって死刑を回避する理由にはならない」と判決理由を述べた。

殺害の指示役が無期懲役で実行犯には極刑が

納得のいかない上村被告と弁護側は控訴審で「従属的だった被告の量刑が重くなるのは不当」と主張。遺体が見つかっていないMさんに対する殺人罪などで「事実誤認がある」と無罪を主張した。が、大阪高裁は一審同様、報酬目的でA被告の指示に従い、犯行に及んだと判断したうえで、Mさん殺害について無罪判決が出ているA被告とは犯罪事実が異なることから、量刑が不均衡だとはいえないと説明。控訴を退け、改めて死刑判決を言い渡した。最高裁も上告を棄却し刑が確定。なお、A被告も上告審まで争ったが、2022年10月、最高裁で無期懲役が確定している。

死刑を存置《そんち》すべきか廃止すべきか。それぞれの主張と反論

ここまで読み進めてくれた方に最後に考えてもらいたいのは、今後も日本は死刑制度を存置（継続）すべきか、廃止すべきかという問題である。一つの参考として内閣府が実施している死刑制度に関する世論調査の結果を示したい。これは1994年以降、ほぼ同じ質問で5年ごとに実施。直近の6回目は2019年11月、全国の18歳以上（前回までは20歳以上）の男女3千人に面接して、選択肢から回答を選ぶ方式で聞いたもので、有効回答は1千572人（男性738人、女性834人）だった。なお、当編集部は死刑の存廃について特定の意見・考えは持っていないことをお伝えしておく。

●死刑もやむをえない（**80・8%。※2014年は80・3%、2009年は85・6%**）

●わからない、一概に言えない（**10・2%**）

●死刑は廃止すべきである（**9・0%**）

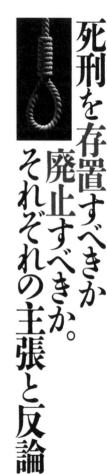

調査結果によると、死刑容認の理由（複数回答）は「被害者や家族の気持ちがおさまらない」（56・6％）、「凶悪犯罪は命をもって償うべきだ」（53・6％）、「凶悪犯を生かしておくと同じ罪を犯す危険がある」（47・4％）の順に多く、廃止を求める理由（複数回答）は「裁判に誤りがあったら取り返しがつかない」（50・7％）、「生かして罪の償いをさせた方がよい」（42・3％）の順だった。

この結果だけを見ると、国民の8割以上が死刑を容認しているように思えるが、それは決して賛成を意味せず、消極的容認も含まれている。ちなみに「死刑もやむをえない」と回答した1千278人に「将来も死刑を存置すべきか？」と問うた結果は以下のとおりだった。

●**将来も死刑を廃止しない**（**54・4％**）
●**状況が変われば死刑を廃止しても良い**（**39・9％**）
●**わからない**（**5・7％**）

4割弱が将来の死刑廃止について条件付きの理解を示す一方、絶対的死刑廃止反対派は過半数を超える。現状、日本において死刑が廃止される可能性は極めて低いと言わざるをえない。実際、法務大臣も死刑制度の存廃について問われた際、いつも「国民の多数が極めて悪質、凶悪な犯罪については死刑もやむをえないと考えており、特別に議論の場所を設けることは考えていない。」と説明している。

しかし、グローバルな視点に立ったとき、日本は世界の少数派であることもわかる。旧くから人権意識の高いヨーロッパではポルトガルが１８６７年に廃止したのを皮切りに１９４０年代後半から１９８０年代にかけて欧州全土で廃止。ＥＵ（欧州連合）は死刑廃止を加盟条件としており、ＥＵ非加盟国であるロシアも制度自体の撤廃はないながらも１９９６年以降、死刑の執行を凍結した。南米13ヶ国では12ヶ国が廃止し、アジアではフィリピンが廃止し、韓国も１９９８年以後凍結。２０００年以降は南米やアフリカなどで廃止国が増え、２０２１年11月時点で廃止（事実上の廃止を含む）の１４４ヶ国に対し、存置は55ヶ国で、目立つのはイスラム圏の国、もしくは開発途上国である。

ただ、これを人口で考えたとき別の側面も見えてくる。２０２３年10月現在、人口の多い国ベスト10は1位中国、2位インド、3位アメリカ、4位インドネシア、5位パキスタン、6位ナイジェリア、7位ブラジル、8位バングラデシュ、9位ロシア、10位メキシコ。このうち、死刑を事実上廃止しているのはブラジル、ロシア、メキシコの3ヶ国のみ。11位の日本を含め8ヶ国では現在も死刑執行が続いており（アメリカでは50州のうち27州が存置、23州が廃止）、死刑廃止が世界の趨勢とするには異論もあるところだ。

絞首刑は憲法違反に該当するか

改めて死刑存置と廃止それぞれの主たる意見を整理してみよう。

【廃止の立場】

❶ 死刑は憲法第36条が禁止する「残虐な刑罰」に該当し、憲法違反である。

❷ 死刑は一度執行すると取り返しがつかないゆえ、裁判に誤判の可能性がある以上，廃止すべき。

❸ 犯人には被害者・遺族に被害弁償をさせ、生涯、罪を償わせるべきである。

❹ どんな凶悪な犯罪者であっても更生の可能性はある。

【存置の立場】

❶ 人を殺した者は、自らの生命をもって罪を償うべきである。

❷ 一定の極悪非道な犯人に対しては死刑を科すべきであるのが、国民の一般的な法的確信である。

❸ 被害者・遺族の心情からすれば死刑制度は必要である。

❹ 死刑は凶悪な犯罪を（再犯を含め）防止するための抑止力となる。

まず、着目すべきは廃止派の❶。これは死刑が「公務員による拷問及び残虐な刑罰は、絶対にこれを禁ずる」と定めた憲法36条に違反するという主張だ。果たして、日本が死刑執行に採用している絞首刑が残虐で憲法違反に当たるのかどうか。1952年、東京大学名誉教授で医学博士の古畑種基は、ある事件の鑑定書において、絞首刑によって受刑者は一瞬で意識を失うと論じ、電気椅子やガス室（アメリカ）、薬殺（中国、タイ、ベトナムなど）、銃殺（中国、ベラルーシなど）、斬首（サウジアラビア、ナイジェリア北部など）などに比べ、比較的安楽に死をもたらす執行方法であると考えられてきた。

しかし、実際の裁判でも、絞首刑が憲法違反に当たるか否かが争点となった例がある。2009年7月5日、大阪市此花区のパチコン店に放火し計5人を焼死させた高見素直被告（後に死刑確定。未執行。本書202ページ参照）の一審第11回公判（2011年10月11日）において、被告弁護側は、日本の落下式の絞首刑は頭部が切断されるなど、法が予定しない死に方になる可能性があると指摘。残虐な刑罰を禁じた憲法36条に違反すると主張し、死刑回避を求めた。その後、オーストリア・インスブルック医大法医学研究所副所長が弁護側証人として出廷。絞首刑の死因については、頸動脈の圧迫による脳の酸欠や窒息だけでなく、まれに首の切断や骨折、神経の損傷による心停止もあると説明し「何が起こるか予想はつかない」としたうえで「首の血管の圧迫が理由なら、意識を失うまで5〜8秒、死ぬまで5分程度かかる」などと証言した。続く第12回公判では、元最高検検事の土本武司筑波大名誉教授が弁護側証人として出廷し、検事時代に死刑執行に立ち会った経験から「絞首刑は限りなく残虐な刑罰に近く、憲法36条に違反する」と主張。死刑制度に関しては「憲法により存置が許されている」との考えを表明したが、世論調査などで死刑賛成が過半数となることについては「正しい現状認識に基づくものなのか」と疑問視し、絞首刑を合憲とした1955年の最高裁判例に対して「当時妥当性があったとしても、今日なおも妥当性を持つとの判断は早計に過ぎる」と否定的な見解を表明した。

対し、判決公判で裁判長は争点となった絞首刑が憲法の禁じる「残虐な刑罰」に当たるかどうかについて、裁判員の意見を踏まえ「最善の方法かどうかは議論があるが、死刑はそもそも生命を奪って罪を償わせる制度で、ある程度の苦痛やむごたらしさは避けがたい」として合憲と判断。また、死刑の執行方法の在り方について「残虐と評価されるのは非人間的な場合に限られ、そうでなければどのような執行方法を選択するかは立法の裁量の問題だ」として、弁護側の主張を退けている。

こうした判例をもって存置派は死刑を合憲と主張するが、ヨーロッパをはじめとした死刑廃止国は執行手段にかかわらず、「死刑は国家が殺人を犯す野蛮な行為」としての認識が浸透しており、日本とはかなりの温度差があると言わざるをえない。

無実の者に死刑を執行すると取り返しがつかない

廃止派の❷の意見も重要である。無実の者を死刑に処するなど、決してあってはならない。が、裁判官とて誤りを冒さない保証はどこにもない。1998年に死刑を完全撤廃したイギリスも、そのきっかけは一つの誤判だった。1949年11月、首都ロンドンの集合住宅の一室で若い女性ベリルと幼い娘が絞殺された。逮捕されたのは第一通報者であるベリルの夫ティモシー・エヴァンス（当時24歳）。取り調べで曖昧な供述を繰り返したことを怪しまれたが、物的証拠は皆無だった。

1949年、妻子を殺害した罪で死刑に処されたティモシー・エヴァンス。後に真犯人が判明し、イギリスの死刑制度廃止の端緒となった

1950年1月、殺人罪で起訴されたエヴァンスは公判中、自分は無実で真犯人は階下の住人で普段交流のあった郵便局員のジョン・クリスティ（同50歳）だと訴え続ける。しかし、判決は有罪・死刑。同年3月9日、絞首刑に処された。3年後の1953年3月、クリスティが越した後の部屋の壁裏から3人の女性の白骨遺体が発見され、警察は彼を緊急逮捕。取り調べで、クリスティが1943年からの10年間で少なくとも8人を殺害したシリアルキラーだと判明する。被害女性の中には、ベリルと娘、クリスティ自身の妻も含まれていた。裁判で死刑判決を受け、1953年7月に執行。この一件で、エヴァンスの無罪が明らかになり死後恩赦が認められたが、世論やメディアはこれを司法の大きな失態として追及。同時に死刑廃止運動が巻き起こり、イギリス議会は1965年11月、5年間死刑の執行を停止する時限立法を可決する。その後、イギリスでは1969年にイングランド等3地域で、1973年に北アイルランドで死刑制度を廃止、1998年に完全廃止された。ちなみに、イギリスが1969年に一部で死刑を廃止した際、国民の死刑支持率は81％（1962年調査。以下同）、フランスが1981年に廃止したときは62％（1981年）、2006年にフィリピンが廃止した際は80％（1999年）。3ヶ国とも世論の意識より政治的決断が優先された形だ。

真犯人がわからずとも、日本でも同じような悲劇が起きている。1992年2月に福岡県飯塚市で小学1年生の女児2人が下校途中に失踪し、隣接する甘木《あまぎ》市で殺害遺体となって発見された、いわゆる飯塚事件。遺体発見から2年後の1994年9月、福岡県警は目撃証言やDNA鑑定などから、被害女児と同じ校区に住んでいた久間三千年《くまみちとし》（同56歳）を逮捕。殺人罪、死体遺棄罪などで起訴された久間被告は一貫して無罪を主張したが、一審の福岡地裁は「被告人と犯行の結び付きを証明する直接証拠は存せず、情況事実を検討しても単独では被告人を犯人と断定できない」としながら、被害者の身体などに付着した犯人の血液の血液型、DNA型が被告人と同一であることを理由に死刑を宣告。控訴審、上告審も一審判決を支持し死刑が確定した。しかし、裁判所が決め手としたDNA鑑定は、事件当時導入されたばかりの方式で、1990年発生の足利事件では再審を申し立てていた元受刑者が2009年の再鑑定で無罪になっている。飯塚事件でも、刑確定後に久間死刑囚の弁護側が再鑑定を求めたが、科警研は鑑定試料を全て消費してしまい再鑑定は不可能と主張。また失踪現場付近での目撃証言も、事件発生から何ヶ月も経過した科警研のDNA鑑定が出た後で、その内容も不自然なほど詳細だった。こうした

1992年発生の飯塚事件で死刑判決を受け、刑確定の2年後に執行された久間三千年元死刑囚。現在も冤罪を疑う声は多い

重大な疑問点がありながら、久間死刑囚は刑確定からわずか2年あまりで絞首刑に（2008年10月28日）。一部では、本件の問題点を覆い隠すための死刑執行ではなかったのかとも指摘されている。

このような明らかな冤罪、あるいは冤罪の可能性が強い事件はもちろん、どれほど慎重に審理が行われたとしても、無実の者に対する誤判がないと断言できないかぎり、死刑は無くすべきだとするのが廃止派の主張だ。対し、存置派は冤罪は真犯人を逃すことになり、被害者にとってもこれほど悔しいことはないが、誤判が起こる可能性は有期懲役など他の刑罰も同じであり、法律家は冤罪を生まないための努力をすべきで、死刑廃止に結びつけるのは短絡的だと反論している。

被害者遺族の感情をどう捉えるか

存置派の**4**「死刑は凶悪な犯罪を（再犯を含め）防止するための抑止力となる」という意見はどうだろう。これは、人間は本能的に生を欲し、ゆえに生が絶たれる死刑となるような犯罪は起こしにくくなるという理屈である。が、この主張を裏付ける確たるデータはない。どころか、1981年に死刑を廃止したフランスの統計では、死刑廃止前後で殺人発生率に大きな変化はみられず、韓国でも1997年12月、1日に23人が処刑されたが、この前後で殺人発生率に違いがなかったことが判明。また、人口構成比などの点でよく似た社会といわれるアメリカとカナダを比べても、死刑制度を廃止していないアメリカよりも、1962年に死刑執行を停止し1976年に死刑制度を廃止したカナダの方が殺人率は低いことがわかっている。

さらに問題なのは、死刑制度があるゆえ殺人を犯す者がいるという事実だ。2007年9月、広島市の広島平和記念公園でホームレスの男性を殺害した同じホームレスの男は逮捕後の取り調べで「所持金を使い果たし、自殺する勇気もないので死刑になって死にたかった」と動機を述べ、公判でも「早く死刑にしてほしい」と求めた（判決は無期懲役）。2016年6月、北海道釧路市の大型商業施設「イオンモール釧路昭和」で客や店員の女性4人を包丁で襲い1人を死に至らしめた当時33歳の男も取り調べや公判で「人生を終わらせたかった。死刑になるため人を刺した」と供述（判決は無期懲役）。2008年3月19日、茨城県土浦市のJR常磐線荒川沖駅構内で包丁とサバイバルナイフを持って無差別に通行人を襲い2人の命を奪った金川真大《かながわまさひろ》（同24歳）は、公判で「自殺したいために凶行に及んだ。早く死刑になりたい」と述べ、2013年2月、望みどおり東京拘置所で絞首刑に処されている。これでは死刑制度が逆に殺人の呼び水となっていると指摘してもおかしくないだろう。

死刑になりたくて無差別殺人を起こし、望みどおり死刑となった金川真大元死刑囚

死刑存廃の問題で、最も思慮すべきは「被害者遺族の心情」である。1999年4月に発生した光市母子殺害事件の被害女性の夫に代表されるように、家族を殺された者が殺した者に厳罰を強く望み、死をもって償わせたいと考えるのは当然のように思える。ちなみに、1999年に開かれた米イリノイ州の死刑に関する諮問委員会の公聴会の結果によれば、重大凶悪事件の被害者の多くが、犯人の処刑によって安堵感を味わったと述べたという。アメリカの場合、州によっては死刑執行の場に遺族が立ち会うことができるのだが、実際に処刑を目の当たりにした遺族の大半が悲しみに終止符を打つ区切りになり、処刑の結果、「新たな心理的動揺を覚えた」とか「思ったほど救われた気持ちにならなかった」と感じた人はごくわずかだったそうだ。

一方、1982年のクリスマス直前に、ハリウッドの映画脚本家だったノーマン・フェルトマンの娘と孫が惨殺された事件で、被害者遺族であるフェルトマンは一貫して死刑に反対した。事件は、3人組の男がフェルトマンの娘の家に侵入して、屋内を荒らし回り、最後には母子を刺殺したのだが、その殺害状況は、赤ん坊の命乞いをする若い母親の目の前で赤ん坊を刺し殺し、母親をレイプしてからメッタ刺しにするという凄惨極まるものだった。それでも、フェルトマンは、犯人が死刑になるより終身刑になる方が多くの可能性をもたらすと考えを曲げなかったという。

どちらが正しいか否かではない。要は死刑は何のために誰のためにあるのかという問題である。廃止の立場に立つ者は、死刑制度が被害者遺族のためにあるとするなら、親戚や知人が多くいる政治家の命は、友人も親戚もいないホームレスより尊いということになると述べる。だから遺族の心のケアと、死刑制度は別に捉え、加害者に生きて罪と向き合わせるべきだ、と。対し、存置の立場にいる者は、例えば、一家の大黒柱を事件で殺された家族は生活が困窮するが公的な経済支援は極めて脆弱《ぜいじゃく》で、凶悪犯罪が大事な人の命だけでなく家族の生活も奪う。悲惨な状況に置かれた遺族が極刑を求めるのはやむをえない。少なくとも、日本で仮釈放がない終身刑が導入されるなどしない限り、死刑廃止の議論を進めるべきではないと主張する。

両者の意見は噛み合わない。ただ、あなたがいつ何時、裁判員に選ばれて死刑に相当する事件を審理する立場に置かれてもおかしくないことは忘れないでほしい。そのとき、あなたは被告に死刑の票を投じることができるだろうか。死刑は決してあなたと無縁の問題ではない。

アムネスティ・インターナショナル（世界最大の国際人権NGO）日本が
国会議事堂前で実施した死刑廃止のためのキャンドルアクションの様子

鉄人文庫

日本の確定死刑囚
執行の時を待つ107人の犯行プロフィール

2023年10月26日　第１刷発行

編　者　　鉄人ノンフィクション編集部
発行人　　尾形誠規
発行所　　株式会社 鉄人社
〒162-0801 東京都新宿区山吹町332 オフィス87ビル3F
TEL 03-3528-9801　FAX 03-3528-9802
http://tetsujinsya.co.jp
デザイン　　細工場（鈴木 恵）
印刷・製本　　株式会社シナノ

参考・引用元

死刑確定囚リスト（https://hyouhakudanna.bufsiz.jp/cplist.html）
死刑確定者全リスト（https://www.crimeinfo.jp/data/dplist/dplist_all/）
日本における収監中の死刑囚の一覧、日本における死刑、
日本における被死刑執行者の一覧、世界の死刑制度の現状（以上Wikipedia）
『ルポ死刑　法務省がひた隠す極刑のリアル』（佐藤大介著／幻冬舎新書）
『なぜ日本人は世界の中で死刑を是とするのか』（森炎著／幻冬舎新書）
『刑務官が明かす死刑の話』（一之瀬はち著／竹書房）
その他、多くの資料、サイトを参考とさせていただきました。

ISBN978-4-86537-262-5　C0136　©tetsujinsya 2023

※本書の無断転載、放送は堅くお断りいたします。
※乱丁、落丁などがあれば小社までご連絡ください。新しい本とお取り替えいたします。

本書へのご意見、お問い合わせは直接、小社までお寄せくださるようお願いします。